CHRISTOPH VON KATTE

Die Mitgliedschaft von Fremden in politischen Parteien der Bundesrepublik Deutschland

AF874965

Schriften zum Öffentlichen Recht

Band 374

Die Mitgliedschaft von Fremden in politischen Parteien der Bundesrepublik Deutschland

Zugleich eine Darstellung der amerikanischen Rechtslage

Von

Dr. Christoph von Katte

DUNCKER & HUMBLOT / BERLIN

D 16

Alle Rechte vorbehalten
© 1980 Duncker & Humblot, Berlin 41
Gedruckt 1980 bei Buchdruckerei Bruno Luck, Berlin 65
Printed in Germany
ISBN 3 428 04578 5

Meinen Eltern
in Verehrung und Dankbarkeit gewidmet

Vorwort

Die Arbeit hat im Wintersemester 1978/79 der Juristischen Fakultät der Ruprecht-Karl-Universität Heidelberg als Dissertation vorgelegen.

Mein verehrter Lehrer, Herr Prof. Dr. Karl Doehring, regte die Bearbeitung dieses Themas an. Sein stetiges Interesse, Ermutigung und Förderung waren mir eine große Hilfe. Dafür danke ich ihm aufrichtig. Mein Dank gilt ferner Herrn Professor Richard R. Baxter, der mich während meines Aufenthalts an der Harvard Law School bereitwillig und intensiv unterstützt hat.

Der Konrad-Adenauer-Stiftung danke ich für ein großzügiges Promotionsstipendium, der Alfried Krupp von Bohlen und Halbach-Stiftung für die zum Druck gewährte Unterstützung.

Herrn Senator E. h. Prof. Dr. J. Broermann verdanke ich die Aufnahme der Arbeit in die „Schriften zum Öffentlichen Recht".

Heidelberg, im Oktober 1979

Christoph v. Katte

Inhaltsverzeichnis

Vierter Teil

Fünfter Teil

Abkürzungsverzeichnis

(Die allgemein gebräuchlichen juristischen Abkürzungen werden nicht aufgeführt).

F2d	=	Federal Reporter, Second Series
FSupp	=	Federal Supplement
Harv. L. Rev.	=	Harvard Law Review
Harv. Intern. L. Rev.	=	Harvard International Law Review
L. ed.	=	Lawyer's Edition, United States Supreme Court Reports
P.	=	Pacific Reporter
U. Chi. L. Rev.	=	University of Chicago Law Review
U. S.	=	United States Supreme Court Reports
U. S. C.	=	United States Code
U. S. C. A.	=	United States Code Annotated
Yale L. J.	=	Yale Law Journal

Problemstellung

Das Gesetz über die politischen Parteien (PartG)[1] erlaubt eine Mitgliedschaft von Fremden in politischen Parteien der Bundesrepublik und in den Vorständen dieser Parteien.

Dieser Regelung wurde bisher kaum Beachtung geschenkt. Eine tiefergehende Auseinandersetzung fehlt[2].

Die kurzen Anmerkungen[3] dazu reichen von einer Zustimmung bis zu einer völligen Ablehnung.

Die einen werten die Öffnung deutscher Parteien für Staatsfremde als „erfreulich liberal"[4] und zollen ihr Anerkennung[5] bzw. halten sie mit der Verfassung für vereinbar[6], andere äußern sich ablehend[7].

Die Mitgliedschaft von Fremden in den Vorständen politischer Parteien wird einerseits für verfassungsrechtlich geboten erachtet[8] und eine anteilsmäßige Begrenzung von Fremden auf fünfzig Prozent für verfassungswidrig erachtet[9]. Andererseits wird die Führungsrolle eines

---

[1] Gesetz über die politischen Parteien (Parteiengesetz) v. 24. Juli 1967 (BGBl I S. 773), zuletzt geändert durch Gesetz v. 24. 7. 1974, BGBl I, S. 1537.

[2] Angesprochen wird die Regelung u. a. bei *Isensee*, Staatsrechtliche Stellung der Ausländer, VVDStRL 32, S. 98; *Dolde*, Die politischen Rechte der Ausländer, S. 140 ff.; *Trautmann*, Innerparteiliche Demokratie, S. 204 ff.; *Lamers*, Repräsentation und Integration der Ausländer, S. 93 ff.; *Zuleeg*, Zur staatsrechtlichen Stellung der Ausländer in der Bundesrepublik Deutschland, DÖV 1973, 361, 370; *Henkel*, Integration und Repräsentation, S. 91 ff.; *Dolde*, Zur Beteiligung von Ausländern am politischen Willensbildungsprozeß, DÖV 1973, S. 370 ff.; *Sasse*, Kommunalwahlrecht für Ausländer?, S. 30 ff.

[3] *v. Münch*, GG Art. 21 Randnr. 17—19 und 39; *Seifert*, Parteien, S. 207, 208, 257, 293.

[4] *Rolvering*, Die Rechtsgarantien für eine politische Betätigung von Ausländern, S. 76 ff.

[5] *Dolde*, Die politischen Rechte der Ausländer, S. 134 u. 140 ff.; *Zuleeg*, Grundrechte für Ausländer, DVBl 1974, 341 ff.

[6] *Henkel*, Integration und Repräsentation, S. 91; *Lamers*, Repräsentation und Integration der Ausländer, S. 94.

[7] *Isensee*, Staatsrechtliche Stellung der Ausländer, VVDStRL 32, 98 Anm. 124; *Seifert*, Parteien, S. 207; *Forch*, Die Freiheitsrechte der ausländischen Arbeitnehmer in Deutschland, S. 68 ff.; *Heuer*, Politische Betätigung von Ausländern und ihre Grenzen, S. 36; *Tomuschat*, Zur politischen Betätigung des Ausländers in der Bundesrepublik Deutschland, S. 56 ff.; Bedenken macht *Doehring* geltend, in: Staatsrechtliche Stellung der Ausländer, VVDStRL 32, 37.

[8] *Henke*, Parteien, S. 81.

[9] *Dolde*, Die politischen Rechte der Ausländer, S. 143.

Fremden in einer deutschen politischen Partei für „undenkbar" gehalten[10] und dem Gesetzgeber bescheinigt, er habe mit der Öffnung der Parteivorstände für Staatsfremde „wenig vom Geiste der modernen Parteiendemokratie spüren lassen"[11].

Die Rechtsprechung hat, soweit ersichtlich, nicht unmittelbar zu der Mitgliedschaft von Fremden in deutschen politischen Parteien Stellung genommen. Im Zusamemnhang mit der Auslegung des Art. 21 GG definierte sie aber verschiedentlich Parteien als Vereinigungen von Staatsbürgern.

So das Bundesverfassungsgericht[12]:

> „Wenn hier (Art. 21 GG) bestimmt wird, daß ‚politische Parteien' bei der Willensbildung des Volkes mitwirken, so sind darunter Vereinigungen von Staatsbürgern zu verstehen, die ... Einfluß auf die staatliche Willensbildung erstreben."

Auch der Bundesgerichtshof[13] äußerte sich in der gleichen Richtung:

> „Aus den in Art. 21 GG genannten Merkmalen und der Stellung dieses Artikels im Gesamtgefüge des Grundgesetzes ergibt sich jedenfalls, daß als Partei nur eine Vereinigung von Staatsbürgern anzusehen ist ... Diese Auslegung rechtfertigt sich aus dem Sinn und Zweck des Art. 21 Abs. 2 GG, der der Tatsache Rechnung tragen will, daß die Staatsgewalt vom Volke ausgeht und der Volkswille in der Wirklichkeit der modernen Massendemokratie bei Wahlen und Abstimmungen nur durch das Medium der Parteien als politische Handlungseinheit in Erscheinung treten kann."

Die politischen Parteien der Bundesrepublik haben zu Fragen einer Mitgliedschaft von Fremden bisher kaum Stellung genommen[14].

Die CDU, SPD und F.D.P. nehmen Bewerber ohne deutsche Staatsangehörigkeit auf[15].

---

[10] *Forch,* Die Freiheitsrechte der ausländischen Arbeitnehmer in Deutschland, S. 81.

[11] *Seifert,* Parteien, S. 241.

[12] BVerfGE 3, 383, 403; s. auch BVerfG v. 24. 7. 1979, in: NJW 1979, S. 1815, 1816.

[13] BGHSt 19, 51, 54.

[14] Eine offizielle Stellungnahme der SPD liegt nicht vor. Schriftliche Antwort v. 12. 1. 1977 auf eine Anfrage. Gleiches gilt für die anderen im Bundestag vertretenen Parteien. Siehe u. a. „Ausländer in deutschen Parteien", F.A.Z. v. 31. 7. 1975, S. 6; „Angst vor einem griechischen Flügel?", Süddeutsche Zeitung vom 30. 8. 1974, S. 3.

[15] § 4 des Statuts der CDU v. 27. 4. 1960, zuletzt geändert am 7. 3. 1977: „§ 4 (Mitgliedschaftsvoraussetzungen)

(1) Mitglied der Christlich Demokratischen Union Deutschlands kann jeder werden, der ihre Ziele zu fördern bereit ist, das 16. Lebensjahr vollendet hat und nicht infolge Richterspruchs die Wählbarkeit oder das Wahlrecht verloren hat.

(2) Wer die deutsche Staatsangehörigkeit nicht besitzt, kann als Gast in der Partei mitarbeiten. Er kann in die Partei aufgenommen werden, wenn er nachweisbar seit mindestens drei Jahren ununterbrochen im Geltungsbe-

Die CSU stellt auf die Deutscheneigenschaft ab[16].

Die SPD schätzt die Zahl ihrer ausländischen Mitglieder auf zwischen 1000 und 10 000[17].

Bei der CDU liegt sie niedriger[18]. Die F.D.P. verfügt bislang über keine Angaben[19].

In der Presse wird das Thema gelegentlich aufgegriffen[20].

Im Ganzen eine geringe Zahl von ausländischen Parteimitgliedern. Darin könnte eine Erklärung für die weitverbreitete Nichtbeachtung der Regelung des Parteiengesetzes liegen.

Bei näherer Betrachtung lassen sich jedoch erste Berührungspunkte aufzeigen.

---

reich des Grundgesetzes wohnt und ein Jahr vor der Aufnahme als Gast in der Partei mitgearbeitet hat.

(3) Die Mitgliedschaft in einer anderen Partei schließt die Mitgliedschaft in der CDU aus."

§ 2 der Bundessatzung der F.D.P. in der Neufassung v. 30. 1. 1968, zuletzt geändert am 19. 11. 1976: „§ 2 Mitgliedschaft

(1) Jeder, der im Geltungsbereich des Parteiengesetzes lebt, kann Mitglied der Partei werden, wenn er das 16. Lebensjahr vollendet hat, die Grundsätze und Satzung der Partei anerkennt. Personen, die infolge Richterspruchs die Wählbarkeit oder das Wahlrecht nicht besitzen, können nicht Mitglied der Freien Demokratischen Partei sein.
Die Aufnahme von Ausländern setzt im Regelfalle einen Aufenthalt von zwei Jahren im Geltungsbereich des Parteiengesetzes voraus.

(2) Mitglied der Partei können nur natürliche Personen sein.

(3) Die gleichzeitige Mitgliedschaft in der Freien Demokratischen Partei und bei einer anderen mit ihr im Wettbewerb stehenden Partei oder Wählergruppe ist ausgeschlossen. Das gleiche gilt bei gleichzeitiger Mitgliedschaft in einer ausländischen Partei, Organisation oder Vereinigung, deren Zielsetzung den Zielen der F.D.P. widerspricht.

(4) Die Bundespartei führt eine zentrale Mitgliederkartei."

§ 2 des Organisationsstatuts der SPD v. 18. Dezember 1971, zuletzt geändert am 15. November 1975: „Zur Sozialdemokratischen Partei gehört jede Person, die sich zu den Grundsätzen der Partei bekennt und die Mitgliedschaft erworben hat."

[16] § 3 der Satzung der CSU v. 24. Sept. 1977: „Mitglied der CSU kann jeder Deutsche werden."

[17] Genaue Zahlen liegen bei der SPD nicht vor; s. a. „Ausländer in deutschen Parteien", F.A.Z. v. 31. 7. 1975, S. 6.

[18] Auskunft der CDU, Stand 30. 10. 1976: 118 Ausländer, davon 38 aus Staaten der Europäischen Gemeinschaft.

[19] Antwort der F.D.P. v. 22. 7. 1976.

[20] „Ausländer sollen Parteimitglieder werden", Weser Kurier v. 28. 3. 1975; „CSU soll Ausländer aufnehmen", Münchner Merkur v. 26. 5. 1973; „Ausländer in deutschen Parteien", F.A.Z. v. 31. 7. 75; „Ausländer drängen in Parteien", Weser Kurier v. 21. 7. 1975; „Anzahl der ausländischen Parteimitglieder unbekannt", Fuldaer Zeitung v. 20. 8. 1975; „Reformen sind notwendig", Frankfurter Rundschau v. 24. 12. 1973; „Angst vor einem griechischen Flügel?", Süddeutsche Zeitung v. 30. 8. 1974; „Deutsche Kommunisten auf der Suche nach Italienern", F.A.Z. v. 1. 11. 1973.

Der Gemeinderat einer deutschen Gemeinde[21] hatte, nachdem bereits eine große Anzahl von Fremden in die Gemeinde eingezogen war, eine Zuzugsperre für die ausländischen Arbeitnehmer mit der Begründung beschlossen, eine Integration weiterer ausländischer Arbeitnehmer und deren Familien sei der Gemeinde nicht möglich.

Einige Parteimitglieder mißbilligten diese Entscheidung des Gemeinderates. Nach ihrer Meinung sollte der Gemeinderat aufgerufen werden, seine Entscheidung aufzuheben. Die Partei, die zudem den Gemeinderat mehrheitlich stellte, rief eine Parteiversammlung ein, die jedoch die Entscheidung des Gemeinderates nicht ablehnte, sondern im Gegenteil unterstützte.

Daraufhin rief die überstimmte Minderheit dieser Partei ortsansässige Ausländer auf, in großer Zahl in die Partei einzutreten, um gemeinsam den Parteibeschluß zu revidieren.

Erstmals wurde in der Öffentlichkeit diskutiert, welche Folgen eine Überstimmung nationaler Parteimitglieder durch ausländische Parteimitglieder in einem streitigen Fall haben könne und darüber hinaus wurde sichtbar, daß es konkrete Situationen gibt, in denen die Interessen ausländischer und deutscher Parteimitglieder kollidieren.

Es stellen sich Fragen, die an den Grundlagen eines demokratisch verfaßten Gemeinwesen ansetzen: dem Demokratieprinzip, der Volkssouveränität und der vom Volke ausgehenden Saatsgewalt, den Funktionen politischer Parteien und ihrer Einflußnahme auf staatliche Entscheidungsprozesse.

Bevor darauf eingegangen werden wird, soll zunächst die Regelung des Parteiengesetzes aufgezeigt werden. Daran anschließend werden die verschiedenen Partizipationsmöglichkeiten ausländischer Parteimitglieder in der Partei, bei der Willensbildung des Volkes und der Einflußnahme auf die Staatswillensbildung dargestellt werden.

Desweiteren wird sich die Arbeit mit den Aufgaben politischer Parteien in einer Demokratie mit verfassungsrechtlich verankerten Parteien (Art. 21 GG) beschäftigen und untersuchen, ob es mit den Funktionen moderner Parteien vereinbar ist, Fremde als gleichberechtigte Mitglieder aufzunehmen.

Der rechtsvergleichende Teil geht auf die politische Betätigung von Fremden in den Vereinigten Staaten von Amerika ein. Die Vereinigten Staaten haben als einziger Staat Fremden über Jahrzehnte hinweg ein Wahlrecht in vielen Einzelstaaten zu den Staatsorganen auf Bundes- und Landesebene gewährt.

---

[21] Süddt. Zeitung v. 30. 8. 1974, S. 3: „Angst vor einem griechischen Flügel?“

Die Entwicklung des amerikanischen Parteiensystems und der Parteiengesetzgebung, verbunden mit einer Übersicht über die politischen Rechte der Fremden, können wertvolle Rückschlüsse auf die Diskussionen im eigenen Lande geben.

Es soll nicht die Aufgabe dieser Arbeit sein, eine erschöpfende Angabe aller Mitwirkungsbereiche zu geben, die Fremden als Mitglieder deutscher Parteien offenstehen. Es werden einzelne, herausragende Bereiche vorgestellt, denen auf Grund ihrer zentralen Bedeutung für die politische Gemeinschaft eine verstärkte verfassungsrechtliche Bedeutung zukommt.

Ausgangspunkt der Diskussion ist die Entscheidung des Gesetzgebers, wie sie sich in § 2 Abs. 3 Nr. 1 des Parteiengesetzes findet. Inhalt und Tragweite dieser Regelung stehen am Anfang der Untersuchung.

Erster Teil

Die Regelung des Parteiengesetzes

1. Der Parteibegriff

Ein Umkehrschluß aus § 2 Abs. 3 Nr. 1 PartG besagt, daß Staatsfremde als Mitglieder politischer Parteien der Bundesrepublik aufgenommen und in den Vorständen der Parteien vertreten sein können, indem es heißt:

„Politische Vereinigungen sind nicht Parteien, wenn

1. ihre Mitglieder oder die Mitglieder ihres Vorstands in der Mehrheit Ausländer sind ..."

Danach verlieren politische Parteien ihren Status als Partei, wenn sich die Zahl ihrer Mitglieder in der Partei oder in dem Vorstand der Partei mehrheitlich aus Ausländern zusammensetzt. Sie nehmen dann die Form politischer Vereinigungen an (Ausländervereine)[1].

Das Grundgesetz geht von dem Rechtsbegriff der (politischen) Partei aus, ohne ihn zu definieren. Art. 21 Abs. 1 Satz 1 GG führt zu der Aufgabe der politischen Parteien aus:

„Die Parteien wirken bei der politischen Willensbildung des Volkes mit."

Die diesem Eingangssatz folgenden Normierungen geben in Umrissen zu erkennen, von welchem Erscheinungsbild politischer Parteien das Grundgesetz ausgeht:

„Ihre Gründung ist frei. Ihre innere Ordnung muß demokratischen Grundsätzen entsprechen. Sie müssen über die Herkunft ihrer Mittel öffentlich Rechenschaft geben.

(2) Parteien, die nach ihren Zielen oder nach dem Verhalten ihrer Anhänger darauf ausgehen, die freiheitlich demokratische Grundordnung zu beeinträchtigen oder zu beseitigen oder den Bestand der Bundesrepublik Deutschland zu gefährden, sind verfassungswidrig. Über die Frage der Verfassungswidrigkeit entscheidet das Bundesverfassungsgericht.

(3) Das Nähere regeln Bundesgesetze."

---

[1] Gesetz zur Regelung des öffentlichen Vereinsrechts (Vereinsgesetz) v. 5. August 1964, BGBl I S. 593, zuletzt geändert durch Art. 80 EGStGB v. 2. 3. 1974, BGBl I S. 469; zu den weiterreichenden Verbotstatbeständen politischer Vereine vgl. *Kanein*, zu § 6 Ausländergesetz; *Schiedermair*, Ausländerrecht, § 14 Vereinsgesetz.

Dieses in Umrissen vorgezeichnete Parteienbild ist keine Definition. Dieser Aufgabe nahm sich der Bundesgesetzgeber 18 Jahre später an, indem er in § 2 PartG formulierte:

> „Begriff der Partei. (1) Parteien sind Vereinigungen von Bürgern, die dauernd oder für längere Zeit für den Bereich des Bundes oder eines Landes auf die politische Willensbildung Einfluß nehmen und an der Vertretung des Volkes im Deutschen Bundestag oder einem Landtag mitwirken wollen, wenn sie nach dem Gesamtbild der tatsächlichen Verhältnisse, insbesondere nach Umfang und Festigkeit ihrer Organisation, nach der Zahl ihrer Mitglieder und nach ihrem Hervortreten in der Öffentlichkeit eine ausreichende Gewähr für die Ernsthaftigkeit dieser Zielsetzung bieten[2]."

§ 2 PartG billigt nur solchen politischen Vereinigungen den Status einer Partei zu, die „für den Bereich des Bundes oder eines Landes auf die politische Willensbildung Einfluß nehmen und an der Vertretung des Volkes im Deutschen Bundestag oder einem Landtag mitwirken wollen".

Schon der schriftliche Bericht des BT-Innenausschusses zu dem „Entwurf eines Gesetzes über die politischen Parteien[3]" leitet aus dieser Begriffsbestimmung den Ausschluß von Kommunalparteien und kommunalen Wählervereinigungen aus dem Bereich der politischen Parteien ab: „Kurzfristige Wählergemeinschaften und kommunale ‚Rathausparteien' fallen nicht unter das Parteiengesetz (§ 2)."

Das BVerfG[4] hat 1957 entschieden, daß eine Mitwirkung der Parteien auf allen Ebenen des staatlichen Lebens zum Wesen der Parteien gehöre, und daß Gruppen, die ihre Tätigkeit auf die kommunale Ebene beschränken, keine politischen Parteien i. S. des Art. 21 GG seien. Rechtsprechung[5] und Lehre[6] sind sich überwiegend[7] darin einig, daß Organisationen, die nicht dauernd an der politischen Willensbildung teilnehmen (sog. Wählervereinigungen) oder die sich auf die politische Willensbildung nur eines kleinen Bereichs beschränken (Rathausparteien), nicht den Status einer politischen Partei i. S. d. PartG einnehmen können.

Die zahlenmäßige Begrenzung einer Mitgliedschaft von Fremden gilt daher nicht für politische Vereinigungen, die sich ausschließlich auf

---

[2] Das BVerfG hat diese Legaldefinition als mit dem Grundgesetz vereinbar erklärt, BVerfGE 24, 260, 264.

[3] BT-Drucks. V/1918, S. 2.

[4] BVerfGE 6, 367, 372 ff.; vgl. BVerwGE 6, 96.

[5] BVerwGE 6, 99 f.; 8, 327 f.; StGH Bremen, NJW 1957, 666.

[6] *Henke*, Parteien, S. 34 ff.; *Seifert*, Parteien, S. 164 ff.; Bericht der Parteienrechtskommission, S. 135 ff.

[7] Anderer Meinung ist *v. Münch*, GG, Art. 21, Rdnr. 10; Zweifel äußert *Maunz / Dürig / Herzog*, GG, Art. 21, Rdnr. 20, Anm. 1; vgl. *Köppler*, Die Mitwirkung bei der politischen Willensbildung als Vorrecht der Parteien, S. 31 ff.

kommunaler Ebene betätigen. Die sog. Rathausparteien unterliegen nicht dem PartG, sondern dem VereinsG.

Sie bleiben bei der weiteren Betrachtung daher ausgeschlossen.

2. Zum Begriff des „Ausländers“

Nach § 2 Abs. 3 Nr. 1 PartG verlieren Parteien ihren Status als Partei, wenn ihre Mitglieder oder die Mitglieder ihres Vorstands in der Mehrheit Ausländer sind.

Bezieht sich das PartG damit nur auf Personen, die Staatsangehörige eines fremden Staates sind, mit der Folge, daß Staatenlose bei der Berechnung der Mehrheit nicht in Betracht zu ziehen sind?

Hier geht es um die Begriffe „Ausländer“ und „Fremder“. Einerseits wird gesagt, der Begriff „Ausländer“ umfasse auch Staatenlose[8]. Seine Definition entspreche der des § 1 Abs. 2 AusländerG[9]:

> „Ausländer ist jeder, der nicht Deutscher im Sinne des Artikels 116 Abs. 1 des Grundgesetzes ist.“

Der Gesetzgeber habe „erfreulicherweise den assoziativ betrachteten Begriff des Fremden durch den des Ausländers ersetzt“[10].

Andererseits wird angeführt, es sei präziser, die Begriffe Ausländer und Fremder differenziert zu behandeln[11]. Der Begriff „Ausländer“ solle demnach nur verwendet werden, wenn es gerade auf die Inhaberschaft der Staatsangehörigkeit eines fremden Staates ankomme, während von „Fremden“ gesprochen werden solle, wenn Anknüpfungspunkt die fehlende deutsche Staatsangehörigkeit sei.

Im Rahmen dieser Arbeit wird auf die unterschiedliche Pflichtenstellung von Staatsangehörigen, Staatenlosen und Ausländern einzugehen sein. Hier wird es sich zeigen, daß eine differenzierende Betrachtung von Nutzen ist. Auch fremde Staaten, z. B. die Vereinigten Staaten, sprechen von „alien“ und nicht etwa von „foreign national“[12].

3. Das Fehlen einer Wohnsitzklausel

Die Mitgliedschaft in einer Partei der Bundesrepublik hat weder die deutsche Staatsangehörigkeit noch eine Wohnsitzbedingung zur Voraussetzung.

---

[8] *Dolde*, Die politischen Rechte der Ausländer, S. 32.

[9] Ausländergesetz v. 28. April 1965, BGBl I, S. 353, zuletzt geändert durch Art. 3 G, v. 25. 6. 1975, BGBl. I, S. 1542.

[10] *Dolde*, Die politischen Rechte der Ausländer, S. 32.

[11] *Doehring*, Allgemeine Regeln des Fremdenrechts, S. 19 ff.; ders., Die staatsrechtliche Stellung der Ausländer, VVDStRL 32, 9 ff.

[12] *Doehring*, Allgemeine Regeln des Fremdenrechts, S. 19; vgl. United States Code Annotated, Title 8, Aliens and Nationality.

Dagegen sieht z. B. § 12 BWahlG[13] vor, daß wahlberechtigt nur Deutsche sind, die seit mindestens drei Monaten ihren Wohnsitz oder dauernden Aufenthalt im Wahlgebiet haben[14].

Das Fehlen einer Wohnsitzbedingung eröffnet Fremden die Möglichkeit einer Parteimitgliedschaft ohne die Verpflichtung, in der Bundesrepublik einen allgemeinen Aufenthaltsort zu besitzen. Sie können zu Parteiveranstaltungen, wie z. B. Parteitagen, zu parteiinternen Abstimmungen etc. an- und abreisen, ohne sich in der politischen Gemeinschaft des Gastlandes für längere Zeit aufzuhalten und sich mit den politischen Verhältnissen vertraut zu machen noch im „Wirkungsbereich" des Bundestages zu leben[15].

Es ist ein Verfassungsauftrag an die politischen Parteien, an der Willensbildung des Volkes mitzuwirken. Ohne auf die später zu diskutierende Problematik einer Teilhabe der Parteien an der Staatswillensbildung und Ausübung der Staatsgewalt schon jetzt eingehen zu müssen, bleibt es schon aus dem Inhalt dieses Verfassungsauftrages unverständlich, daß an dieser Willensbildung auch Fremde mitwirken können, die den Willen dieses Volkes aufgrund fehlenden Wohnsitzes gar nicht oder nur sehr oberflächlich kennen können. Daß das PartG nicht einmal ein Mindestmaß an Bindungen zu diesem Volk, dessen Willen sie zu bilden berechtigt und beauftragt sind, verlangt, ist nicht nur unverständlich[16], sondern auch ein Verstoß gegen einen demokratischen Prozeß der Willensbildung.

4. Zur Reichweite der Mehrheitsklausel

Die Bestimmung des PartG, nach der politischen Parteien ihren Status und damit auch ihre Vorrechte als Partei[17] verlieren, wenn sie sich mehrheitlich aus Fremden zusammensetzen, dient dem Schutz deutscher Parteimitglieder vor einer Kontrolle durch Fremde bzw. einem übermächtigen Einfluß staatsfremder Parteimitglieder[18].

---

[13] Bundeswahlgesetz in der Fassung der Bekanntmachung v. 1. September 1975, BGBl I S. 2325.

[14] Vgl. *Hilf*, Das Wahlrecht für Deutsche im Ausland zum Bundestag, EuGRZ 77, 14 ff.; *Henkel*, Wahlrecht für Deutsche im Ausland, AöR 99 (1974), 1, 5 ff.; *Seifert*, BWahlR, § 12 Rdnr. 5; zur historischen Entwicklung des Wohnsitzprinzips: *Friedrichsen*, Die Stellung des Fremden, S. 261.

[15] Siehe zu der Seßhaftigkeit im Wahlgebiet als Voraussetzung des Wahlrechts und zum „Wirkungsbereich" des Bundestages BVerfGE 5, 2, 6; bestätigt in BVerfGE 36, 136, 142.

[16] *Seifert*, Parteien, S. 208.

[17] Z. B. die erhöhte Bestands- und Schutzgarantie, vgl. Bericht der Parteienrechtskommission, S. 227; *Maunz / Dürig / Herzog*, Art 21, Rdnr. 39; *Seifert*, Parteien, S. 449.

[18] *Dolde*, Die politischen Rechte der Ausländer, S. 142.

Es bleibt zu fragen, ob sich die Schutzregelung auch auf die Untergliederungen einer bundes- oder landesweit organisierten Partei erstreckt. Die Antwort auf diese Frage hängt davon ab, ob auch die Untergliederungen einer Partei als Partei im Sinne des § 2 Abs. 3 Nr. 1 PartG anzusehen sind. Sind sie es nicht, dann gilt § 2 Abs. 3 PartG nicht für die Gebietsverbände. Folglich könnten Fremde dort mehrheitlich vertreten sein. Ein Vergleich der Regelungen des PartG zeigt, daß der Gesetzgeber zwischen der Gesamtpartei und deren Untergliederungen, die er als Gebietsverbände bezeichnet, differenziert.

So spricht das PartG die Gebietsverbände ausdrücklich an, wenn es sie miteinbezogen wissen will:

§ 6 Abs. 1 PartG:

„Die Partei muß eine schriftliche Satzung und ein schriftliches Programm haben. Die Gebietsverbände regeln ihre Angelegenheiten durch eigene Satzung, soweit die Satzung des nächsthöheren Gebietsverbandes hierüber keine Vorschriften enthält."

Die Verpflichtung zu einer Programmaufstellung trifft nur die Gesamtpartei, nicht auch die Gebietsverbände[19]. Deutlich kommt die Trennung von Partei- und Gebietsverband in § 14 Abs. 1 PartG zum Ausdruck:

„Zur Schlichtung und Entscheidung von Streitigkeiten der Partei oder eines Gebietsverbandes mit einzelnen Mitgliedern ..."

Und § 4 PartG bestimmt, daß der Name einer Partei sich von dem Namen einer bereits bestehenden Partei unterscheiden müsse, und daß die Gebietsverbände den Namen der Partei unter Zusatz ihrer Organisationsstellung zu führen haben.

Aus alledem ergibt sich, daß der Gesetzgeber unter dem Begriff „Partei" immer nur die Gesamtpartei verstanden wissen will[20]. Die rechtliche Folge ist, daß für alle Gebietsverbände unterhalb der Gesamtpartei die Regelung des § 2 Abs. 3 Nr. 1 PartG nicht gilt. Die Gebietsverbände verlieren ihren Status als Partei auch dann nicht, wenn sie sich mehrheitlich aus Fremden zusammensetzen. Zwar ist es auch den Gebietsverbänden unbenommen, die Parteiaufgaben durch Deutsche wahrnehmen zu lassen. Bei der Mehrheit aber liegt die Kontrolle des Gebietsverbands, dessen Hauptaufgabe es ist, an den Wahlen teilzunehmen und auf die Staatswillensbildung einzuwirken.

---

[19] *Seifert*, Parteien, S. 189.

[20] Die Untergliederungen nehmen jedoch an dem Parteistatus der Gesamtpartei teil und sind mit der Gesamtpartei untrennbar verbunden.

5. Die Entstehungsgeschichte der Ausländerklausel (§ 2 Abs. 3 Nr. 1 PartG)

Seine Grundlage findet das PartG in einem Verfassungsauftrag des Grundgesetzes, Art. 21 Abs. 3, demzufolge das „Nähere“ durch Bundesgesetze geregelt werden soll.

Schon 1950 wurde ein „Referentenentwurf eines Gesetzes über die Parteien“ erarbeitet[21]. In diesem Entwurf hieß es unter der Einleitung „Innere Ordnung der Partei“ in § 8:

> „(1) Die Mitgliedschaft in einer Partei hat die Wahlberechtigung zum Bundestag oder zur Vertretungskörperschaft eines Landes zur Voraussetzung.“

1955 berief dann der Bundesminister des Inneren in Erfüllung des Verfassungsauftrages eine Kommission, deren Bericht 1957 der Öffentlichkeit unter dem Titel „Rechtliche Ordnung des Parteiwesens“ vorgelegt wurde[22].

Die Kommission ging auf eine Mitgliedschaft von Fremden nicht ein.

1959 legte die Bundesregierung dem Bundesrat[23] und dem Bundestag[24] den „Entwurf eines Gesetzes über die politischen Parteien (Parteiengesetz)“ vor.

§ 1 Abs. 3 dieses Entwurfs lautete:

> „Als Parteien im Sinne dieses Gesetzes gelten nicht...
>
> (d) Parteiorganisationen von Ausländern.“

§ 13 Abs. 2 fügte dem hinzu:

> „Mitglied des Vorstandes eines Bundes- oder Landesverbandes kann nur sein, wer Deutscher im Sinne des Artikels 116 des Grundgesetzes ist.“

In der amtlichen Begründung[25] wird dazu ausgeführt, daß das Recht, Parteien zu bilden, grundsätzlich nur Deutschen gewährleistet sei. Das ergäbe sich aus dem Zusammenhang von Artikel 21 GG mit Artikel 9 Abs. 1 GG und aus der Natur der Sache. Der Entwurf sehe jedoch im Hinblick auf die geringe „praktische Bedeutung“ keinen Anlaß, Ausländern eine Mitgliedschaft in deutschen politischen Parteien zu verwehren.

---

[21] *Flechtheim*, Parteipolitische Entwicklung I, S. 218; *Groß*, Zum neuen Parteienrecht, DÖV 1968, 80; *Olzog / Herzig*, Die politischen Parteien, S. 14 ff.

[22] Bericht der vom Bundesminister des Innern eingesetzten Parteienrechtskommission: Rechtliche Ordnung des Parteiwesens, Probleme eines Parteigesetzes, 1957.

[23] BR-Drucks. 294/59.

[24] BT-Drucks. III/1509.

[25] BT-Drucks. III/1509, S. 21.

Die enge Verbindung zwischen den Parteien und den Staatsorganen wird bei der Mitgliedschaft von Fremden in den Vorständen der Parteien dann jedoch klar erkannt[26]:

„Gewisse Erfahrungen und die enge Verbindung, in der die Parteien zu den staatlichen Verfassungsorganen stehen, lassen es jedoch geboten erscheinen, wenigstens die Mitgliedschaft in den höchsten Parteivorständen vom Besitz der Deutscheneigenschaft im Sinne des Artikels 116 GG abhängig zu machen.“

Dieser Entwurf verfiel mit dem Ablauf der 3. Wahlperiode. 1964 legten die Fraktionen der CDU/CSU und FDP dem Bundestag einen neuen Entwurf vor[27], der in § 2 Abs. 3 vorsah, daß Vereinigungen, deren Mitglieder überwiegend Ausländer sind, nicht Parteien im Sinne dieses Gesetzentwurfs sind. Vorstandsmitglieder der Gesamtpartei oder eines Gebietsverbandes sollten auch hier nur Deutsche werden können (§ 10 Abs. 2).

Der Antrag der SPD-Fraktion[28] entsprach hinsichtlich der Mitgliedschaft von Fremden dem der CDU/CSU- und FDP-Fraktionen, nahm jedoch bei der Mitgliedschaft im Vorstand keine Einschränkung auf die Deutscheneigenschaft vor.

1967 lag dem Bundestag dann ein gemeinsamer Entwurf aller Fraktionen vor[29]. Dieser Entwurf sah wiederum vor, daß politische Vereinigungen, deren Mitglieder überwiegend Ausländer sind, nicht Parteien im Sinne dieses Gesetzentwurfs sind (§ 2 Abs. 3).

Es fehlte eine Regelung, die an eine Mitgliedschaft von Fremden in den Parteivorständen anknüpfte.

Diese Vorlage wurde an den Innenausschuß verwiesen, der dem Bundestag im gleichen Jahr Bericht erstattete[30].

Der Innenausschuß änderte den Gemeinschaftsentwurf dahingehend, daß die Formulierung „deren Mitglieder überwiegend Ausländer sind“ durch die heutige Formulierung „in der Mehrheit“ ersetzt wurde.

Desweiteren fügte der Ausschuß dem Entwurf die fehlende Vorstandsklausel hinzu. Der Entwurf lautete nun:

„§ 2 (3) Politische Vereinigungen sind nicht Parteien, wenn

1. ihre Mitglieder oder die Mitglieder ihres Vorstands in der Mehrheit Ausländer sind oder
2. ihr Sitz oder ihre Geschäftsleitung sich außerhalb des Geltungsbereichs dieses Gesetzes befindet.“

---

[26] BT-Drucks. III/1509, S. 21.
[27] BT-Drucks. IV/2853.
[28] BT-Drucks. IV/3112.
[29] BT-Drucks. V/1339.
[30] BT-Drucks. V/1918, zu V/1918.

Für die Änderung bzw. Hinzufügung der Vorstandsklausel zu dem ursprünglichen Gemeinschaftsentwurf findet sich in dem Bericht des Abgeordneten Dr. Even an den Bundestag keine Begründung.

§ 2 Abs. 3 des Entwurfs ist unverändert übernommen worden und wurde am 24. Juli 1967 im Bundesgesetzblatt verkündet[31].

[31] Gesetz über die politischen Parteien (Parteiengesetz) vom 24. Juli 1967, BGBl. I S. 773, zuletzt geändert durch Gesetz v. 24. 7. 1974, BGBl. I S. 1537.

Zweiter Teil

Die Stellung ausländischer Parteimitglieder

1. Parteibeitritt

Hinsichtlich der Frage nach den Rechtsfolgen der Entscheidung des Gesetzgebers, Fremden eine Mitgliedschaft in politischen Parteien zu ermöglichen, muß man sich zunächst einen Überblick darüber verschaffen, welche Rechte und Pflichten sich aus einer Mitgliedschaft ableiten lassen und welche Einfluß- und Partizipationsmöglichkeiten aus einer Partei- bzw. Vorstandsmitgliedschaft erwachsen. Überlegungen und Untersuchungen dazu, und die aus ihnen zu ziehenden Schlußfolgerungen sind untrennbar mit dem Status der Parteien in der Bundesrepublik verbunden. Einfluß und Stellung der Parteien, fußend auf ihrer grundgesetzlichen Anerkennung und verfassungsrechtlich zugewiesenen und abgesicherten Aufgabe, sind grundlegend für die Aktivitäten ihrer Mitglieder.

Zu Beginn soll daher der Parteimitgliedschaftsstatus aufgezeigt werden. Es folgt eine Untersuchung der Mitarbeit und Einflußmöglichkeiten in den Mitgliederversammlungen, Vorständen, in Parteischiedsgerichten und sonstigen Organisationen, auf die eigene Fraktion in den Vertretungskörperschaften und die Regierung.

Der Aufnahme in eine Partei liegt ein zivilrechtlicher Vertrag zwischen Bewerber und Partei zugrunde[1].

Die Parteien sind nicht verpflichtet, einen Bewerber aufzunehmen[2]. Die Bewerbung um eine Aufnahme in eine Partei kann von dieser abgelehnt werden. Das Grundrecht, bestehenden Parteien beizutreten[3], wird davon nicht berührt. Art. 21 Abs. 1 S. 2 GG umfaßt mit der Gewährleistung der Gründungsfreiheit einer Partei auch das Recht, Parteien beizutreten. Denn das Grundrecht der Parteigründungsfreiheit

---

[1] *Henke*, Parteien, S. 89; *Seifert*, Parteien, S. 147.

[2] *Doehring*, Staatsrecht, S. 148; *Seifert*, Parteien, S. 118, 209; *Leibholz*, Zum Parteiengesetz von 1967, S. 179, 184; *Luthmann*, Rechtsstellung der Mitglieder von politischen Parteien, DVBl. 1962, 166, 169.

[3] Damit wird dem Grundrechtsträger nicht ein Anspruch auf Aufnahme in eine bestimmte Partei gegeben; anderer Ansicht ist *Knöpfle*, Der Zugang zu den politischen Parteien, in: Der Staat 1970, S. 321 ff.; *Magiera*, Der Rechtsanspruch auf Parteibeitritt, DÖV 1973, 761 ff.

gibt dem Grundrechtsträger das Recht, Parteien zu gründen, aufzulösen und in Parteien um Aufnahme nachzusuchen[4].

Es stellt sich die Frage, ob dieses Grundrecht auch Fremden zusteht. Es könnte argumentiert werden, Art. 21 GG enthalte keine personelle Einschränkung und gewährleiste ein jedermann zustehendes Grundrecht mit der Folge, daß Fremden sowohl das Grundrecht der Parteigründungsfreiheit als auch ein Grundrecht auf Mitgliedschaft zustehe.

Die vollkommen herrschende Meinung sieht die Parteifreiheit als einen Spezialfall der Vereinigungsfreiheit (Art. 9 GG) an und gesteht die Individualrechtsgarantie der Parteibildung und Mitgliedschaft nur Deutschen zu[5].

Wenn auch Art. 21 GG nicht expressis verbis zu erkennen gibt, daß Fremden dieses Grundrecht nicht zusteht, ferner nicht auf Art. 9 GG verweist und damit ausdrücklich ein Verhältnis lex specialis lex generalis herstellt, so ist doch Art. 21 GG in einem Zusammenhang und Wechselwirkung mit anderen Grundrechten zu sehen. Eine Interdependenz besteht insbesondere zwischen dem Grundrecht der Parteienfreiheit, dem Recht auf freie Meinungsäußerung, der Versammlungs- und Vereinigungsfreiheit. Wenn schon das Grundrecht der Vereinigungsfreiheit nur Deutschen zusteht, gilt das für das auf unmittelbare politische Mitwirkung gerichtete Grundrecht der Parteifreiheit in einem noch viel stärkeren Maße.

Damit steht Fremden ein grundgesetzliches Recht auf eine Mitgliedschaft in deutschen Parteien nicht zu. Die Parteien sind nicht verpflichtet, Fremde aufzunehmen[6].

2. Parteiinterna

Aus der Mitgliedschaft ergeben sich eine „Treueverpflichtung", die darin besteht, nicht parteischädigend zu wirken, Solidarität zu üben, darüber hinaus Parteibeschlüsse zu beachten und Anordnungen der Parteiorgane zu befolgen, jedoch keine Unterwerfungs- oder Gehorsamspflicht[7].

---

[4] *Seifert,* Parteien, S. 111.

[5] BVerfGE 2, 1, 13; *Maunz / Dürig / Herzog,* Art. 21 GG, Rdnr. 38; *Dolde,* Zur Beteiligung von Ausländern am politischen Willensbildungsprozeß, DÖV 1973, 370, 374; *Sasse,* Kommunalwahlrecht für Ausländer, S. 31; Reg.-Entw. 1959, in: BT-Drucksache III/1509, S. 13; *Dolde,* Die politischen Rechte der Ausländer, S. 142 Anm. 7.

[6] *Henkel,* Integration und Repräsentation, ZParl. 1974, 91, 92; *Seifert,* Parteien, S. 113, 207 Anm. 140; *Trautmann,* Innerparteiliche Demokratie im Parteienstaat, S. 205 ff.; *Knöpfle,* Der Zugang zu den politsichen Parteien, in: Der Staat 1970, S. 321, 340.

[7] *Seifert,* Parteien, S. 212, 213; vgl. Art. 21 Abs. 1 S. 3 GG „Ihre Ordnung muß demokratischen Grundsätzen entsprechen". — Vgl. § 5 Organisations-

Aus der Mitgliedschaft in einer Partei folgt das Recht auf eine umfassende Mitgestaltung, auf Teilnahme an Parteiveranstaltungen, Frage- und Auskunfts-, Antrags- und Stimmrecht in den Organen der Partei (insbesondere in der Mitgliederversammlung und dem Vorstand).

Unter Mitgestaltung ist in erster Linie die Einflußnahme auf die Willensbildung des jeweiligen Gebietsverbandes[8] zu verstehen. Parteien sind ziel- und zweckgerichtete Personenzusammenschlüsse. Eine Einflußnahme auf die Willensbildung einer derartigen Vereinigung bedeutet daher in erster Linie eine Einflußnahme auf die maßgeblichen Ziele des Verbandes, seine Tätigkeit und Organisation[9].

Wie bei den privaten Vereinen üblich, liegt die Entscheidung über die grundlegenden und allgemeinen Angelegenheiten bei den Mitgliedern, die entweder in einer Mitglieder- oder Vertreterversammlung entscheiden[10]. Die Mitglieder- oder Vertreterversammlung ist das oberste Organ des jeweiligen Gebietsverbandes[11], besitzt höchste Entscheidungsmacht in allen Verbandsangelegenheiten und ist „Grundlage und Ursprung aller Parteiwillensbildung"[12]. Sie führt bei den Gebietsverbänden der unteren Ordnung die Bezeichnung „Hauptversammlung", bei den Gebietsverbänden der höheren Ordnung „Parteitag"[13].

Auf der untersten Stufe (i. d. R. den Ortsverbänden) setzt sich die Harptversammlung aus allen anwesenden Mitgliedern zusammen, dem „präsenten Parteivolk selbst"[14]. Auf den höheren Ebenen (Kreis-, Bezirks-, Landesverbänden) können die Parteimitglieder durch Vertreter repräsentiert werden. An die Stelle der Mitgliederversammlung tritt die

statut der SPD: „Jedes Mitglied hat das Recht und die Pflicht, sich im Rahmen der Statuten an der politischen Willensbildung, den Wahlen und Abstimmungen zu beteiligen und die Ziele der Sozialdemokratischen Partei zu unterstützen."

8 Die CDU ist in vier Organisationsstufen gegliedert: Bundes-, Landes-, Kreis-, Stadt/Gemeindeverband § 15—19 des Statuts der CDU. Der Kreisverband ist die kleinste, selbständige organisatorische Einheit der CDU. Die SPD setzt sich aus Bezirken zusammen: Gesamtpartei, Bezirksverband, Unterbezirke, Ortsverbände (§ 8 der Satzung der SPD). Die CSU ist in Landes-, Bezirks-, Kreis-, und Ortsverbände unterteilt (§ 10 der Satzung der CSU). Die F.D.P. gliedert sich in Landesverbände, diese untergliedern sich selbständig (§ 9 Nr. 1 der Satzung).

9 *Seifert*, Parteien, S. 229, 191.

10 *Seifert*, Parteien, S. 229.

11 § 9 Abs. 4 S. 1 PartG; *Trautmann*, Innerparteiliche Demokratie im Parteienstaat, S. 237.

12 Reg. Entw. 1959, Begr. zu § 12; *Seifert*, Parteien, S. 231.

13 § 9 Abs. 1 Satz 2 PartG. Eine Perfektionierung der Gesetzgebung, die in das Recht auf freie Namensgebung eingreift, ohne daß verfassungsrechtliche Gründe eine Einschränkung erforderlich machen, vgl. *Seifert*, Parteien, S. 230 und S. 230 Anm. 245.

14 *Seifert*, Parteien, S. 230; *Henke*, Parteien, S. 66 ff.; *Trautmann*, Innerparteiliche Demokratie im Parteienstaat, S. 231.

Vertreterversammlung, deren Mitglieder für höchstens zwei Jahre durch die Mitglieder- oder Vertreterversammlung der nachgeordneten Gebietsverbände gewählt werden[15]. Die Vertreterversammlung hat die volle Rechtsstellung der Mitgliederversammlung.

Als weiteres notwendiges Organ muß jede Partei und jeder Parteiverband einen Vorstand bestellen[16]. Der Vorstand ist der Hauptversammlung des jeweiligen Gebietsverbandes untergeordnet[17]. Zwingend liegt beim Vorstand die Leitungs- und Geschäftsführungsbefugnis, die Vertretungsbefugnis immer dann, wenn die Satzung keine andere Regelung trifft[18]. Die Vorstandsmitglieder werden von der Hauptversammlung in jedem zweiten Kalenderjahr neu gewählt. Dem Vorstand müssen mindestens drei Mitglieder angehören (kollegialer Vorstand)[19]. Ein Fünftel der Mitglieder kann diesem kraft Satzung angehören[20]. Der Vorstand nimmt politische und organisatorische Führungsaufgaben wahr[21], nimmt Einfluß auf parlamentarische Vertreter, Fraktion und Regierung der eigenen Partei, gibt politische Erklärungen ab und wird damit zum zentralen Organ der Partei.

3. Parteiorgane

Der Umfang der Einflußnahmen und Partizipation an parteiinternen und an politischen Entscheidungsprozessen auf allen Ebenen des staatlichen Aufbaus ist abhängig von den Kompetenzen der einzelnen Parteiorgane.

Die Mitglieder- bzw. Vertreterversammlung ist das Grundorgan der Partei. Sie steht am Anfang der Übersicht.

a) Die Hauptversammlung

Der Haupt- bzw. Mitgliederversammlung sind durch das PartG unabdingbare Zuständigkeiten gesichert, die ihr nicht durch die Satzung genommen werden können[22].

Danach beschließt die Hauptversammlung

---

[15] § 8 Abs. 1 Satz 2 PartG, s. a. § 8 Abs. 1 Satz 4 PartG für Ortsverbände ab 250 Mitgliedern oder bei großer räumlicher Ausdehnung.

[16] § 8 Abs. 1 Satz 1 PartG, § 26 Abs. 1 Satz 1 BGB.

[17] § 9 Abs. 1 Satz 1 PartG.

[18] § 11 Abs. 3 PartG.

[19] § 11 Abs. 1 Satz 2 PartG.

[20] § 11 Abs. 2 PartG. Es handelt sich dabei um Abgeordnete oder Parteiamtsträger („Persönlichkeiten aus der Partei").

[21] § 11 Abs. 3 Satz 1 PartG: „Der Vorstand leitet den Gebietsverband ..."; *Seifert*, Parteien, S. 237 ff.; *Henke*, Parteien, S. 75 ff.

[22] § 9 Abs. 3—5 PartG.

1. die Parteiprogramme
2. die Satzung, Beitrags- und Schiedsgerichtsordnung
3. über die Auflösung sowie Verschmelzung der Partei mit anderen Parteien
4. die Wahl des Vorsitzenden des Gebietsverbandes, seiner Stellvertreter und der übrigen Mitglieder des Vorstands, der Mitglieder etwaiger anderer Organe und der Vertreter in den Organen höherer Gebietsverbände, soweit vom PartG nichts anderes zugelassen ist
5. über den Tätigkeitsbericht des Vorstands
6. über die Aufstellung von Bewerbern für die politischen Wahlen.

aa) Parteiprogramme

Die Hauptversammlung beschließt über die Parteiprogramme.

Zu den Parteiprogrammen zählen für gewöhnlich die Grundsatz-, Aktions-, Wahl- und Regierungsprogramme[23]. Die Gesamtpartei ist verpflichtet, ihre Ziele in politischen Programmen schriftlich niederzulegen[24]. Diese Vorschrift soll die Parteien veranlassen, ihre wesentlichen Ziele gegenüber der Öffentlichkeit darzulegen[25]. Die Gebietsverbände sind nicht verpflichtet, Programme aufzustellen.

Parteiprogramme werden vorgelegt in der Form von Grundsatzprogrammen, die einen allgemeinen Einblick in die langfristigen Zielvorstellungen einer Partei geben[26]. Grundsatzprogramme sind auf die nächsten Jahre konzipiert, von ihrer Anlage her futuristisch aber nicht utopisch gedacht[27]; sie sollen bei der politischen Willensbildung des Volkes mithelfen[27]. Während Grundsatzprogramme über die generellen Bestrebungen einer Partei Aussagen treffen, informieren Aktionspro-

[23] *Hergt*, Parteiprogramme, S. 10 ff.

[24] § 1 Abs. 3 i.V.m. § 6 Abs. 1 Satz 1 PartG; *Seifert*, Parteien, S. 10; *Flohr*, Parteiprogramme in der Demokratie, S. 47; siehe u. a. Godesberger Programm der SPD, 13.—15. 11. 1959 und Langzeitrahmen 1972 und Orientierungsrahmen '85 der SPD; CDU: Ahlener Programm, programmatische Erklärung des Zonenausschusses der CDU der britischen Zone auf der Tagung v. 1.—3. Februar 1947 in Ahlen; Düsseldorfer Leitsätze 1949; Hamburger Manifest 1957; Grundsatzentschließungen von Dortmund 1962; Berliner Programm 1971; 22. Bundesparteitag der CDU 1973; F.D.P.: Berliner Programm 1957; Freiburger Thesen der F.D.P.; CSU Grundsatzprogramm 1946, 1957, 1968; NPD: Das Programm der NPD, Thesen und Forderungen 1967; DKP: Grundsatzprogramm 1969; siehe die Zusammenfassung der Parteiprogramme bei *Hergt*, Parteiprogramme, S. 38 ff.; siehe auch *Wender*, Planung als „Vierte Gewalt", S. 38 ff.

[25] Reg.-Entwurf 1959, BT-Drucks. III/1509, Begr. zu § 10 (I); *Flohr*, Parteiprogramme in der Demokratie, S. 40 ff.; *Seifert*, Parteien, S. 188.

[26] *Hergt*, Parteiprogramme, S. 7: „programmatische, ideologische Basis, die langfristig angelegt ist."

[27] *Flohr*, Parteiprogramme in der Demokratie, S. 61; *Kaack*, Parteiensysteme, S. 402.

gramme über die konkreten Vorstellungen der nächsten Jahre, i. d. R. einer Legislaturperiode. Aktionsprogramme sind konkretisierte Grundsatzprogramme[28].

Die Erarbeitung von Grundsatz- und Aktionsprogrammen bedarf einer langen Vorarbeit. Es handelt sich um Zielvorstellungen, die i. d. R. nur von qualifizierten Personen formuliert werden können. Die breite Masse der Parteimitglieder kann an ihnen nur mittelbar beteiligt werden. Eine Rückkoppelung zwischen Kommission und Basis erfolgt üblicherweise dadurch, daß den Gebietsverbänden Vorschläge und Entwürfe zur Stellungnahme vorgelegt werden, diese dann in eine Programmdiskussion eintreten, Anregungen geben, Änderungen beantragen und letztendlich die Vorlage durch formelle Annahme zu ihrem Parteiprogramm machen[29].

Parteiprogrammen kommt eine Doppelfunktion zu[30]. Sie wirken nach außen und nach innen. Die Außenfunktion der Parteiprogramme liegt u. a. in der Werbung neuer Mitglieder oder zumindestens Sympathisanten, um mit Hilfe dieser die Wahlen zu beeinflussen (Werbefunktion). Darüber hinaus helfen sie die eigene Partei von anderen abzugrenzen (Profilfunktion). Sie wollen die Grundlage der Auseinandersetzung mit anderen Parteien bilden und Einfluß auf die politische Willensbildung der Staatsbürger nehmen[31].

Integrations- und Legitimationsfunktion sind die wichtigsten Binnenwirkungen der Programme.

Gemeinsame verbindliche Richtlinien sind Voraussetzung für ein gemeinsames Handeln[32]. Die Berufung auf das Parteiprogramm ist die Rückendeckung für politisch handelnde Mitglieder.

Darüber hinaus nehmen die Mitglieder über ihre Programme Einfluß auf die Mandatsträger der eigenen Partei, Fraktion und Regierung, wenn diese von der Partei gestellt oder mitgetragen wird (Bindungsfunktion). So ist in § 29 des Statuts der CDU u. a. zu lesen, daß das Parteiprogramm „als Grundlage für die Arbeit der CDU-Fraktionen und die von der CDU geführten Regierungen in Bund und Ländern ver-

---

[28] *Flohr*, Parteiprogramme in der Demokratie, S. 67.

[29] *Flohr*, Parteiprogramme in der Demokratie, S. 139. In diesem Zusammenhang muß auch auf den Einfluß der sog. „pressure groups" hingewiesen werden. Ihre Einwirkung beschränkt sich i. d. R. auf die Beeinflussung konkreter Bereiche, die in ihrem Interesse liegen; vgl. *Flohr*, Parteiprogramme in der Demokratie, S. 159 ff. und S. 160 Anm. 108.

[30] *Kaack*, Parteiensystem, S. 401 ff.

[31] *Kaack*, Parteiensysteme, S. 402; *Hergt*, Parteiprogramme, S. 9; *Grube*, Politische Planung in Parteien und Parlamentsfraktion, S. 166 ff.

[32] *Leimer*, Parteienvielfalt bei gleichem Parteiprogramm? DVBl. 1971, 649, 650; *Hergt*, Parteiprogramme, S. 13.

bindlich" ist[33]. Wenn auch z. B. der Kanzler nach der Verfassung die Richtlinien der Politik bestimmt und dafür die Verantwortung trägt (Art. 65 S. 1 GG)[34], so ist er doch als Kandidat seiner Partei zu einer Programmkonformität parteiintern verpflichtet[35]. Die Richtlinienkompetenz des Bundeskanzlers wird durch das eigene Parteiprogramm nicht aufgehoben, wohl aber durch das machtpolitische Kräftespiel beeinflußt.

Verfassungsrechtlich bedeutsam ist in diesem Zusammenhang die Übernahme einzelner Parteiprogrammpunkte oder konkreter Parteitagsbeschlüsse in das Regierungsprogramm. Art. 65 S. 1 GG gibt die Möglichkeit, diese Programmpunkte bei entsrpechenden Mehrheiten durchzusetzen[36]. Über diesen Weg kann die Partei direkten Einfluß auf die Regierungsarbeit nehmen. Der Regierungschef kann zum ausführenden Organ der Partei werden, dessen sie sich bedient, da ihr zur unmittelbaren, direkten Durchsetzung ihrer Ziele die Staatsgewalt fehlt. Werden Parteibeschlüsse unverändert von der Staatsgewalt — in diesem Fall von der Regierung und der eigenen Fraktion — durchgesetzt, so haben die Parteien im materiellen Sinn Staatsgewalt ausgeübt. Es ist Trautmann zuzustimmen, wenn er ausführt:

> „Wenn beispielsweise Parteientscheidungen unverändert in Parlament und Regierung realisiert werden, so sind sie sachlich Endfassungen; zur Allgemeinverbindlichkeit fehlt juristisch nur die Sanktion der kompetenten Staatsorgane. In diesen Fällen, aber auch in solchen, wo das parteipolitische Wollen nur redaktionell verändert wird, ist die nach wie vor formal bei den Staatsorganen befindliche Entscheidungskompetenz materiell weitgehend auf die betreffende Mehrheitspartei verlagert, in ihr werden bereits Kompromisse geschlossen und die Entscheidungen ausformuliert[37]."

Die enge Verbindung zwischen Fraktion und Partei bringt es mit sich, daß die Fraktion als eine ihrer wichtigsten Aufgaben die Verwirklichung des eigenen Parteiprogramms ansieht[38] und dazu aufgrund der Parteisatzung parteiintern auch verpflichtet ist[39].

Die politische Willensbildung des Volkes mit Hilfe von Parteiprogrammen ist ein Teil der verfassungsrechtlichen Aufgabe der Parteien. Über Programme werden politische Zielvorstellungen geprägt und den

---

[33] § 5 Organisationsstatut der SPD, s. a. § 35 (Parteiordnungsverfahren); § 4 der Satzung der F.D.P. und § 12 Abs. 2: „Die Beschlüsse des Bundesparteitages sind ... für ihre Mitglieder bindend."

[34] *Doehring*, Staatsrecht, S. 208; *Maunz / Dürig / Herzog*, GG, Art. 65 Rdnr. 15.

[35] *Flohr*, Parteiprogramme in der Demokratie, S. 141.

[36] Vgl. *de With*, Rechtsreform, S. 161 ff.

[37] *Trautmann*, Innerparteiliche Demokratie, S. 51.

[38] *Flohr*, Parteiprogramme in der Demokratie, S. 147.

[39] Nicht aber verfassungsrechtlich; vgl. *Doehring*, Staatsrecht, S. 193; *Maunz / Dürig / Herzog*, GG, Art. 38 Rdnr. 12.

Staatsbürgern vorgelegt. Sie werden in den Presseorganen diskutiert und damit Bestandteile der politischen Diskussion.

In umgekehrter Richtung filtern die Parteien die verschiedenen Meinungen und Strömungen und nehmen sie, schon um Wählerstimmen zu gewinnen, in ihr Programm auf und versuchen dann, die „gefilterten Zielvorstellungen der Aktivbürgerschaft organisiert in den staatlichen Rechtserzeugungsprozeß zu übersetzen[40]. Nach welchen Kriterien gefiltert wird und welche Vorstellungen mit welcher Wertigkeit in die Programme aufgenommen werden, entscheiden die Parteimitglieder. Sie bestimmen damit weitgehend den Inhalt des politischen Willens der Staatsbürger[41].

Damit kommt den Parteiprogrammen über die Artikulierung politischer Zielvorstellungen ein weitreichender Einfluß auf die politische Willensbildung des Volkes und die Willensbildung der staatlichen Organe zu. An der Erarbeitung und Beschlußfassung der Programme nehmen nach dem PartG[42] alle Mitglieder auf der Grundlage der Stimmengleichheit teil.

Damit kommt auch den Stimmen ausländischer Mitglieder gleicher Einfluß zu.

Dem könnte entgegengehalten werden, daß sich die Willensbildung in der Praxis von oben nach unten vollziehe, dem Basismitglied daher ein nennenswerter Einfluß nicht zukomme. Bei Stellungnahmen zu aktuellen Ereignissen ist dem zuzustimmen. Hier vollzieht sich die innerparteiliche Willensbildung von oben (Parlamentsfraktion, Präsidium, Vorstand) nach unten. Bei der Entwicklung und Konkretisierung langfristiger Zielvorstellungen und Perspektiven kommt der Basis ein stärkerer Einfluß zu[43].

Zudem entwickeln die Parteien nicht nur auf Bundesebene Programme. Gerade die Ortsverbände wirken auf ihre Ratsfraktion ein, entwickeln Konzeptionen, die für den einzelnen Bürger in unmittelbarer Nähe ihre Auswirkungen zeitigen.

Daher ist von entscheidendem Gewicht, daß insbesondere die Mandatsträger bei ihren Abstimmungen, Vorschlägen und Diskussionen in den Parlamenten und Vertretungskörperschaften parteiintern an das Parteiprogramm ihrer Partei gebunden sind.

---

[40] *Lenz / Sasse*, Parteiausschluß und Demokratiegebot, JZ 1962, 233.

[41] *Lengers*, Rechtsprobleme bei Parteiausschlüssen, S. 3.

[42] § 10 Abs. 2 S. 1 PartG.

[43] *Seifert*, Parteien, S. 29.

bb) *Parteiauflösung*

Die Hauptversamlung beschließt über eine Auflösung sowie Verschmelzung der Partei mit anderen Parteien.

Die Selbstauflösung:

Gem. § 9 Abs. 3 PartG beschließt „der Parteitag[44] im Rahmen der Zuständigkeiten des Gebietsverbandes innerhalb der Partei über ... die Auflösung sowie Verschmelzung mit anderen Parteien". Der Beschluß, die Partei bzw. einen Gebietsverband aufzulösen, obliegt der Entscheidung des zuständigen Parteitages. § 6 Abs. 2 Nr. 11 PartG sieht für den Fall der Selbstauflösung einer Partei oder eines Gebietsverbandes oder einer Verschmelzung mit anderen Parteien vor, daß neben dem Beschluß des jeweiligen Parteitages noch eine Urabstimmung der Mitglieder durchzuführen ist[45].

In den Gebietsverbänden können Fremde die Mehrheit der Mitglieder stellen. Bei einer bundesweit organisierten Partei bedeutet das, daß Landes-, Bezirks-, Kreis- und/oder Ortsverbände bei entsprechenden, rechtlich zulässigen, Mehrheitsverhältnissen von Fremden aufgelöst werden könnten. Für die Gesamtpartei greift hier die Sperre des § 2 Abs. 3 Nr. 1 PartG ein, die eine mehrheitliche Mitgliedschaft von Fremden in politischen Parteien nicht zuläßt.

Die eine Folgerung ist, daß Parteien, die ein „verfassungsrechtlich notwendiger Bestandteil der freiheitlichen demokratischen Grundordnung sind[46], bei entsprechenden Mehrheitsverhältnissen von Fremden aufgelöst werden könnten.

Desweiteren kommt hinzu, daß ausschließlich[47] Staatsangehörigen das Grundrecht zusteht, eine Partei zu gründen bzw. ihr beizutreten. Diese Freiheit umfaßt auch das Recht, einer Partei fernzubleiben, aus ihr auszutreten und, als Korrelat zu der Gründungsfreiheit, die Auflösungsfreiheit. Es gibt keine Parteifreiheit ohne diese Gewährleistungen[48].

Das PartG eröffnet Staatsfremden rechtlich die Handhabe, gegen den Willen von Staatsbürgern, Gebietsverbände einer Partei aufzulösen bzw. mit anderen Parteien zu verschmelzen. Das ist zum einen ein Verstoß gegen die verfassungsrechtliche Pflicht der Parteien, an der politischen Willensbildung des Volkes mitzuwirken[49]. Zum anderen zeigt es

[44] Die Bezeichnung „Parteitag" gilt für die Mitglieder- oder Vertreterversammlung höherer Stufen; bei Gebietsverbänden der untersten Stufe lautet die Bezeichnung „Hauptversammlung", § 9 Abs. 1 PartG.

[45] *Seifert*, Parteien, S. 177; *Henke*, Parteien, S. 66.

[46] § 1 Abs. 1 Satz 1 PartG.

[47] s. o. 2. Teil, 1. Parteibeitritt.

[48] *Seifert*, Parteien, S. 111 zum Rechtscharakter der Parteienfreiheit.

[49] Art. 21 Abs. 1 S. 1 GG; *Maunz / Dürig / Herzog*, Grundgesetz, Art. 21 Rdnr. 12 ff.

einen Widerspruch innerhalb des PartG auf; denn in § 1 Abs. 1 S. 2 heißt es, daß die Parteien „mit ihrer freien, dauernden Mitwirkung an der politischen Willensbildung des Volkes eine ihnen nach dem Grundgesetz obliegende und von ihnen verbürgte öffentliche Aufgabe“ erfüllen. Die öffentliche Aufgabe der Partei kann nicht zur Disposition Staatsfremder stehen.

Es liegt in dieser Regelung auch ein Verstoß gegen die demokratische Struktur des Grundgesetzes und die vom Volk ausgehenden Staatsgewalt, die in Wahlen und Abstimmungen ausgeübt wird. Denn ohne Parteien ist dieses System nicht funktionsfähig, wie schon der Staatsgerichtshof für das Deutsche Reich feststellte[50]: „Die Volksvertretungen der neuzeitlichen Verfassungen setzen aber das Vorhandensein von Parteien voraus, die Durchführung der Wahlen für Volksvertretungen ist ohne sie nicht denkbar.“

Die Parteienfreiheit ist primär ein Grundrecht der Staatsbürger[51], das nicht zur Disposition Staatsfremder gestellt werden darf.

cc) Parteiinterne Wahlen

Die Hauptversammlung wählt den Vorstand, Delegierte und die Mitglieder etwaiger Organe.

Nach § 9 Abs. 4 PartG beschließt die Hauptversammlung unabdingbar über die Wahl des „Vorsitzenden des Gebietsverbandes, seine Stellvertreter und die übrigen Mitglieder des Vorstandes, die Mitglieder etwaiger anderer Organe und die Vertreter in den Organen höherer Gebietsverbände.“

Die Versammlung entscheidet auf der Grundlage der Stimmengleichheit (§ 10 Abs. 2 S. 1 PartG) mit einfacher Mehrheit[52] über die Besetzung der Ämter. Um die Bedeutung der Wahlen einordnen zu können, soll an späterer Stelle aufgezeigt werden, welches parteiinterne und politische Gewicht insbesondere dem Vorstand eines Gebietsverbandes oder der Gesamtpartei zukommt.

An dieser Stelle soll nur schon festgehalten werden, daß der Vorstand von der Hauptversammlung bestellt wird und jederzeit[53] abberufen werden kann, an die Beschlüsse der Hauptversammlung gebunden ist, dieser einen Rechenschaftsbericht vorzulegen hat und der Hauptversammlung gegenüber dem Vorstand ein umfassendes Weisungsrecht zu-

---

[50] RGZ 118, Anh. 29; BVerfGE 20, 56, 113; 24, 299, 348.

[51] *Seifert*, Parteien, S. 111; *Maunz / Dürig / Herzog*, Art. 21 Rdnr. 93.

[52] Durch Gesetz oder Satzung kann eine erhöhte Stimmenmehrheit vorgeschrieben werden.

[53] *Henke*, Parteien, S. 79; *Seifert*, Parteien, S. 242.

steht. Die Hauptversammlung ist oberstes Verbandsorgan und dem Vorstand übergeordnet[54].

Darüber hinaus wählen die Mitglieder der Hauptversammlung eines Gebietsverbandes die Vertreter für Vertreterversammlungen des nächsthöheren Gebietsverbandes. An die Stelle der Mitgliederversammlung tritt eine Vertreterversammlung. Die Mitglieder dieser Vertreterversammlung sind durch Mitglieder- oder Vertreterversammlungen der nachgeordneten Verbände für höchstens zwei Jahre gewählt (§ 8 Abs. 1 PartG). Die Hauptversammlung bzw. die Vertreterversammlung ist das demokratischste Organ der Partei, die Vertretung des Parteivolks bzw. auf der untersten Stufe das präsente Parteivolk selbst[55]. Sie ist als oberstes Organ des Parteiverbandes mit umfassender, höchster Entscheidungsgewalt ausgestattet. Ihre Beschlüsse binden alle Mitglieder, Organe, Organisationen der Partei mit Ausnahme einer Urabstimmung und der Parteischiedsgerichte[56].

Das PartG sieht eine anteilsmäßige Begrenzung der Mitgliedschaft von Fremden nur für die (Gesamt-)Partei vor. In bundesweit vertretenen Parteien können Fremde vom Ortsverband bis zur Landesdelegiertenversammlung in unbegrenzter Anzahl als Vertreter gewählt werden und über ihre Beschlüsse alle Mitglieder und Vorstände binden.

dd) Die Kandidatenauswahl für politische Wahlen

Die Bewerberaufstellung bestimmt sich nach den Wahlgesetzen[57], dem PartG und den Satzungen der Parteien. Sie ist den Hauptversammlungen bzw. besonderen Mitglieder- oder Vertreterversammlungen vorbehalten. Die Auswahl der Kandidaten gehört zu den wichtigsten Aufgaben der Parteien. Auf Grund ihrer Nähe zur Staatswillensbildung soll die Kandidatenauslese einer besonderen Untersuchung vorbehalten bleiben[58].

Zusammenfassung

Die Parteiversammlung als rechtlich wichtigstes und oberstes Organ der Partei kann mit Verbindlichkeit für den gesamten Gebietsverband Entscheidungen treffen, zu denen u. a. zu zählen sind: Beschlüsse über den Bestand des Verbandes, seine Organisation, Ziele und Tätigkeiten. Da die Beschlüsse alle Parteimitglieder binden, können auch die Or-

---

[54] *Trautmann*, Innerparteiliche Demokratie, S. 237.

[55] *Seifert*, Parteien, S. 230; *Henke*, Parteien, S. 66 ff.

[56] *Henke*, Parteien, S. 74; *Seifert*, Parteien, S. 231; *Trautmann*, Innerparteiliche Demokratie, S. 237; *Luthmann*, Die innere Ordnung der Parteien, S. 70 ff.; Bericht der Parteienrechtskommission, S. 45.

[57] § 17 PartG i. V. m. § 21 BWG.

[58] Zweiter Teil, 7. Die Aufstellung der Parlamentsbewerber.

gane[59], sonstige Einrichtungen und Teilorganisationen des Parteiverbandes nicht von ihnen abweichen[60]. Als oberstem Organ steht der Parteiversammlung ein Aufsichtsrecht zu. Sie kann in allen Angelegenheiten verbindliche Weisungen erteilen und sich mit jeder Materie befassen. Auf Grund der rechtlichen Stellung der Haupt- bzw. Vertreterversammlung als oberstem Organ des betreffenden Parteiverbandes kommt ihr eine Kompetenz-Kompetenz zu[61]. Über ihr Weisungsrecht und das alle Parteimitglieder bindende Beschlußrecht haben die Parteiversammlungen rechtlich die Möglichkeit, die Parteipolitik festzulegen. Die Versammlungen wirken auf allen Ebenen als Berater, Informationszuträger und politisch Fordernde auf die Vertreter ihrer eigenen Partei in den Vertretungskörperschaften ein[62] und beeinflussen über diese „Brückenköpfe"[63] die Entscheidungen der Staatsorgane[63]. Die Parteitagsbeschlüsse können dann in hoheitliche Akte umgesetzt werden.

An diesen „Möglichkeiten unmittelbarer politischer Teilhabe der Bürder in und über die Parteien"[64] nehmen Staatsfremde gleichberechtigt teil. Sie können als Delegierte das Parteivolk vertreten und über Beschlüsse die politische Zielsetzung der Partei bestimmen und parteiintern die Parlamentarier und Regierenden auf die Durchsetzung der Beschlüsse verpflichten[65].

b) Der Vorstand

Eine weitere Einflußmöglichkeit auf den politischen Willensbildungsprozeß bietet die Wahl in den Vorstand einer Partei.

§ 2 Abs. 3 Nr. 1 PartG begrenzt die Mitgliedschaft von Fremden in den Vorständen deutscher Parteien. Staatsfremde können nur bis zu 50 % in den Vorständen vertreten sein.

Wie aber zu Beginn dieser Arbeit dargelegt, bezieht sich diese Klausel nur auf die Gesamtpartei. In den Untergliederungen einer Partei, den Gebietsverbänden, steht das PartG einer mehrheitlichen Zugehörigkeit von Fremden nicht entgegen. Bei einer auf Bundesebene organisierten

[59] Als wichtigstes Organ ist der Vorstand zu nennen.

[60] Abgesehen von der Stellung der Parteischiedsrichter, die unabhängig und an Weisungen nicht gebunden sind, § 14 Abs. 2 S. 3 PartG.

[61] *Trautmann*, Innerparteiliche Demokratie, S. 237; Bericht der Parteienrechtskommission, S. 45; *Lohmer*, Innerparteiliche Demokratie, S. 83.

[62] Zur Funktion von Bundesparteitagen s. *Schäfer*, Die Funktion von Bundesparteitagen im föderalistischen modernen Pateienstaat, S. 287 ff.

[63] *Trautmann*, Innerparteiliche Demokratie, S. 232.

[64] *Trautmann*, Innerparteiliche Demokratie, S. 238.

[65] Vgl. § 29 des Statuts der CDU. Danach beschließt der Bundesparteitag über die Grundlinien der Politik. Die Beschlüsse „sind als Grundlage für die Arbeit der CDU-Fraktionen und die von der CDU geführten Regierungen in Bund und Ländern verbindlich".

Partei bedeutet das die rechtliche Zulässigkeit eines mehrheitlichen oder vollständigen Übergewichts von Fremden in den Vorständen auf Orts-, Kreis- und Landesebene.

Der Vorstand ist notwendiges Organ der Gesamtpartei und der Gebietsverbände[66]. Nach der Legaldefinition des PartG[67] ist der Vorstand eine der Willensbildung des jeweiligen Gebietsverbandes dienende Einrichtung. Er wird von der Parteiversammlung für zwei Jahre in geheimer Wahl[68] gewählt und besteht aus dem Vorsitzenden, seinen Stellvertretern und weiteren Mitgliedern[69].

Wie bei Vereinen üblich, liegen die laufenden und eilbedürftien Geschäfte dem Vorstand ob. Darüber hinaus weist das PartG dem Vorstand die Leitung und Vertretung des Gebietsverbandes nach außen zu[70]. Damit will der Gesetzgeber zum Ausdruck bringen, daß dem Vorstand neben einer Verwaltungsfunktion eine „politische und organisatorische Führungsaufgabe“ zukommt[71]. Diese Interpretation der gesetzlichen Regelung findet eine Bestätigung auch darin, daß der Parteiversammlung das Recht, über die Grundlinien der Parteipolitik zu bestimmen oder Entscheidungen von grundsätzlicher politischer Bedeutung (z. B. Grundsatzbeschlüsse) zu treffen, nicht ausschließlich vorbehalten ist[72]. Diese Aufgaben haben in großem Umfang die Vorstände an sich gezogen. Die Vorstände fassen Beschlüsse von weitreichender Bedeutung[73].

Ungeachtet seiner tatsächlichen Machtfülle ist der Vorstand rechtlich der Parteiversammlung untergeordnet.

Es folgen einzelne Aufgaben und Zuständigkeiten des Vorstands.

aa) Die Nominierung der Parlamentsbewerber

Auf die Wahlgewalt des Volkes, die in ein Vorschlagsrecht und ein Wahlrecht aufgegliedert ist[74], wird später in einem gesonderten Teil eingegangen werden.

---

[66] § 8 Abs. 1 PartG. D. h., Vorstand und Mitgliederversammlung müssen gebildet werden; s. *Seifert*, Parteien, S. 239.

[67] § 8 Abs. 2 Satz 1 PartG.

[68] §§ 9 Abs. 4, 11 Abs. 1, 15 Abs. 2 Satz 1 PartG.

[69] Kollegialer Vorstand, zwingend nach § 11 Abs. 1 Satz 2 PartG.

[70] § 11 Abs. 3 Satz 1 PartG.

[71] *Seifert*, Parteien, S. 234; *Luthmann*, Die innere Ordnung der Parteien, S. 85; *Trautmann*, Innerparteiliche Demokratie, S. 259.

[72] *Seifert*, Parteien, S. 234.

[73] *Seifert*, Parteien, S. 234; *Trautmann*, Innerparteiliche Demokratie, S. 259 ff.

[74] *Henkel*, Die Auswahl der Parlamentsbewerber, S. 13 ff.; *Seifert*, Bundeswahlrecht, § 21 BWG Rdnr. 5; *Schreiber*, Kommentar zum BWG, Rdnr. 6 zu § 21.

An dieser Stelle soll aber schon ein Einblick in die spezifische Rolle des Vorstandes politischer Parteien bei der Auswahl der Parlamentsbewerber gegeben werden.

Die Direktkandidaten zu den Wahlen zum Deutschen Bundestag müssen als erste Hürde die Nominierung in ihrem Wahlkreis nehmen[75]. Nominiert wird der einzelne Wahlkreisbewerber durch die Parteimitglieder seines Wahlkreises. Die Bewerberaufstellung liegt für Kreiswahlvorschläge bei den Kreisverbänden. Für Landeslisten liegt sie bei der Landesmitglieder- bzw. Landesvertreterversammlung[76].

Für die Kandidatenaufstellung schreibt das BWG[77] ein besonderes Auswahlverfahren vor[78]. Für die Bewerber einer Partei um einen Kreiswahlvorschlag oder einen Platz auf der Landesliste gilt folgendes Verfahren[79]:

Entweder werden die Kandidaten gewählt

— von einer Mitgliederversammlung der Partei,

— von einer durch die Mitgliederversammlung gewählten besonderen Vertreterversammlung oder

— von einer nach den Parteisatzungen allgemein für bevorstehende Wahlen durch die Mitgliederversammlung gewählten Vertreterversammlung.

Damit liegt die Nominierung der Kandidaten, die, wie noch später zu zeigen sein wird, in ²/₃ aller Fälle einer Wahl in den Bundestag gleichkommt, nicht schlechthin beim Parteivorstand sondern bei den Mitgliedern. Damit „soll vermieden werden, daß der Vorstand oder wenige Mitglieder der Partei durch Ausschalten der Stimmen der übrigen Mitglieder die Wahlbewerber von sich aus bestimmen und damit den demokratischen Charakter der Wahl bereits in ihrer Grundlage verfälschen“[80].

In der Praxis sieht die Gewichtsverteilung entgegengesetzt aus.

---

[75] Im Prinzip gleich für die Landtags-, Kreistags- und Gemeinderatskandidaten.

[76] *Seifert*, Bundeswahlrecht, § 27 BWG Rdnr. 8.

[77] §§ 21, 27 BWG. Bundeswahlgesetz i. d. Fassung der Bekanntmachung v. 1. September 1975, BGBl. I, S. 2325.

[78] *Henkel*, Die Auswahl der Parlamentsbewerber, S. 35.

[79] § 21 BWG; *Seifert*, Bundeswahlrecht, § 21 BWG; über § 27 Abs. 5 BWG gelten die meisten Regelungen des § 21 BWG entsprechend für die Aufstellung der Kandidaten für Landeslisten; *Schröder*, Kandidatenaufstellung, S. 82 ff.

[80] OVG Lüneburg, OVGE 13, 393; *Schreiber*, Kommentar zum BWG, Rdnr. 2 zu § 21; *Seifert*, Bundeswahlrecht, § 21 BWG Rdnr. 4.

Nach v. Beyme[81] haben die Parteimitglieder keinen Einfluß auf die Auswahl der Kandidaten. Die Vorstandsoligarchien beherrschen weitgehend das Feld und setzen überwiegend ihre Vorstellungen durch.

Auch Lohmar[82] geht davon aus, daß die Mehrheit der Mitglieder auf die Nominierung von Kandidaten für die Parlamente kaum einen Einfluß hat. Zur Begründung führt Lohmar an, daß sich bei den Parteimitgliedern eine mangelnde Bereitschaft feststellen lasse, Parteiaufgaben zu übernehmen. Die Folge sei, daß ein kleiner Kreis von Aktiven eine vorbereitete Kandidatenliste vorlege, über die dann nur noch abgestimmt werde. Auch Seifert führt dazu aus[83], daß die Parteiapparate bestimmen, wer mit Aussicht auf Erfolg kandidieren kann. Zwar könne von einer „diktatorischen Macht der Parteileitungen bei der Bewerberaufstellung“ kaum noch gesprochen werden, doch sei der Einfluß der Parteileitungen sehr groß. In der Regel würden die Kreisvorstände mit ihren „sorgsam ausgeklügelten Vorschlägen“ durchdringen.

Der innerparteiliche Selektionsprozeß sieht nach Ansicht Trautmanns[84] in der Praxis so aus, „daß ein personell begrenzter Zirkel von Funktionären sich gegenseitig durch geschicktes Taktieren die Ämter zuspielt“.

In der Tat kann davon ausgegangen werden, daß der Vorstand auf Grund seines Informations- und Organisationsvorsprungs die Auswahl der Kandidaten weitgehend steuern kann. Der Vorstand beeinflußt die Willensbildung in dem betreffenden Gebietsverband. Er verbreitet Rundschreiben und Stellungnahmen, lädt Kandidaten ein, legt die Themenauswahl bei Versammlungen fest und übernimmt insbesondere die Leitung der Parteiversammlungen.

Allen Nominationsversammlungen gehen in der Praxis parteiinterne Vorbereitungsverfahren voraus, in denen die Parteivorstände bzw. Wahlvorschlagsausschüsse[85] Vorschläge ausarbeiten.

Das PartG läßt eine Mitgliedschaft von Ausländern im Vorstand einer Partei zu. Die Regelung, daß bei einer mehrheitlichen Vertretung von Ausländern im Vorstand einer Partei diese ihren Parteistatus verliere und zu einer Vereinigung i. S. v. Art. 9 GG werde, gilt nur für die Gesamtpartei (§ 2 Abs. 3 Ziff. 1 PartG). In den Vorständen auf Orts-, Kreis-, Bezirks- und Landesebene können Ausländer mehrheitlich vertreten sein.

[81] *v. Beyme*, Die politische Elite in der Bundesrepublik Deutschland, S. 84.

[82] *Lohmar*, Innerparteiliche Demokratie, S. 43/44.

[83] *Seifert*, Bundeswahlrecht, Einl. S. 29, 30.

[84] *Trautmann*, Innerparteiliche Demokratie, S. 277; vgl. auch *Henkel*, Die Auswahl der Parlamentsbewerber, S. 38; *Borghorst*, Bürgerbeteiligung, S. 78 ff.; *Schröder*, Kandidatenaufstellung, S. 116.

[85] *Schreiber*, Kommentar zum BWG, Rdnr. 2 zu § 21. Zu den Vorschlagsgremien siehe: *Gunst*, Personalpolitik zwischen Macht und Recht, S. 18 ff.

Ausländischen Mitgliedern steht bei der eigentlichen Kandidatenaufstellung durch die Vertreterversammlung ein Stimmrecht nicht zu. Denn an der unmittelbaren Wahl des Wahlkreisbewerbers oder der Wahl der Delegierten zu den Vertreterversammlungen dürfen nur zum Bundestag wahlberechtigte Parteimitglieder teilnehmen[86].

Wenn Fremden daher auch bei der Wahl ein Stimmrecht nicht zusteht, so können sie doch auf Grund ihrer Stellung als Vorstandsmitglied Einfluß auf den Prozeß der Kandidatenauslese nehmen, wie oben aufzuzeigen versucht worden ist.

Dazu sind die Parteivorstandsmitglieder grundsätzlich auch verpflichtet. Denn im § 11 Abs. 3 S. 1 PartG weist das Gesetz dem Vorstand und in Zusammenhang mit § 2 Abs. 3 Nr. 1 PartG auch den ausländischen Vorstandsmitgliedern die Leitung des Gebietsverbandes zu: „Der Vorstand leitet den Gebietsverband ..." Unter der Leitung des Gebiestverbandes ist eine umfassendere Aufgabenstellung zu sehen als nur eine Führung der Geschäfte des Gebietsverbandes, denn diese Pflicht ergibt sich schon aus dem bürgerlichen Vereinsrecht (§§ 26, 27 BGB). Die Regelung des § 11 Abs. 3 S. 1 PartG soll vielmehr deutlich machen, daß dem Vorstand eine „politische und organisatorische Führungsaufgabe" zukommt[87]. Diesem Recht zur politischen Führung korrespondiert die Pflicht.

Für die Kandidatenauslese bedeutet das: Der Vorstand ist verpflichtet, den politischen Nachwuchs zu suchen, aufzubauen, zu selektieren, zur Nominierung vorzuschlagen und ihn im Falle der Wahl zu fördern[88]. Das beinhaltet eine umfassende Einflußnahme auf die Auswahl der politischen Führungselite.

Damit tritt der formale Akt der Kandidatenwahl, an der nur zum Bundestag Wahlberechtigte teilnehmen dürfen, zugunsten der lang andauernden Kandidatenvorauslese zurück. Diese Kandidatenvorauswahl ist der eigentliche Vorgang von Gewicht. Die Kandidatenwahl durch die Mitglieder ist i. d. R. die demokratische Legitimation[89] einer bereits vorher durch die Vorstände eingeengten Entscheidung. Vorgeschlagen wird dann i. d. R. nur derjenige, der sich parteiintern bewährt hat[90].

In ihrer Funktion als Vorstandsmitglied oder Vorstandsvorsitzender kommt Fremden ein gewichtiger Einfluß auf die Kandidatenauswahl,

---

[86] § 21 Abs. 1 S. 2 bis 4 und für die Landeslisten § 27 Abs. 5 BWG. *Seifert*, Bundeswahlrecht, § 21 BWG Rdnr. 5; *Schreiber*, Kommentar zum BWG, Rdnr. 6 zu § 21; *Henkel*, Die Auswahl der Parlamentsbewerber, S. 36.

[87] *Seifert*, Parteien, S. 243; vgl. auch *Trautmann*, Innerparteiliche Demokratie, S. 259 ff.; *Henke*, Parteien, S. 76.

[88] *Hesse*, Die verfassungsrechtliche Stellung der Parteien, VVDStRL 17, 24, 25.

[89] Gem. Art. 21 Abs. 1 S. 3 GG.

[90] BVerfGE 41, 399, 420.

und, wie noch später gezeigt werden wird, die Zusammensetzung der Staatsorgane und damit der Staatswillensbildung zu.

Die ratio legis der gesetzlichen Regelung des PartG und des BWG[91] wird damit faktisch umgangen; denn „das Recht der Parteien, Wahlbewerber zu präsentieren, ist integrierender Bestandteil des Wahlrechts und darf wie dieses nur von wahlberechtigten Parteimitgliedern ausgeübt werden“[92].

Hinzu kommt, daß auch nicht wahlberechtigte Mitglieder zu den Nominierungsversammlungen zugelassen werden können[93]. D. h., daß ausländische Parteimitglieder an der Nominierungsversammlung teilnehmen können und ihnen damit auch die Möglichkeit weiterer Einflußnahme offensteht. Das gilt insbesondere für Vorstandsmitglieder.

Die oben getroffenen Aussagen gelten entsprechend für die Vorschläge für die Landeslisten, die u. a. aus den Wahlkreisen, Gruppen innerhalb der Parteien und den Landesvorständen kommen[94]. Gewählt werden die Vorgeschlagenen von der Landesvertreterversammlung[95]. Das Vorschlagsrecht wird i. d. R. von den Funktionären, insbesondere den Vorständen der einzelnen Gebietsverbände in Anspruch genommen. Auch hier steht Ausländern ein umfassender Einfluß auf die Zusammensetzung der Listenbewerber und -kandidaten für die Wahlen offen.

bb) Das Einspruchsrecht des Vorstands

Der Vorstand des Landesverbandes oder, wenn Landesverbände nicht bestehen, die Vorstände der nächtsniedrigen Gebietsverbände, in deren Bereich der Wahlkreis liegt oder eine andere dafür satzungsmäßig vorgesehene Stelle können gegen den Nominationsbeschluß einer Mitglieder- oder Vertreterversammlung Einspruch erheben[96]. Dem Veto kommt ein Suspensiveffekt zu [97]. Die Entscheidung einer daraufhin erneut einberufenen Versammlung ist verbindlich.

In der Praxis wird von dieser Möglichkeit kaum Gebrauch gemacht[98]. I. d. R. wird vor der Wahl auf informellem Weg Einfluß auf die Be-

---

[91] §§ 17 PartG, 21 Abs. 1, 27 Abs. 5, 12 Abs. 1 BWG.

[92] *Henkel*, Integration und Repräsentation, ZParl. 1974, 91, 92.

[93] BayVerfGH, BayVBL 1955, 123.

[94] *Seifert*, Bundeswahlrecht, Einl. S. 30.

[95] *Seifert*, Bundeswahlrecht, § 27 BWG Rdnr. 8.

[96] § 21 Abs. 4 BWG.

[97] *Schröder*, Kandidatenaufstellung, S. 85; *Seifert*, Bundeswahlrecht, § 21 Rdnr. 11; *Schreiber*, Kommentar zum BWG, § 21 Rdnr. 17.

[98] *Seifert*, Bundeswahlrecht, § 21 Rdnr. 11. *Trautmann*, Innerparteiliche Demokratie, S. 282.

werberauswahl genommen[99]. Dabei ist der Einfluß des Landesvorstands dann besonders stark, wenn der Kreiswahlvorschlag auf der Landesliste abgesichert werden soll.

Wenn auch die Entscheidung über die Aufstellung des Wahlkreisbewerbers den Parteimitgliedern des Wahlkreises überlassen bleibt, so liegt doch in dem Einspruchsrecht des übergeordneten Vorstands eine Möglichkeit der Einflußnahme auf die Kandidatenauswahl[100].

Daß diese Möglichkeit begrenzt ist, ändert daran nichts. Es ist der Sinn des Einspruchs, den Einfluß des übergeordneten Vorstands gegenüber der Wahlversammlung zur Verhinderung unliebsamer Personalentscheidungen zu stärken[101].

Fremde, die nach dem in dem BundeswahlG konkretisierten Willen des Gesetzgebers keinen Einfluß auf das Nominierungsverfahren der Kandidaten haben sollen, können als Vorstandsmitglieder (z. B. des Landesvorstands) die von den wahlberechtigten Staatsbürgern nominierten Kandidaten zurückweisen. Das Vetorecht kann nicht losgelöst und getrennt von dem Prozeß der Kandidatennominierung gesehen werden. Es ist ein Teil der gesamten Bewerberaufstellung, und diese ist wiederum ein Teil der Wahlrechtsausübung der wahlberechtigten Mitglieder des Volkes.

cc) Die Unterzeichnung der Listenwahlvorschläge

Zu beachten bleibt noch eine weitere Möglichkeit der Einwirkung ausländischer Vorstandsmitglieder auf die Aufstellung von Kandidaten zu den Bundestagswahlen.

§ 27 Abs. 1 S. 2 BWG bestimmt, daß die Landeslisten der Parteien von dem Vorstand des Landesverbandes oder, wenn Landesverbände nicht bestehen, von den Vorständen der nächstniedrigen Gebietsverbände persönlich und handschriftlich unterzeichnet werden müssen. § 35 Bundeswahlordnung (BWO)[102] konkretisiert diese Regelung dahingehend, daß die Landeslisten von mindestens 3 Mitgliedern des Vorstands des Landesverbandes der Partei, darunter dem Vorsitzende oder seinem Stellvertreter, persönlich und handschriftlich zu unterzeichnen ist. Die gleiche Regelung gilt für die Kreiswahlvorschläge[103].

Weder das BWG noch die BWO befassen sich mit der Frage, welche Regelung für den Fall der Uneinigkeit des Landesvorstands gilt.

---

[99] *Schröder*, Kandidatenaufstellung, S. 85.

[100] *Schröder*, Kandidatenaufstellung, S. 85.

[101] *Henke*, Parteien, S. 196.

[102] Bundeswahlordnung in der Fassung der Bekanntmachung v. 3. September 1975, BGBl. I S. 2384.

[103] § 20 Abs. 2 BWG, § 30 Abs. 2 S. 1 BWO.

So wäre es denkbar, daß der Landesvorstand sich einstimmig weigert, einen Kreiswahlvorschlag zu unterzeichnen, oder die Mehrheit der Vorstandsmitglieder stimmt gegen eine Unterzeichnung, oder nur dem Vorsitzenden und dessen Stellvertretern mißfällt der Wahlvorschlag.

Ob eine Einreichungspflicht besteht, ist strittig[104]. Eine gesetzliche Regelung fehlt. Seifert[105] folgert daraus und aus der Möglichkeit der Rücknahme des Wahlvorschlags durch die Vertrauensmänner[106], daß eine Einreichungspflicht nicht bestehe. Etwas anderes gelte, wenn die Parteisatzung einen Einreichungszwang vorschreibe oder die dem Vorstand übergeordnete Parteiversammlung diesen entsprechend anweise.

Schröder[107] widerspricht dem. Er weist darauf hin, daß dem Vorstand ein Einspruchsrecht gegen einen Nominationsbeschluß zustehe. Die Regelung des § 21 Abs. 4 BWG, nach der die zweite Abstimmung für den Landesvorstand verbindlich ist, würde zur Farce, wenn der Landesvorstand nicht verpflichtet wäre, die Wahlvorschläge einzureichen.

Folgt man Seiferts Lösungsweg, den Vorstand über einen Beschluß der Parteiversammlung zu einer Einreichung zu verpflichten, könnte es zu folgender Situation kommen: Die wahlberechtigten Parteimitglieder wählen den Kandidaten X. Die ausländischen Mitglieder des Landesvorstands weigern sich, den Kandidatenvorschlag bei dem Kreiswahlleiter einzureichen. Eine daraufhin von den wahlberechtigten Mitgliedern einberufene Parteiversammlung wird von den ausländischen Mitgliedern überstimmt mit der Folge, daß es nicht zu einer Anweisung an den Landesvorstand kommt, den Kandidatenvorschlag zu unterzeichnen. Die Einreichungsfrist des § 19 BWG könnte über dieses Verfahren verstreichen. Die Aufgabe der Parteien, die Wahlen zu organisieren, wäre hinfällig.

Zusammenfassend läßt sich festhalten, daß durch die Zurückweisung von Nominierungsvorschlägen bzw. durch die Weigerung, diese zu unterzeichnen, Fremde im Vorstand politischer Parteien auf den Nominierungsprozeß unmittelbar einwirken können.

Sieht man richtigerweise die Kandidatennominierung und die Wahl als einen untrennbaren Vorgang an, der ausschließlich den wahlberechtigten Bürgern vorbehalten ist[108], so läßt sich eine Mitgliedschaft von Fremden in diesen Organen damit nicht vereinbaren.

---

[104] Dafür sprechen sich aus: *Peter*, Wahlabsprachen politischer Parteien und ihre rechtlichen Grenzen, S. 83; *Schröder*, Kandidatenaufstellung, S. 86 f., 161; dagegen: *Seifert*, Bundeswahlrecht, § 22 BWG Rdnr. 15.

[105] *Seifert*, Bundeswahlrecht, § 22 BWG Rdnr. 15.

[106] § 23 BWG.

[107] *Schröder*, Kandidatenaufstellung, S. 86.

[108] *Seifert*, Bundeswahlrecht, § 21 BWG Rdnr. 5; *Schreiber*, Kommentar zum BWG, Rdnr. 6 zu § 21.

dd) Parteitage

Aufgrund der Funktion der Vorstände, den Gebietsverband zu leiten und dessen Geschäfte zu führen, kommt ihnen i. d. R. die Vorbereitung, Leitung und Durchführung der Parteitage zu. Andererseits sollen die Parteitage der unmittelbaren Teilhabe aller Mitglieder in allen Punkten der Parteipolitik dienen. Hier können im Interesse der innerparteilichen Demokratie die Parteimitglieder ihre Kompetenz, ihr Weisungs- und Aufsichtsrecht zu umfassender Kontrolle der Vorstandstätigkeit nutzen und Direktiven geben[109].

Tatsächlich ist es aber so, daß die Vorstände auf Grund ihres Informations- und Organisationsvorsprungs (Ablauf des Parteitages, Referate, Berichte, Selektion von Anfragen) den Parteitag weitgehend in ihre Richtung steuern und ihre „politischen Zielvorstellungen in der Regel realisieren können“[110].

ee) Vorstandsmitglieder im Präsidium

Da die Bundes- und zum Teil auch die Landesvorstände eine Mitgliederzahl erreicht haben (zwischen 20—50 und mehr Mitglieder), die eine dauernde, kontinuierliche Arbeit erschweren, haben die Bundesparteien und großen Gebietsverbände besondere Geschäftsführende Vorstände (Präsidien) gewählt, denen die Mitglieder des engsten Führungskreises angehören[111]. Gewählt werden die Mitglieder des Präsidiums, sieht die Satzung nichts anderes vor, aus der Mitte des Vorstands[112]. Die Präsidien sind handlungsfähiger und schlagfähiger als die Vorstände. Nach dem Gesetz werden sie zur Durchführung der Beschlüsse des Vorstands sowie zur Erledigung der laufenden und der besonders dringlichen Vorstandsgeschäfte gebildet[112].

Rechtlich ist das Präsidium ein Unterorgan des Vorstands, kann von diesem angewiesen und beaufsichtigt werden[113]. Realiter konzipiert das Präsidium die Politik der Partei und setzt sie in Willensbildungsprozesse um. Noch mehr als bei den Vorständen liegt hier die ganze Macht parteipolitischer Einflußnahme, „eine Art Parteiregierung mit der ganzen Machtfülle, die exekutiven Spitzenorganen gewöhnlich eigen ist“[114].

---

[109] *Dittberner*, Die Rolle der Parteitage im Prozeß der innerparteilichen Willensbildung, PVS 1970, S. 236 ff.; *Schäfer*, Die Funktion von Bundesparteitagen im föderativen modernen Parteienstaat, S. 287 ff.; *Seifert*, Parteien, S. 17 ff.; *Trautmann*, Innerparteiliche Demokratie, S. 237 ff.

[110] *Trautmann*, Innerparteiliche Demokratie, S. 259; *Dittberner*, Die Rolle der Parteitage im Prozeß der innerparteilichen Willensbildung, PVS 1970, S. 236, 266; s. auch *Werner*, Planung als „Vierte Gewalt“, S. 38 ff.

[111] *Trautmann*, Innerparteiliche Demokratie, S. 260.

[112] § 11 Abs. 4 PartG; *Henke*, Parteien, S. 83 ff.; *Luthmann*, Die innere Ordnung der Parteien, S. 85.

[113] *Seifert*, Parteien, S. 245; *Henke*, Parteien, S. 83 ff.

[114] *Seifert*, Parteien, S. 19 und S. 245.

Zusammenfassung

Der Vorstand nimmt maßgeblichen Einfluß auf die Willensbildung in der eigenen Partei und auf die Mitglieder der Partei, die in den Staatsorganen vertreten sind. In ihm sind kraft Satzung und durch Wahlen i. d. R. die maßgeblichen und profiliertesten Politiker der Partei vertreten, die zu den aktuellen politischen Fragen Stellung nehmen. Auch wenn die Vorstände der Gebietsverbände und insbesondere der Gesamtpartei bestrebt sein werden, in ihren Entscheidungen im Einklang mit der Majorität der Parteimitglieder zu stehen, wirken sie doch meinungsbildend von oben nach unten[115]. Im Vorstand werden die wichtigsten Entscheidungen getroffen[116]. Auf Grund ihrer auch rechtlich anerkannten Leitungsbefugnis kommt dem Vorstand eine politische und organisatorische Führungsaufgabe zu[117], die zu einem „Monopol des Handelns und Auftretens für die Partei nach außen" führt[118].

Der Vorstand versteht sich als Bindeglied zwischen Parteivolk und den Staatsorganen, insbesondere der eigenen Fraktion und der (Koalitions-)Regierung. Er beobachtet politische Strömungen, artikuliert diese und steuert den Parteikurs. Der Vorstand gibt politische Stellungnahmen ab, nach denen sich die Abgeordneten der betreffenden Partei im Interesse ihrer eigenen Wiederwahl grundsätzlich richten. Unmittelbarer Einfluß auf die Staatswillensbildung und Zusammensetzung höchster Staatsorgane nimmt der Parteivorstand über die Auswahl der Parlamentsbewerber, bei Wahl- und Koalitionsvereinbarungen und Vorschlägen zur personellen Zusammensetzung der Regierung und aller gesellschaftlich-politisch wichtigen Führungspositionen[119].

Der Vorstand trifft „politische Entscheidungen von weittragender Bedeutung"[120] und ist der „eigentliche Willensträger der Parteien"[121].

Während § 13(2) RegEntw. eines Parteiengesetzes[122] noch vorsah, daß „Mitglied des Vorstands eines Bundes- oder Landesverbandes nur sein (kann), wer Deutscher im Sinne des Artikels 116 des Grundgesetzes ist", fehlt diese Beschränkung dem PartG.

---

[115] *Trautmann*, Innerparteiliche Demokratie, S. 260; Bericht der Parteienrechtskommission, S. 48, 58 f.; *Lohmar*, Innerparteiliche Demokratie, S. 42; *Schütz*, Die Sozialdemokratie im Nachkriegsdeutschland, S. 244.

[116] *Seifert*, Parteien, S. 18; *Bermbach*, Probleme des Parteienstaates, ZParl. 1970, S. 342, 354; *Borghorst*, Bürgerbeteiligung, S. 78 ff.

[117] *Seifert*, Parteien, S. 243.

[118] *Henke*, Parteien, S. 76.

[119] *Bermbach*, Probleme des Parteienstaates, ZParl. 1970, S. 342, 354.

[120] *Seifert*, Parteien, S. 243.

[121] *Trautmann*, Innerparteiliche Demokratie, S. 260.

[122] BT-Drucksache III 1509.

Seifert[123] führt in seiner kritischen Bewertung der Mitgliedschaft von Fremden im Vorstand deutscher Parteien aus, „daß die Mitglieder von Parteivorständen mindestens den gleichen Einfluß auf die politische Willensbildung im Staat besitzen wie die Abgeordneten, die nach den Wahlgesetzen sämtlich gewisse Mindestqualifikationen erfüllen müssen. Hier hat der Gesetzgeber wenig vom Geiste der modernen Parteiendemokratie spüren lassen!"

Die Gegenansicht vertritt Henke[124]. Er ist der Ansicht, daß sich eine persönliche Qualifikation i. S. d. Art. 116 GG nicht aus Art. 21 GG und den demokratischen Grundsätzen ableiten lasse. „Wenn Ausländer Beamte werden können (§ 7 Abs. 2 BBG; § 4 Abs. 2 BRRG), so müssen sie auch einem Parteivorstand angehören können, denn das Verhältnis der Parteien zum Staat ist weit lockerer als das der Beamten ..."

Diesem Vergleich kann nicht zugestimmt werden. Das Verhältnis zum Staat ist sicher insoweit „lockerer", als die Parteien nicht wie Beamte in einem öffentlich-rechtlichen, gesetzlich besonders geregeltem Dienst- und Treueverhältnis zum Staat oder sonstigen juristischen Personen des öffentlichen Rechts stehen. Das sagt aber noch nichts über ihren verschieden gewichtigen Einfluß aus. Die politische Stellung und damit verbunden politische Einflußmöglichkeit eines Parteivorstandsmitglieds ist nicht mit der eines Beamten zu vergleichen. Die Parteivorstandsmitglieder handeln i. d. R. machtpolitisch und versuchen, die Politik und die Entscheidungen hoheitlicher Organe i. S. der Zielsetzung ihrer Partei zu beeinflussen.

Anders der Beamte, der im „Bereich gewissenhafter Wahrnehmung amtlicher, festumschriebener Aufgaben fachlicher Art, der Beherrschung der organisatorischen Probleme, der Sachlichkeit und Unparteilichkeit gegen eigene und fremde Meinungen und Neigungen"[125] zugeordnet ist. Der Beamte dient gem. § 52 BBG dem ganzen Volk, nicht einer Partei[126]. Er ist bei politischer Betätigung zur Zurückhaltung verpflichtet.

Dolde[127] hält es für unverhältnismäßig, einer politischen Vereinigung den Parteistatus zu entziehen (§ 2 Abs. 3 Nr. 1 PartG), nur weil der Vorstand sich mehrheitlich aus Fremden zusammensetze.

Dolde hat dabei insbesondere die deutschen Mitglieder vor Augen, die zwar in der Partei durchaus noch mehrheitlich vertreten sein können, aber durch die mehrheitliche Vertretung von Ausländern im Vorstand

---

[123] *Seifert*, Parteien, S. 241.

[124] *Henke*, Parteien, S. 81.

[125] *Hesse*, Die verfassungsrechtliche Stellung der politischen Parteien, VVDStRL 17, 26.

[126] Vgl. § 35 Abs. 1 S. 1 BRRG.

[127] *Dolde*, Die politischen Rechte der Ausländer, S. 142 ff.

ihre Stellung als Parteimitglied durch die Rückstufung der Partei auf eine politische Vereinigung verlieren würden.

Das PartG gehe in § 11 Abs. 2 selbst davon aus, daß der Vorstand nicht das wichtigste Organ der Partei sei. Die Vorstandsklausel enthalte keine sachgemäße Differenzierung, bedeute für die deutschen Mitglieder eine Rechtsverkürzung und sei daher unverhältnismäßig und deshalb verfassungswidrig. Eine politische Vereinigung sei auch dann eine Partei, wenn die Vorstandsmitglieder mehrheitlich Ausländer seien.

Dolde kann insoweit zugestimmt werden, daß eine Rückstufung einer Partei, in der Staatsbürger Mitglieder sind, bedenklich ist. Nur ist das Problem nicht dadurch zu lösen, daß die Vorstandsklausel fallen gelassen wird. Schon der Regierungsentwurf eines Parteigesetzes von 1959[128] wies auf die „enge Verbindung, in der die Parteien zu den staatlichen Verfassungsorganen stehen" hin und zog daraus die Schlußfolgerung, daß es „geboten erscheine, wenigstens die Mitgliedschaft in den höchsten Parteivorständen vom Besitz der Deutscheneigenschaft im Sinne des Artikels 116 GG abhängig zu machen"[129].

Ohne schon hier auf die Teilhabe von Fremden an deutscher Staatswillensbildung und Staatsgewalt näher einzugehen, wäre obiges Problem konsequenterweise nur dadurch zu lösen, daß Fremde nicht in den Vorstand einer Partei gewählt werden können[130].

4. Einfluß der Parteien auf Abgeordnete, Fraktion und Parlament

Der verfassungsrechtliche Auftrag der Parteien, an der politischen Willensbildung des Volkes mitzuwirken, erstreckt sich zwar nur auf den vorparlamentarischen Raum, nicht aber auf die Willensbildung der Staatsorgane[131], doch läßt sich die Partizipation an parlamentarischen Willensbildungsprozessen und Entscheidungen auf Grund der engen Verflechtung zwischen Parlament, insbesondere zwischen dem Parteivorstand und der Fraktionsführung weder ausschließen[132], noch wäre ein Ausschluß wünschenswert, denn die Abgeordneten sind auf Entscheidungshilfen, Unterrichtung, Information und Offenheit nach außen angewiesen[133].

[128] BT-Drucksache III 1509, S. 21.

[129] Vgl. die Bedenken bei *Forch*, Die Freiheitsrechte der ausländischen Arbeitnehmer, S. 81; *Weißmann*, Ausländergesetz, § 6 Rdnr. 5.

[130] Auch *Dolde*, Die politischen Rechte der Ausländer, S. 143, hält diese Lösung für „wohl zulässig".

[131] *Doehring*, Staatsrecht, S. 193.

[132] BVerfGE 1, 208, 226; *Seifert*, Parteien, S. 37 „... umfassende Personalunion von Partei und Fraktionsämtern ..."

[133] *Henke*, Parteien, S. 144.

Die engen Kontakte zwischen Fraktion und Partei finden ihre Begründung zum einen in der umfassenden Personalunion von Partei und Fraktionsämtern[134]. Sind die Fraktionen auch nicht Organe der Parteien, so sind sie doch deren Repräsentanten im Parlament[135]. Zum anderen sind die Abgeordneten durch Parteitagsbeschlüsse in vielen Fällen faktisch gebunden[136].

Hinzu kommt, daß es auf Bundesebene keine parteilosen Volksvertreter gibt. Ohne eine Nominierung bzw. eine erneute Nominierung durch die Partei und deren Unterstützung im Wahlkampf ist eine Kandidatur von Anfang an aussichtslos[137]. Zwar haben Ausländer formell kein Stimmrecht bei der Kandidatennominierung[138]. Wie aber oben dargelegt worden ist[139], kommt ihnen über eine Partei- oder Vorstandsmitgliedschaft Einfluß auf die Auswahl der Bewerber zu. Darüber hinaus setzen die Parteien ihre politischen Vorstellungen mit Hilfe des Fraktionszwangs bzw. rechtlich korrekter[140] mit Hilfe der Fraktionsdisziplin in den staatlichen Rechtsetzungsprozeß um.

Zwar können die Parteien unmittelbar keinen Einfluß auf die Fraktionsdisziplin nehmen, da es sich bei der Fraktionsdisziplin nicht um einen parteiinternen sondern um einen parlamentarischen Vorgang handelt[141]. Doch liegt die Unterstützung bei der nächsten Kandidatur in dem Einflußbereich der Parteien. Diese Abhängigkeit des Mandatsträgers ist das einflußreichste Instrument zur Durchsetzung parteipolitischer Zielvorstellungen[142]. Henke führt dazu aus, daß an „keiner Stelle unserer staatlichen Ordnung ... der Einfluß der Parteien so nach-

---

§ 1 PartG „Verfassungsrechtliche Stellung und Aufgaben der Parteien" bestimmt dazu in Abs. 2: „Die Parteien wirken an der Bildung des politischen Willens des Volkes auf allen Gebieten des öffentlichen Lebens mit, indem sie auf die politische Entwicklung in Parlament und Regierung Einfluß nehmen, die von ihnen erarbeiteten Ziele in den Prozeß der staatlichen Willensbildung einführen und für eine ständige lebendige Verbindung zwischen dem Volk und den Staatsorganen sorgen."

[134] Siehe die Legaldefinition in § 10 GeschOBT, die davon ausgeht, daß Fraktionen regelmäßig Vereinigungen von Abgeordneten sind, die einer Partei angehören.

[135] *Maunz / Dürig / Herzog*, GG, Art. 40 Rdnr. 14.

[136] *Leibholz*, Der Parteienstaat des Bonner Grundgesetzes, S. 102; *Schäfer*, Die Funktion von Bundesparteitagen im föderativen modernen Parteienstaat, S. 287, 295.

[137] Siehe den Wahlkampf des OB Daniels.

[138] s. dazu Zweiter Teil, 7 d).

[139] s. dazu Zweiter Teil, 3 b) aa).

[140] Die Abgeordneten sind rechtlich frei von Zwang, Art. 38 Abs. 1 S. 2 GG; *Doehring*, Staatsrecht, S. 46; *Henke*, Parteien, S. 149; *Maunz / Dürig / Herzog*, GG, Art. 21 Rdnr. 96.

[141] *Henke*, Parteien, S. 150.

[142] *Forsthoff*, Zur verfassungsrechtlichen Stellung und inneren Ordnung der Parteien, S. 22, 23.

haltig (ist) ... wie im Parlament"[143], ohne aber soweit zu gehen, die Abgeordneten als vollkommen abhängig, als Instruktions- oder Befehlsempfänger zu sehen[144]. Henke geht von der These gegenseitiger Wechselwirkung zwischen Partei und Fraktion aus und führt aus, „daß nicht nur die Partei das Handeln der Fraktion, sondern auch die Fraktion das Handeln der Partei bestimmt"[145].

Zum Einfluß der Parteien führt Kay[146] aus: „Die Parlamentsgeschäfte liegen ganz und gar in den Händen der Parteien..." und Menzel[147] argumentiert, die Parteien reichen über „die ihrer Partei angehörigen Mandatsträger in den staatlich-institutionalisierten Bereich hinein."

Die Entscheidungen werden zu einem großen Teil nicht mehr in einer „rationalisierten Entscheidungsfindung"[148] im Parlament errungen, sondern in einem Zusammenwirken zwischen Fraktion und Parteispitze erarbeitet (Planungskommission)[149], was dazu führt, daß die wichtigsten Entscheidungen schon im inneren Kreis der Parteien getroffen worden sind, bevor sie im Parlament diskutiert werden[150].

Auch das BVerfG hat in seiner Entscheidung zur Parteienfinanzierung den Zusammenhang zwischen Parteien, Mandatsträgern und staatlichen Entscheidungen klar ausgesprochen[151]:

> „Es ist richtig, daß die Fraktionen den politischen Parteien eng verbunden sind, und daß die Parteien insbesondere über die Parlamentsfraktion und die zu ihnen gehörenden Abgeordneten auf die staatlichen Entscheidungen, d.h. auf die Besetzung der obersten Staatsämter und auf die Beschlüsse von Parlament und Regierung einwirken."

Über die Verquickung von Parteibeschlüssen, Mandatsträgern der eigenen Partei und der Abhängigkeit der Mandatsträger von dem eigenen Parteivolk sind die Parteien an allen Entscheidungen des Parlaments im voraus beteiligt.

Doehrings Vermutung[152], die Parteien seien an der politschen Willensbildung unmittelbarer beteiligt als die Parlamente selbst, findet in diesem Zusammenspiel ihre Bestätigung.

---

143 *Henke*, Parteien, S. 129.

144 *Henke*, Parteien, S. 131; *Klein*, Mehr geheime Abstimmungen in den Parlamenten! ZRP 1976, 81 ff.

145 *Henke*, Parteien, S. 131.

146 *Kay*, Die innere Ordnung der politischen Parteien, S. 33; vgl. *Doehring*, Staatsrecht, S. 136.

147 *Menzel*, Parteienstaat und Beamtentum, DÖV 1970, 433 ff.

148 *Trautmann*, Innerparteiliche Demokratie, S. 57.

149 Es handelt sich dabei um gemischte, aus Partei und Fraktion zusammengesetzte Planungskommissionen, *Grube*, Politische Planung in Parteien und Parlamentsfraktion, S. 21.

150 *Doehring*, Staatsrecht, S. 136, 147.

151 BVerfGE 20, 56, 104.

152 *Doehring*, Staatsrecht, S. 147.

Der klassisch repräsentative Parlamentarismus ist durch eine Entwicklung überholt worden, die heute den einzelnen Abgeordneten in sehr vielen Fällen faktisch zum Exponenten seiner Partei macht. Erträglich wird dieses Abhängigkeitsverhältnis nur dadurch, daß über eine enge personelle Verquickung von Mandatsträgern und Parteifunktionsträgern die Abgeordneten selber an den Beschlüssen ihrer Partei mitarbeiten[153].

5. Der Einfluß der Parteien auf die Regierung

Gehören die Mitglieder einer Regierung ganz oder zum Teil derselben Partei an, so öffnen sich für diese Partei bedeutende Einflußmöglichkeiten auf die Regierungsbildung, etwaige Koalitionsverhandlungen, die Planungsprozesse der Exekutive[154] und die Besetzung der obersten Staatsorgane[155].

Diese Aussage kann an dem Funktionswandel der Parlamente verdeutlicht werden. Die Abgeordneten (Legislative) stehen nicht mehr gemeinsam kontrollierend der Regierung (Exekutive) gegenüber. Obgleich das Parlament seiner Idee nach der Ort ist, an dem um Entscheidungen im Für und Wider der Meinungen gerungen wird[156].

Vielmehr besteht eine Zusammenarbeit zwischen der Regierung und der sie tragenden Parlamentsmehrheit. Die klassische Gewaltenteilungslehre, ausgehend von der Kontrollfunktion der Parlamente gegenüber den Regierungen, ist aufgehoben[157].

Die Kontrolle der Zusammenarbeit übernimmt die Opposition[158]. Die Kooperation verläuft von der Regierung über die sie tragenden Fraktionen zu den Parteien. Die Folge dieses Systems ist, daß „der Einfluß der Parteien auf die Tätigkeit der Regierung ... grundsätzlich von gleicher Art wie der auf die Abgeordneten des Parlaments“[159] ist.

In Erkenntnis dieses Prozesses gegenseitiger Einflußnahme und Abhängigkeit und der damit eröffneten Teilnahme der Parteien an der

[153] *Haungs*, Die Bundesrepublik — Ein Parteienstaat? ZParl. 1973, 502, 510 ff.

[154] Zu den Planungsprozessen der Regierung vgl. *Kewenig*, Zur Revision des Grundgesetzes: Planung im Spannungsverhältnis von Regierung und Parlament, DÖV 1973, 23, 31.

[155] BVerfGE 20, 56, 101, 104; E 13, 54, 81; *Ellwein*, Das Regierungssystem der Bundesrepublik Deutschland, S. 152; *Leisner*, Parteienvielfalt bei gleichem Parteiprogramm?, DÖV 1971, 649, 650; *Forsthoff*, Der Staat der Industriegesellschaft, S. 89; *Gastroph*, Die politischen Vereinigungen, S. 78.

[156] *Birkenheier*, Wahlrecht für Ausländer, S. 46; *C.Schmitt*, Verfassungslehre, S. 303.

[157] *Herzog*, Staatslehre, S. 292, 293, *Zippelius*, Staatslehre, S. 209.

[158] *Birkenheier*, Wahlrecht für Ausländer, S.47.

[159] *Henke*, Parteien, S. 163; s. a. Fernsehurteil des BVerfGE 12, 205, 256.

Staatsgewalt nahm die Verfassung des Landes Baden die Parteien verfassungsrechtlich in eine Pflicht und Verantwortung, wie sie Staatsorganen zukommt[160]. Art. 120 bestimmte:

> „Parteien müssen sich als mitverantwortlich für die Gestaltung des politischen Lebens und für die Lenkung des Staates fühlen, gleichgültig, ob sie an der Bildung der Landesregierung beteiligt sind oder zu ihr in Opposition stehen. Haben sie sich an der Bildung der Regierung beteiligt, so ist es ihre Pflicht, das Interesse des Landes über das Interesse der Partei zu stellen. Sie müssen bereit sein, die Verantwortung abzugeben, sobald sich eine neue Mehrheit findet. Stehen sie in Opposition zur Regierung, so obliegt es ihnen, die Tätigkeit der Regierung und der an der Regierung beteiligten Parteien zu verfolgen und nötigenfalls Kritik zu üben. Ihre Kritik muß sachlich, fördernd und aufbauend sein. Sie müssen bereit sein, gegebenenfalls die Mitverantwortung in der Regierung zu übernehmen."

Zusammenfassung

Die Parteien, insbesondere die Führungsorgane der Parteien, wirken über ihre Parteimitglieder auf die Staatsorgane ein. Besonders ausgeprägt ist die Einflußnahme, wenn die Fraktion und die Regierung von der eigenen Partei gestellt werden oder Koalitionspartner sind. Die Parteiführungsteams beherrschen dann sowohl die Regierung als auch die der Partei angehörenden Vertreter im Parlament[161]. Eine durch „Nominations- und Wahlbeziehungen hochgradige Interessenidentität zwischen Partei, Mehrheitsfraktion und Regierung"[162] gibt der Partei den Zugang zur Staatswillensbildung.

Staatsfremde können über ihre gleichberechtigte Mitgliedschaft an diesem Prozeß partizipieren.

6. Die Mitwirkung von Fremden in den Parteischiedsgerichten

Die Schiedsgerichtsordnung beinhaltet die Rechte und Pflichten der an einem Schiedsgerichtsverfahren Beteiligten und eine Regelung des Verfahrens. Zumindestens die Partei als Gesamtverband und die Gebietsverbände der jeweils höchsten Stufe sind verpflichtet, Schiedsgerichte zu bilden[163]. Die großen Parteien haben Schiedsgerichte auch auf Kreis- und Unterbezirksebene[164]. Die Zuständigkeit der Schiedsgerichte

[160] Badische Verfassung v. 22. 5. 1947, die ihr Ende am 11. 11. 1953 durch die Vereinigung der Länder Baden, Württemberg-Baden und Württemberg-Hohenzollern zu dem Land Baden-Württemberg fand.

[161] *Herzog*, Staatslehre, S. 296.

[162] *Steffani*, Parlamentarische Demokratie, S. 36.

[163] § 14 Abs. 1 PartG; ferner § 9 Abs. 3, § 10 Abs. 5, § 16 Abs. 3 PartG.

[164] Bei der CDU, CSU und F.D.P. die Landesverbände, bei der SPD die Bezirksverbände. S. Parteigerichtsordnung der CDU v. 5. 10. 1971; Schiedsord-

ergibt sich aus den §§ 14 Abs. 1 und 16 Abs. 2 PartG. Danach schlichten und entscheiden sie bei Streitigkeiten

— zwischen der Partei oder eines Gebietsverbandes mit einzelnen Mitgliedern

— über die Auslegung und Anwendung der Satzung

— über Maßnahmen gegen nachgeordnete Gebietsverbände.

Die Mitglieder der Schiedsgerichte werden für höchstens vier Jahre gewählt[165]. Eine klare und zwingende Zuständigkeit für die Wahl fehlt. Damit obliegt die Wahl, wenn die Satzung nichts anderes vorsieht, der Hauptversammlung. Das Gesetz schreibt nicht vor, daß Schiedsgerichte als Kollegialgerichte gebildet werden müssen. Wählbar ist jedes Parteimitglied, ausgenommen Vorstandsmitglieder eines Parteiverbandes und Personen, die in einem Dienstverhältnis zur Partei stehen oder von ihnen regelmäßig Einkünfte beziehen[166]. Das PartG begrenzt die Wählbarkeit zum Schiedsrichter nicht auf Parteimitglieder oder macht sie von der Staatsangehörigkeit abhängig. Die Parteimitglieder können daher auch Nichtmitglieder und Staatsfremde zu Schiedsrichtern bestellen. Seifert[167] hält die tatsächliche und rechtliche Bedeutung der Schiedsgerichte für gering, da seiner Meinung nach Konflikte im Machtweg ausgetragen werden. Hinzu komme, daß es sich bei dem parteiinternen Verfahren in der Regel nicht um echte Schiedsgerichte i. S. der §§ 1048, 1025 ff. ZPO handele, sondern um einfache Parteiorgane, so daß nach Durchlaufen des Parteirechtswegs die staatlichen Gerichte angerufen werden könnten.

Im folgenden soll jedoch nachgewiesen werden, daß insbesondere dem Ausschluß von Mitgliedern eine besondere Bedeutung sowohl in der Praxis (als Disziplinierungsmaßnahme) als auch aus rechtsstaatlicher Sicht zukommt.

§ 10 Abs. 5 S. 1 PartG eröffnet den Parteischiedsgerichten die Zuständigkeit, über einen Parteiausschluß zu entschieden[168]. Das PartG läßt einen Ausschluß nur zu, wenn das Mitglied vorsätzlich gegen die Satzung oder erheblich gegen die Grundsätze oder die Ordnung der Partei verstößt und ihr damit großen Schaden zufügt (§ 10 Abs. 4 PartG). Da die Schiedsrichtereigenschaft nicht auf Deutsche begrenzt ist, können

---

nung der SPD v. 18. 12. 1971; §§ 48—52 der Satzung der CSU und Schiedsordnung; Schiedsordnung der F.D.P. v. 30. 1. 1968.

[165] § 14 Abs. 1 PartG.

[166] § 14 Abs. 2 PartG; *Strunk*, Parteiausschlußverfahren, S. 7.

[167] *Seifert*, Parteien, S. 253.

[168] Der Schiedsgerichtsbeschluß kann mit der Feststellungsklage auf Unwirksamkeit vor den staatlichen Gerichten überprüft werden (§ 256 ZPO), RGZ 89, 190 f.; BGHZ 45, 317; *Seifert*, Parteien, S. 286.

Ausländer bei einer Bestellung zum Schiedsrichter über ein Ausschlußverfahren gegen ein deutsches Parteimitglied entweder als Einzelrichter oder unter Mitwirkung in einem Kollegialgericht entscheiden.

Auch bei einem Ausschluß oder einer Auflösung ganzer Gebietsverbände (§ 16 Abs. 1 S. 2 PartG) sowie der Amtsenthebung ganzer Organe entscheiden Schiedsgerichte über die Rechtmäßigkeit einer solchen Maßnahme (§ 16 Abs. 3 PartG).

Damit kommt Fremden im Falle eines Ausschlußverfahrens eine bedeutende Stellung zu. Diese äußert sich nicht so sehr in den Einflußmöglichkeiten auf Staatsorgane oder das Staatvolk, sondern ist durch eine Machtstellung charakterisiert, die dem Schiedsrichter auf Grund seines Schiedsspruchs gegenüber dem einzelnen Mitglied zukommt. Abgesehen von einem möglicherweise folgenden Prozeß vor den ordentlichen Gerichten, kann hier ein Fremder über die Mitgliedschaft deutscher (und ausländischer) Parteimitglieder entscheiden.

Diese Regelung wirft rechtliche Fragen auf. Im Rahmen dieser Arbeit soll nicht auf die Problematik von Vereins- und Verbandsstrafen eingegangen werden[169]. Hier interessiert in erster Linie, ob die Bestellung eines Fremden zum Parteischiedsrichter verfassungsrechtliche Bedenken weckt.

Am Beispiel eines Parteiausschlusses läßt sich folgendes aussagen: Ein Parteiausschluß ist ultima ratio[170] und stärkster Eingriff in die Rechtsstellung eines Parteimitgliedes. Der Parteiausschluß darf nicht getrennt von der Stellung der Parteien im politischen Leben gesehen werden. Die Konzentration der politischen Macht auf die großen Parteien kann dazu führen, daß ein Parteiausschluß im Einzelfall einer Verurteilung zu politischer Einflußlosigkeit gleichkommen kann[171]. Ohne Parteimitgliedschaft läßt sich weder ein Mandat erringen noch aktiv am politischen Leben mitwirken. Die politische Laufbahn ist beendet und ohne berufliche Absicherung eine Existenzgefährdung (siehe Berufspolitiker) die mögliche Folge eines Ausschlusses. Geht der Ausgeschlos-

---

[169] s. dazu *Schlosser*, Vereinsgerichtsbarkeit, S. 44. Hier u. a. die Frage, ob eine Vereinsstrafe nicht unter Umständen eine Anmaßung von öffentlicher Strafgewalt sei, die Rechtsprechung aber den Richtern anvertraut sei (ausschließlich oder nur soweit sie vom Staat in Anspruch genommen werde?), und die Schiedsgerichtsbarkeit nur deshalb verfassungskonform sei, weil der Gesetzgeber diese als vorgefundene Institute nicht verbieten wollte. Desweiteren, ob für eine Anfechtung von Parteiausschlüssen die Zivil-, Verwaltungs- oder Verfassungsgerichte zuständig sind. Nach h. M. muß ein ausgeschlossenes Parteimitglied gemäß § 256 ZPO auf Feststellung des Fortbestehens seiner Mitgliedschaft vor den Zivilgerichten klagen (so *Lenz / Sasse*, JZ 1962, 233 [238]) oder auf Unwirksamkeit der Ordnungsmaßnahme (so *Seifert*, Parteien, S. 286).

[170] *Trautmann*, Innerparteiliche Demokratie, S. 212.

[171] *Lengers*, Parteiausschlüsse, S. 2.

sene auch der politischen Rechte nicht verloren, so doch der politischen Einflußnahme. Bei der Institutionalisierung der heutigen Parteien, den Sperrklauseln der Wahlgesetze und des erdrückenden Übergewichts der großen politischen Parteien ist die Neugründung einer Partei, die nicht auf dem Stand völliger Bedeutungslosigkeit verharren will, nahezu ausgeschlossen. Auch der Übertritt zu einer anderen tragenden politischen Partei ist ohne „Gesinnungswandel" i. d. R. nicht möglich. Aber selbst dann kommt noch hinzu, daß bei dem in der Bundesrepublik vorherrschenden Parteienverständnis ein Parteiwechsel parteiintern und -extern sehr reserviert gewertet wird[172]. Damit sind die Aussichten, in einer neu gewählten Partei politische Spitzenfunktionen ausüben zu können, gering[173]. Es ist daher Lenz/Sasse zuzustimmen, wenn sie ausführen, daß „im festgefügten Parteienstaat ... der Entzug des Parteibürgerstatus praktisch gleichbedeutend mit dem Ausschluß aus dem in Art. 21 (1) GG angelegten demokratischen Willensbildungsprozeß (ist)"[174].

Die Parteischiedsgerichte haben darüber hinaus die unbestimmten Rechtsbegriffe des § 10 (4) PartG auszufüllen. Zu diesen gehören u. a.: „erheblich gegen Grundsätze oder Ordnung der Partei verstoßen und ihr damit großen Schaden zufügen" sowie nahezu gleichlautende Formulierungen der eigenen Parteisatzungen[175]. Zwar entscheiden die Zivilgerichte bei einer Anfechtung des Ausschlusses ausschließlich und definitiv, welche Auslegung diesen Begriffen zukommt[176]. Aber bei der allgemeinen Scheu der Parteimitglieder, mit parteiinternen Auseinandersetzungen vor die Öffentlichkeit zu treten[177], kommt den Parteientscheidungen eine außerordentliche Macht zu. Sie können innerparteiliche Opposition einschränken, u. U. ausschalten, eine Kritik an Parteiführern unterdrücken, eine rigorose Verbandsdisziplin freier innerparteilicher Willensbildung voranstellen, Machtpositionen festigen und politische Oligarchien verfestigen[178]. Die Interpretation dieser unbestimmten Rechtsbegriffe wird richtungsweisend für die Parteimitglieder. Ein Beispiel: Die Parteien können schon im Hinblick auf Art. 21 Abs. 2 GG von ihren Anhängern ein staats- und verfassungstreues Verhalten verlangen[179]. Wie ein solches Verhalten auszusehen hat und welche Handlungen mit ihm unvereinbar sind, legen die Parteischiedsgerichte (vorbe-

---

172 *Kaack*, Parteiensysteme, S. 476.

173 *Fromme*, F.A.Z. v. 23. 10. 1976, S. 1: „Es gibt wenige ‚Überläufer' ..., die im anderen Lager mehr bekamen als ein befristetes Wärmeplätzchen."

174 *Lenz / Sasse*, Parteiausschluß und Demokratiegebot, JZ 1962, S. 233.

175 Vgl. §§ 11 Abs. 1 und 2, 12 Statut der CDU.

176 *Strunk*, Parteiausschlußverfahren, S. 144 ff.

177 *Henke*, Parteien, S. 105; *Strunk*, Parteiausschlußverfahren, S. 1.

178 *Trautmann*, Innerparteiliche Demokratie, S. 212; zu dem Recht auf innerparteiliche Opposition vgl. *Strunk*, Parteiausschlußverfahren, S. 56 ff.

179 *Seifert*, Parteien, S. 225.

haltlich einer Anfechtung vor den Zivilgerichten) fest. Nach dem PartG ist es durchaus denkbar, daß Ausländer allein (Einzelrichter), in Zusammensetzung mit weiteren Ausländern (Kollegialgerichte) oder in Zusammensetzung mit weiteren Deutschen bestimmen, welches Verhalten noch oder nicht mehr staats- und verfassungstreu ist und welche inhaltliche Ausfüllung diesen Begriffen zukommt. Das aber verlangt ein hohes Maß an Verständnis der Verfassung (der Aufgaben einer Partei nach dem Grundgesetz), ihrer Funktion, ihres geschichtlichen Hintergrunds.

Schließlich bleibt noch zu bedenken, daß § 14 Abs. 4 PartG für die Schiedsgerichte eine Schiedsgerichtsordnung verlangt, „die den Beteiligten rechtliches Gehör, ein gerechtes Verfahren und die Ablehnung eines Mitglieds des Schiedsgerichts wegen Befangenheit gewährleistet". Darüber hinaus sind die Parteischiedsgerichte an den Grundsatz der Verhältnismäßigkeit, das Prinzip der Gleichbehandlung, den Grundsatz in dubio pro reo gebunden[180].

Hier drängt sich die Frage auf, ob Ausländer überhaupt in der Lage sind, diese Voraussetzungen eines — im Sinn und Verständnis der Bundesrepublik — rechtsstaatlichen Verfahrens zu erfüllen. Diese Regeln, wie sie für unseren Rechtskreis einsichtig und verständlich sein mögen, sind weder für jede Rechtsordnung selbstverständlich noch besitzen sie den gleichen Stellenwert. Darüber hinaus sind ausgezeichnete Sprachkenntnisse Voraussetzung für ein Ausschlußverfahren.

Die vorangegangenen Überlegungen lassen sich dahingehend werten, daß der Parteiausschluß in die politischen Teilhaberechte des Staatsbürgers eingreift. Der Staatsbürger hat im Gegensatz zu Staatsfremden ein Grundrecht auf Mitgliedschaft in einer (nicht in einer bestimmten) Partei. Der Parteiausschluß bedeutet im heutigen Parteienstaat i. d. R. eine Verurteilung zu politischer Machtlosigkeit und ein Entzug von Partizipationsrechten an der politischen Willensbildung und der Staatswillensbildung und damit auch einen Verlust der aktiven Mitgestaltung des Gemeinwesens und der Einflußnahme auf die Staatsorgane. Ein Parteiausschluß greift ein in die Rechte aus Art. 21 Abs. 1 und Art. 20 Abs. 2 GG, da die Parteimitglieder über ihre Parteien nicht nur auf die Staatsgewalt Einfluß nehmen sondern auch materiell Staatsgewalt ausüben, wie noch gezeigt werden wird.

Ein Parteiausschluß fällt damit in den Schutzbereich des Art. 33 Abs. 3 GG. Der Parteiausschluß kommt dem Entzug eines staatsbürgerlichen Teilhaberechts gleich[181].

---

[180] Die Parteischiedsgerichte sind an das Rechtsstaatsprinzip gebunden, *Doehring*, Staatsrecht, S. 148; *Seifert*, Parteien, S. 223; *Trautmann*, Innerparteiliche Demokratie, S. 215; *Strunk*, Parteiausschlußverfahren, S. 10 ff.; *Luthmann*, Die Innere Ordnung der Parteien, S. 119.

[181] *Trautmann*, Innerparteiliche Demokratie, S. 212.

Der status activus steht zur Entscheidung Staatsfremder. Zu den Grundlagen einer demokratischen Ordnung ist zu zählen, daß politische Teilhaberechte nicht der Entscheidung Staatsfremder unterliegen.

Dem Parteiausschlußverfahren kommt darüber hinaus noch eine weitere Bedeutung zu.

Dieser Staat baut auf der Mitarbeit von Staatsbürgern in politischen Parteien auf[182], ohne politische Parteien ist diese Staatsform nicht handlungsfähig. Damit kommt dem einzelnen Parteimitglied für die Gemeinschaft eine herausragende Rolle zu, die mit der Klassifizierung von „Wahlbürger" und „Parteibürger"[183] angedeutet wird.

Auf diesen Zusammenhang hat Lengers hingewiesen[184]. Seine Schlußfolgerung ist, daß der Status dieser wenigen, die für den Staat eine lebenswichtige Funktion im Interesse der Staatsbürger erfüllen, gesichert sein müsse[184].

Zusammenfassung

Der Gesetzgeber ist auf Grund des Regelungsauftrags in Art. 21 Abs. 3 GG gehalten, die innere Ordnung der Parteien nach demokratischen Grundsätzen zu regeln[185]. Dazu gehört, daß ein Parteiausschlußverfahren der alleinigen Entscheidung von Staatsangehörigen vorbehalten ist.

7. Die Aufstellung der Parlamentsbewerber

Die Parteimitgliedschaft eröffnet Fremden die Möglichkeit der Partizipation an der Parteipolitik, Parteibeschlüssen und -programmen, der Auflösung von Gebietsverbänden.

Die Parteivorstände leiten die Parteiverbände. Die Schiedsgerichte entscheiden über die Rechtmäßigkeit von Parteibeschlüssen und über einen Ausschluß von Mitgliedern.

Zusammengefaßt bedeutet das die Chance ständiger Einflußnahme auf allen Ebenen des Parteiaufbaus und von dort auf die Organe des Staates.

Der Bereich größter Parteiaktivität liegt in parlamentarisch-demokratischen Staaten bei der Teilnahme an den politischen Wahlen und hier

---

182 Art. 21 GG, § 1 PartG.

183 *Leibholz*, Strukturprobleme, S. 93; vgl. *Krüger*, Diskussionsbeitrag, in: Die verfassungsrechtliche Stellung der politischen Parteien im modernen Staat, VVDStRL 17, S. 106; *Rabus*, Die innere Ordnung der politischen Parteien im gegenwärtigen deutschen Staatsrecht, AöR 78, 163, 179.

184 *Lengers*, Parteiausschlüsse, S. 93.

185 *Leibholz*, Der Parteienstaat des Bonner Grundgesetzes, S. 117, 118; *Seifert*, Parteien, S. 250.

bei der Aufstellung von Kandidaten für die Vertretungskörperschaften und den daraufhin folgenden Wahlkämpfen.

Im folgenden wird ein Überblick über die rechtlichen Regelungen gegeben werden, die sich mit diesem Bereich beschäftigen. Hiervon ausgehend wird der Partizipation von Fremden an dem Prozeß der Kandidatenauslese nachgegangen werden.

a) Die verfassungsrechtliche Funktion der Wahl

Das Grundgesetz verpflichtet die Bundesrepublik auf die demokratische Staatsform (Art. 20 Abs. 1 GG). Nach Art. 20 Abs. 2 GG wird die vom Volk ausgehende Staatsgewalt in Wahlen und Abstimmungen ausgeübt.

Zur Demokratie gehört die Wahl[186], die in periodisch wiederkehrenden Zeitabständen zu erfolgen hat[187]. Durch die Wahl werden die Vertreter des Volkes abgelöst. Diese Auslese repräsentiert das Staatsvolk[188]. Die Wahlen werden zur Berufung oder Abberufung der Herrschenden und damit zur Kontrolle derjenigen, die nach der Wahl frei, nur ihrem Gewissen (Art. 38 Abs. 1 S. 2 GG) und der Verfassung (Art. 1 Abs. 3, 20 Abs. 3 GG) verantwortlich, die politische Macht ausüben[189].

Das Schwergewicht liegt dabei auf der Erneuerung des Parlaments. Die Entscheidung über politische Sachfragen tritt i. d. R. dahinter zurück[190]. Darüber hinaus kommt den Wahlen eine integrations- und gemeinschaftsbildende Funktion zu[191].

b) Die verfassungsrechtliche Bedeutung der Kandidatenauswahl

Die Wahl erschöpft sich nicht in der Stimmabgabe für einen Kandidaten. Wahlen müssen die Möglichkeit bieten, zwischen mehreren Kandidaten und konkurrierenden Parteien zu wählen. Ohne die Möglichkeit der Auswahl gibt es keine demokratische Wahl[192].

Die Bedeutung der Kandidatenauswahl reicht darüber hinaus. Sie gewährleistet gleichzeitig die Vertrauensbasis zwischen dem Volk und

---

[186] *Doehring*, Staatsrecht, S. 225; *Maunz / Dürig / Herzog*, GG, Art. 28 Rdnr. 5; *Schmidt-Bleibtreu*, GG, Art. 20 Rdnr. 8 n; BVerfGE 24, 300, 348.

[187] BVerfGE 1, 14, 33; E 41, 399, 414; *Schreiber*, Kommentar zum BWG, S. 98.

[188] *Schreiber*, Kommentar zum BWG, S. 97 ff.

[189] *Badura*, Über Wahlen, AöR 97, S. 1, 2.

[190] *Rauschning*, Zur Methode der Entscheidung des Bundesverfassungsgerichts über die staatliche Parteifinanzierung, JZ 1967, 346, 347.

[191] *Badura*, Über Wahlen, S. 1, 4 ff.

[192] *Schreiber*, Kommentar zum BWG, S. 97.

seinen Abgeordneten[193] und soll den Abstand zwischen Wählern und Gewählten, Herrschenden und Beherrschten verringern.

Die Kandidatenauswahl läßt sich von dem eigentlichen Wahlakt nicht trennen[194]. Die Wahlgewalt des Volkes ist aufgeteilt in das Kandidatenvorschlagsrecht und das Recht, aus diesem Kreis von vorgeschlagenen Kandidaten die Vertreter in den Parlamenten auszuwählen[195]. Die Bewerberauswahl ist damit ein Teil der Wahlrechtsausübung[196]. Sie ist weder eine Wahl im staatsrechtlichen Sinn noch eine rein vereinsrechtliche Wahl, sondern eine „Wahl besonderer Art"[197]. Dieses Spannungsverhältnis zwischen privatrechtlichem und staatsrechtlichem Bereich durchzieht das gesamte Parteienrecht und wird bei der Kandidatennominierung besonders deutlich[198].

Eine verstärkte verfassungsrechtliche Bedeutung kommt der Kandidatenauswahl neuerdings auch dadurch zu, daß dieser Prozeß heute zu einer nahezu ausschließlichen Domäne der Parteien geworden ist[199], die durch die Aufstellung der Kandidaten in „sicheren" Wahlkreisen und auf „sicheren" Landeslistenplätzen die eigentliche Wahl schon vorweggenommen haben[200].

Die Parteien entscheiden in einer Zeit, in der es kaum noch unabhängige Kandidaten gibt, über die Personen, die in die Volksvertretungen einziehen. Der Wähler entscheidet über die Zahl der Abgeordneten, die eine Partei in die Parlamente entsendet[201].

Damit kommt der gesetzlichen Regelung über die Kandidatenaufstellung eine herausragende Bedeutung für den demokratischen Charakter der Wahlen zu. Zwischen beiden besteht ein Verhältnis gegenseitiger Abhängigkeit. Eine noch so demokratisch durchgeführte Wahl verliert ihren Sinn und ihre Legitimation, wenn die Kandidatennominierung auf undemokratischen Verfahren gegründet ist[202].

---

193 *Henkel*, Die Auswahl der Parlamentsbewerber, S. 13.

194 *Henke*, Parteien, S. 193; *Trautmann*, Innerparteiliche Demokratie, S. 280.

195 *Henkel*, Die Auswahl der Parlamentsbewerber, S. 14, 15; *Trautmann*, Innerparteiliche Demokratie, S. 279.

196 *Seifert*, Bundeswahlrecht, Art. 38 GG, Rdnr. 7, *Maunz / Dürig / Herzog*, GG, Art. 38 Rdnr. 29.

197 *Henke*, Parteien, S. 194.

198 *Henke*, Parteien, S. 193; *Bull*, Die Staatsaufgaben nach dem Grundgesetz, S. 365.

199 *Trautmann*, Innerparteiliche Demokratie, S. 279; *Loewenstein*, Verfassungsrecht und Verfassungsrealität, AöR 77, 387, 418.

200 *Schröder*, Kandidatenaufstellung, S. 78; *Trautmann*, Innerparteiliche Demokratie, S. 279; *Dichgans*, Vom Grundgesetz zur Verfassung, S. 30; *Henkel*, Die Auswahl der Parlamentsbewerber, S. 38.

201 *Henke*, Parteien, S. 192.

202 *Trautmann*, Innerparteiliche Demokratie, S. 279.

c) Die gesetzliche Regelung der Kandidatennominierung

Bevor auf den Einfluß der politischen Parteien auf die Kandidatenaufstellung näher eingegangen wird, sei zunächst auf die gesetzliche Regelung hingewiesen.

Diese findet sich für die Wahl zum Deutschen Bundestag im BundeswahlG und im PartG, das in § 17 S. 2 die Satzungen der Parteien in den Aufstellungsprozeß miteinbezieht.

Das BWG sieht für den Bundestag 518 Abgeordnete vor (§ 1 Abs. 1). Von diesen werden 248 Abgeordnete auf Grund von Kreiswahlvorschlägen in 248 Wahlkreisen gewählt. Bei der Wahl im Kreis ist derjenige Abgeordnete gewählt, der die meisten der abgegebenen Stimmen erhält (relative Mehrheit, § 5 S. 2 BWG). Die gleiche Anzahl von Abgeordneten wird über ein Landeslistensystem gewählt. Dabei handelt es sich um Landeswahlvorschläge (Landeslisten), die in jedem Bundesland aufgestellt werden.

Zu diesen so gewählten 496 Abgeordneten treten noch 22 Abgeordnete des Landes Berlin hinzu (§ 53 Nr. 2 BWG).

Das BWG regelt desweiteren die Aufstellung der Kandidaten.

Die Bewerber um eines der 248 Abgeordnetenmandate in den 248 Wahlkreisen müssen in sog. Kreiswahlvorschlägen eingereicht werden (§ 20 BWG). Kreiswahlvorschläge können von Parteien, Personengruppen und Einzelpersonen eingereicht werden (§ 20 Abs. 2—4 BWG).

Das parteiinterne Auswahlverfahren bleibt den Parteien nicht zur Disposition überlassen. Zu eng ist der Nominierungsprozeß mit dem eigentlichen Wahlakt verknüpft, als daß dieser sich gesetzlichen Regelungen entziehen könnte, zumal Art. 21 Abs. 1 S. 3 GG den Gesetzgeber auf den Grundsatz der innerparteilichen Demokratie festlegt.

§ 21 BWG verpflichtet die Parteien, als Bewerber in einem Kreiswahlvorschlag nur einen Kandidaten zu benennen, der in einer Versammlung der wahlberechtigten Mitglieder der Partei im Wahlkreis gewählt worden ist[203].

Die Aufstellung der Kandidaten für die Landeslisten vollzieht sich entsprechend (§ 27 Abs. 5 BWG).

Im Unterschied zu den Wahlen in den Wahlkreisen können nur Parteien Wahlvorschläge für die Landeslisten einreichen (§ 27 Abs. 1 S. 1 BWG). Den Parteien kommt für die Listenwahl ein „Wahlvorschlagsmonopol“[204] zu.

---

[203] Der Kandidat kann gleichfalls von einer besonderen oder allgemeinen Vertreterversammlung gewählt werden, § 21 Abs. 1 S. 1 BWG; *Seifert*, Bundeswahlrecht, § 21 BWG; *Schreiber*, Kommentar zum BWG, § 21; *Henkel*, Die Auswahl der Parlamentsbewerber, S. 35.

d) Die Beteiligung von Fremden an dem Kandidatennominierungsprozeß

An der Auswahl des Wahlkreiskandidaten einer Partei können stimmberechtigt nur wahlberechtigte Parteimitglieder teilnehmen (§ 21 Abs. 1 S. 2—4 BWG). Die Wahlrechtsvoraussetzungen sind in den §§ 12 und 13 BWG normiert und verlangen u. a. die Deutscheneigenschaft i. S. d. Art. 116 Abs. 1 GG. Fremden steht damit ein Stimmrecht bei der Kandidatennominierung auf Wahlkreisebene nicht zu. Gleiches gilt über § 27 Abs. 5 BWG auch für die Aufstellung der Landeslisten.

Dem liegt folgender Gedanke zugrunde: Die Kandidatennominierung ist nicht zu trennen von der eigentlichen Wahl[205].

Hier fallen die Entscheidungen, wer zur Wahl gestellt wird und weitgehend auch schon, wer das Volk im Parlament vertreten wird[206]. Das Wahlvorschlagsrecht wird damit zu einem integrierenden Bestandteil des Wahlrechts[207].

Aus diesem Grunde kann das Wahlvorschlagsrecht ausschließlich von wahlberechtigten Parteimitgliedern ausgeübt werden[208].

Es bleibt zu fragen, ob diese Konzeption des Gesetzgebers bei der Kandidatenauswahl tatsächlich zum Tragen kommt. Zweifel ergeben sich aus der — bis auf das Stimmrecht bei der Kandidatennominierung — gleichberechtigten Mitgliedschaft von Fremden.

Hier stellen sich zwei Bereiche zur Diskussion:

1. Wer steuert die Kandidatenauslese?
2. Wer entscheidet tatsächlich über die Kandidatennominierung?

Zu 1. Die Kandidatenauslese

Es ist schon darauf hingewiesen worden, daß sich dem einzelnen Parteimitglied die innerparteiliche Diskussion anbietet. In informellen Gesprächen bilden sich Meinungen und Mehrheiten. Entscheidungen werden präjudiziert. Die eigentliche Macht liegt jedoch bei den Vorständen. Auf Grund ihres Informations- und Organisationsvorsprungs liegt der Prozeß der Kandidatenauswahl faktisch in den Händen der Vorstände[209]. Hinzu kommt, daß die Vorstände rechtlich verpflichtet

---

[204] *Seifert*, Bundeswahlrecht, § 27 BWG Rdnr. 2; *Schreiber*, Kommentar zum BWG Rdnr. 2 zu § 27.

[205] *Henkel*, Integration und Repräsentation, ZParl. 74, 91, 92; *Geisler*, Kandidatenaufstellung nur durch Wahlberechtigte? ZParl 1973, 470, 476; *Maunz / Dürig / Herzog*, GG, Art. 38 Rdnr. 38, BVerfGE 4, 375, 387.

[206] *Seifert*, Bundeswahlrecht, § 21 BWG Rdnr. 1.

[207] *Schreiber*, Kommentar zum BWG, Rdnr. 6 zu § 21.

[208] *Henkel*, Integration und Repräsentation, ZParl 74, 91, 92.

[209] *Seifert*, Bundeswahlrecht, S. 21.

sind, die Gebietsverbände zu leiten, § 11 Abs. 3 S. 1 PartG. Dazu gehört die politische und organisatorische Führung[210]. Der Vorstand ist verpflichtet, den politischen Nachwuchs zu suchen, zu selektieren, aufzubauen und zur Nominierung vorzuschlagen. Gerade das Vorschlagsrecht ist für die Bewerberauswahl entscheidend[211].

Da es keine gesetzliche Regelung des Vorschlagsrechts gibt, sind sowohl die Parteimitglieder, Vorstand und nichtwahlberechtigte Mitglieder berechtigt, Vorschläge einzureichen[212].

Als Vorstandsmitglieder sind Fremde ebenso zu Leitungsfunktionen verpflichtet und können mit Sitz und Stimme in den Vorschlagsgremien ihrer Partei auf die Kandidatenauswahl Einfluß nehmen.

Zu 2. Wer entscheidet tatsächlich über die Kandidatennominierung?

Für die Wahlkreisebene kommt Seifert[213] zu der Feststellung, daß die Kreisvorstände i. d. R. mit ihren sorgsam auskalkulierten Vorschlägen durchdringen. Henkel stimmt dem grundsätzlich zu[214]. Das Ausleseverfahren werde von den örtlichen Führungsgruppen weitgehend vorprogrammiert.

Die Vorschläge für die Landesliste werden von den Landesvorständen und Kreisvorständen oder anderen dazu bestellten Organen eingereicht. Sie werden in jedem Fall von den Landesvorständen koordiniert. Die von den Landesvorständen ausgearbeiteten Vorschläge bilden die entscheidende Grundlage für die Wahl[215]. Sie werden i. d. R. von den Delegierten ohne größere Änderungen angenommen[216].

Zusammenfassend ergibt dieser Überblick, daß den Vorständen sowohl bei der Kandidatenauslese als auch bei der eigentlichen Wahl eine weitgehende Steuerung möglich ist. Hinzu kommt das Einspruchsrecht des Landesvorstands gegen eine Kandidatennominierung.

Bei diesem ganzen, der eigentlichen Wahl des Parteikandidaten vorgeschaltetem Verfahren können Fremde gleichberechtigt mitwirken und

[210] *Seifert*, Parteien, S. 29.

[211] *Schröder*, Kandidatenaufstellung, S. 84.

[212] *Gunst*, Personalpolitik zwischen Macht und Recht, S. 18 ff. gibt einen Einblick in die Arbeit der parteiinternen Vorschlagsgremien. Danach bilden sich in den Parteien Ausschüsse, die Vorschläge für die Kandidatenliste erarbeiten. So besteht das Vorschlagsgremium der CDU-Hessen auf Landesebene, das für die Kandidatenliste anläßlich der Bundestags- und Landtagswahlen Vorschläge ausarbeitet, aus 11 Personen. Die Vorschläge sind für die Delegierten rechtlich nicht verbindlich. Tatsächlich bestimmen sie aber die Landeslisten weitgehend vor.

[213] *Seifert*, Bundeswahlrecht, Einl. S. 30.

[214] *Henkel*, Die Auswahl der Parlamentsbewerber, S. 38; *Schröder*, Kandidatenaufstellung, S. 103.

[215] *Henkel*, die Auswahl der Parlamentsbewerber, S. 40.

[216] *Seifert*, Parteien, S. 30.

die Weichen für die Personalentscheidungen stellen. Als Vorstandsmitglied sind sie zu dieser Aufgabe verpflichtet.

Dieser Partizipation ausländischer Parteimitglieder kommt ein verfassungsrechtliches Gewicht dadurch zu, daß die Parteien faktisch über ein Nominierungsmonopol verfügen.

8. Das faktische Nominierungsmonopol der Parteien

Aus der Formulierung des Art. 21 GG „Die Parteien wirken bei der politischen Willensbildung des Volkes mit" ergibt sich ein Mitwirkungsrecht der Parteien, nicht aber ein Monopol der politischen Willensbildung. Ein solches würde dem Gedanken der Souveränität des Volkes widersprechen[217]. Folglich steht den Parteien auch bei der Kandidatennominierung ein Alleinanspruch nicht zu[218], wenn auch die Landeslisten nur von Parteien aufgestellt werden können[219]. In den einzelnen Wahlkreisen ermöglicht das BWG auch parteilosen Kandidaten eine Nominierung und Erringung eines Direktmandats (§ 21 BWG).

In der Praxis ist das Mitwirkungsrecht der politischen Parteien bei der Kandidatenaufstellung weitgehend in ein Nominierungsmonopol übergegangen[220]. Seit der 2. Legislaturperiode des Bundestages (1953) erreichen nur noch von den Parteien aufgestellte Kandidaten den Bundestag[221].

Einzig 1949 gelang drei Unabhängigen die Wahl in den Bundestag[222]. Die Parteien beherrschen heute die Kandidatenauswahl.

Die eigentliche Problematik dieser Feststellung ist darin zu sehen, daß mit der Kandidatennominierung in mehr als $^2/_3$ aller Wahlkreise das Abgeordnetenmandat bereits vergeben wird.

---

[217] *Schröder*, Kandidatenaufstellung, S. 26.

[218] BVerfGE 11, 266, 276; E 11, 351, 361 ff.; E 13, 1, 13 ff.

[219] BVerfGE 5, 77, 82; *Schröder*, Kandidatenaufstellung, S. 27 ff.; *Seifert*, Parteien, S. 362.

[220] *Trautmann*, Innerparteiliche Demokratie, S. 279; *Bermbach*, Probleme des Parteienstaates, S. 354; *Schröder*, Kandidatenaufstellung, S. 36; *Ellwein*, Das Regierungssystem der Bundesrepublik Deutschland, S. 152; *Peters*, Zur Kandidatenaufstellung für freie demokratische Wahlen, S. 341, 343; *Sternberger*, Nicht alle Staatsgewalt geht vom Volke aus, S. 113; *Mußgnug*, Das Vorschlagsmonopol der politischen Parteien bei den Parlamentswahlen, JR 1976, S. 353 ff.

[221] Der ehemalige Oberbürgermeister von Bonn, Daniels, bildete als parteilos kandidierender Bewerber den letzten nennenswerten Versuch, das Kandidatenmonopol der Parteien zu durchbrechen. Er scheiterte in der Bundestagswahl 1969; siehe dazu BVerfGE 41, 399 ff. gegen BVerwG, DÖV 1974, 271, mit Anm. *Henke*; *v. Münch*, Grundbegriffe des Staatsrechts II, S. 49 ff.

[222] *Seifert*, Bundeswahlrecht, S. 433; *Schröder*, Kandidatenaufstellung, S. 35, 36.

Die 248 Wahlkreise und Listenplätze lassen sich in „sichere“, „aussichtslose“ und „offene“ Wahlkreise einteilen.

Für die Direktkandidaturen zeichnet sich folgendes Bild ab: Als „sicher“ können die Wahlkreise eingestuft werden, von denen mit einiger Sicherheit vorher gesagt werden kann, daß hier aufgestellte Kandidaten später auch von der wahlberechtigten Bevölkerung gewählt werden[223]. Hierher können alle Wahlkreise gerechnet werden, in denen eine Partei bei den letzten Bundestagswahlen mehr als 50 % der Stimmen errungen hat, oder in denen eine Partei bei den letzten Wahlen zum Bundestag 10 % oder mehr als 10 % Stimmenvorsprung an Erststimmen aufzuweisen hat, als der Bewerber der zweitstärksten Partei in diesem Wahlkreis[224]. Dieser Wahlkreis ist umgekehrt für die unterlegene Partei aussichtslos. Wahlkreise, in denen die Stimmendifferenz unter 10 % liegt, können als „offene“ Wahlkreise angesehen werden.

Auf dieser Grundlage lassen sich etwa 160 der 248 Wahlkreise als stabile Wahlkreise einordnen[225].

Für die Landeslisten gilt entsprechendes: Listenplätze lassen sich auch hier in „sicher“, „offen“, „aussichtslos“ einteilen. Ein Vergleich zu vorangegangenen Wahlen verbunden mit Meinungsumfragen und Analysen geben den Parteien einen Überblick, mit wieviel Prozent der Zweitstimmen und damit mit welcher Anzahl von sicheren Listenplätzen zu rechnen ist[226]. Nach Kaack[227] wußten bereits 75 % der Abgeordneten vor der Wahl des 5. Deutschen Bundestages (1965), daß sie diesem angehören werden.

Bei den „sicheren“ Wahlkreisen und Listenplätzen wird das Mandat bereits mit der Aufstellung des Bewerbers durch die Partei vergeben.

Auch das BVerfG hat anerkannt, daß die Parteien in sicheren Wahlkreisen den Wählern ihren Wahlkreisbewerber faktisch diktieren können[228].

Der Wahl durch den wahlberechtigten Staatsbürger kommt nur noch deklaratorische Bedeutung zu[229]. Sie ist die Legitimation einer bereits vorher getroffenen Entscheidung. Die Nominierung durch die Partei

[223] *Schröder*, Kandidatenaufstellung, S. 77.

[224] *Zeuner*, Kandidatenaufstellung zur Bundestagswahl 1965, S. 27.

[225] *Henkel*, Die Auswahl der Parlamentsbewerber, S. 38; *Kaack*, Parteiensysteme, S. 596.

[226] *Schröder*, Kandidatenaufstellung, S. 77.

[227] *Kaack*, Parteiensysteme, S. 596; *Zeuner*, Wahlen ohne Auswahl, S. 165; *Trautmann*, Innerparteiliche Demokratie, S. 280 Anm. 224 rechnet mit 60—70 %.

[228] BVerfGE 41, 399, 418.

[229] *Trautmann*, Innerparteiliche Demokratie, S. 279; *Dichgans*, Vom Grundgesetz zur Verfassung, S. 38; *Schröder*, Kandidatenaufstellung, S. 78; *Geisler*, Kandidatenaufstellung nur durch Wahlberechtigte?, ZParl 1973, 470, 476.

wird wichtiger als die Wahl durch die Wahlberechtigten. Die Parteimitglieder nehmen die Wahl vorweg[230].

Dabei ist zu bedenken, daß nur etwa 3 % der wahlberechtigten Bürger Mitglieder politischer Parteien sind[231] und von diesen wiederum nur etwa 10—15 v. H. an der Kandidatenaufstellung teilnehmen[232].

Zwischen 0,12 und 0,15 v. H. der wahlberechtigten Bevölkerung[233] nehmen Einfluß auf eine Kandidatenaufstellung, die in mehr als ²/₃ aller Fälle die Entscheidung bringt, welcher Kandidat in den Bundestag einziehen wird. Die Aufstellung der Kandidaten findet als parteiinterne Maßnahme statt, bei der die Öffentlichkeit zwar als Zuhörer zugelassen ist, auf Grund fehlender Einwirkungsmöglichkeiten aber nicht erscheint. Die Aufstellung wird zu einer parteiinternen Maßnahme unter Ausschluß der Öffentlichkeit[234].

Die Vorstände der einzelnen Partei-Gebietsverbände planen die Kandidatenauslese. Auf Grund der Verpflichtung, den Gebietsverband zu leiten, kommt in erster Linie ihnen ein Vorschlagsrecht zu. Die sorgsam ausgehandelten Vorschläge der Gebietsvorstände und der parteiinternen Vorschlagsgremien dringen bei den Nominierungsversammlungen in der Regel durch.

Dem Landesvorstand steht für den Fall, daß eine Kandidatenaufstellung seinen Vorstellungen widerspricht, ein Einspruchsrecht gegen die Nominierung zu.

Sowohl in den Vorständen als auch in den parteiinternen Vorschlagsgremien können Fremde mit gleichem Stimmrecht vertreten sein. Damit kommt ihnen ein Einfluß auf die Kandidatenauswahl zu. Die Regelung des § 21 BWG, nach der nur Wahlberechtigte bei einer Kandidatennominierung stimmberechtigt sind, verliert ihre Schutzfunktion. Fremde, die in den Vorständen der Parteien vertreten sind, steuern auch die personelle Entwicklung der Partei. Beides läßt sich nicht trennen. In den Landesvorständen steht auch ihnen ein Einspruchsrecht zu. Dieses Recht zielt einzig auf die Beeinflussung der Kandidatennominierung ab.

Über parteiinterne Leitungsfunktionen kommen Fremde in den kleinen Kreis aktiver Parteimitglieder, die der wahlberechtigten Bevölkerung eine Personalliste vorlegen, die von dem Wähler weder ergänzt noch abgeändert werder kann.

---

[230] *Scholz*, Bundestag von a—z, Heft 1, S. 9; *Wuermeling*, Werden wir falsch repräsentiert, S. 191.

[231] *Henkel*, Die Auswahl der Parlamentsbewerber, S. 14; *Loewenberg*, Parlamentarismus, S. 97.

[232] *Henkel*, Die Auswahl der Parlamentsbewerber, S. 14.

[233] *Zeuner*, Kandidatenaufstellung zur Bundestagswahl 1965, S. 6; *Henkel*, Die Auswahl der Parlamentsbewerber, S. 14.

[234] *Kaack*, Wahlkreisgeographie, S. 66.

9. Einflußnahme auf die Kandidatennominierung für Landeswahlen

Die bisherigen Überlegungen bezogen sich auf die Wahlen zum Bundestag. Hier wurde festgestellt, daß das BWG nur Wahlberechtigten ein Stimmrecht bei der Kandidatennominierung zugesteht. Diese Schutzregelung wird durch die Möglichkeit der Besetzung von Parteileitungsfunktionen durch Fremde zwar weitgehend ausgehöhlt, ist aber als ein verbleibender Schutz der Wahlberechtigten unentbehrlich.

Ein kurzer Blick in die Landeswahlgesetze zeigt, daß es hier Wahlgesetze gibt, die auf diese Bestimmung verzichten.

Die Landeswahlgesetze der einzelnen Bundesländer enthalten zum überwiegenden Teil keine Regelungen, die Fremde von einer Teilnahme an den parteiinternen Wahlen zu den Kandidatennominierungen ausschließen. So enthalten die Wahlgesetze der Länder Baden-Württemberg, Niedersachsen und Nordrhein-Westfalen keine Bestimmung darüber, welcher Personenkreis an den Nominierungen stimmberechtigt teilnehmen kann[235]. Andere Wahlgesetze[236] bestimmen, daß die Kandidatennominierung durch die Parteimitglieder vorzunehmen ist. Nur ein Teil der Bundesländer folgt der Regelung des BWG und schreibt eine Wahlberechtigung als Voraussetzung für die stimmberechtigte Teilnahme an der Kandidatenaufstellung zwingend vor[237].

Bei der Kandidatennominierung für die Bundestagswahlen wurde darauf hingewiesen, daß die Kandidatenaufstellung ein Teil der Wahlvorbereitung ist und von der eigentlichen Wahl nicht getrennt werden kann. An allen Wahlen auf Bundes-, Landes-, Kreis- und Gemeindeebene sind nur Staatsangehörige wahlberechtigt. Auf Grund des engen Zusammenhangs zwischen der Kandidatenwahl und der eigentlichen Wahl sind die Landeswahlgesetze, die eine Teilnahme an der Kandidatennominierung nicht an eine Wahlberechtigung anknüpfen, verfassungskonform so zu ergänzen, daß nur Wahlberechtigte an der Kandidatenauswahl stimmberechtigt teilnehmen dürfen[238].

---

[235] *Geisler*, Kandidatenaufstellung nur durch Wahlberechtigte?, ZParl 1973, 470, 474.

[236] 21 Abs. 1 BRE, 18 Abs. 1 BLN, 24 Abs. 1 und 2 Hes, 18 NW und § 27 Abs. 2 S. 2 Saarland. Zu § 27 Abs. 2 S. 2 Saarland siehe *Geisler*, Kandidatenaufstellung durch Wahlberechtigte?, ZParl. 1973, 470, 477 Anm. 65.

[237] § 33 a RH-PF; § 24 Abs. 1 Hbg; § 23 S-H; Art. 41 Bay.

[238] *Geisler*, Kandidatenaufstellung nur durch Wahlberechtigte?, ZParl. 1973, 470, 478.

Dritter Teil

Alle Staatsgewalt geht vom Volke aus

Es sei noch einmal festgehalten, daß Fremde über eine Mitgliedschaft in Parteien Einfluß sowohl auf die Volks- als auch auf die Staatswillensbildung nehmen können.

So erfolgt eine Partizipation über Parteitagsbeschlüsse und Parteiprogramme, die parteiintern für die Mandatsträger und Regierungsmitglieder der eigenen Partei verbindlich sind und damit in die Entscheidungsfindung dieser Staatsorgane eingehen.

Fremde können mitbestimmen über die Auflösung und Verschmelzung des Gebietsverbandes, dem sie angehören, obgleich ihnen ein Grundrecht der Parteigründung nicht zusteht.

Über die Wahl der Vorstände und eine Mitgliedschaft im Vorstand der Partei bietet sich die Möglichkeit, die Politik der Partei zu organisieren und zu steuern.

Die politische Leitungsfunktion der Vorstandsmitglieder, zu der diese verpflichtet sind (§ 11 Abs. 3 S. 1 PartG), beinhaltet die Auswahl der parteipolitischen Führungskräfte und Kandidaten für die Vertretungskörperschaften auf allen Ebenen des staatlichen Aufbaus. Obgleich Fremden ein Wahlrecht nicht zusteht, kommt ihnen ein Einfluß auf die Zusammensetzung der Parlamente zu.

Über Parteiausschlußverfahren können Fremde in die politischen Teilhaberechte deutscher Mitglieder eingreifen.

Als Mitglieder von Parteivorständen besitzen sie nach Ansicht Seiferts[1] „mindestens den gleichen Einfluß auf die politische Willensbildung im Staate wie die Abgeordneten". Fremden kommt als Parteimitglied damit die Möglichkeit unmittelbarer politischer Teilhabe zu. Die auch weiterhin formal bei den Abgeordneten und Regierungen liegenden Entscheidungskompetenzen sind materiell weitgehend auf die Parteien und deren Vorstände übergegangen. Alle Entscheidungen von politischem Gewicht auf allen Ebenen des staatlichen Aufbaus werden in den Parteien diskutiert und in politische Stellungnahmen gegossen, die für Parteimitglieder in staatlichen Organen materiell verbindlich sind. Aus den social inputs werden schon hier political outputs[2].

---

[1] *Seifert,* Parteien, S. 241.

Zieht man den Funktionswandel heutiger Volksvertretungen in diese Analyse mit ein, kommt man zu einer direkten Informations- und Entscheidungsgebung von Partei über Mandatsträger zu der Regierung und umgekehrt.

So ist es denkbar, daß in einer Koalitionsregierung auf Landesebene eine Partei mit in die Regierung genommen wird, die einen starken prozentualen Anteil von Fremden aufweist. U. U. ist diese Partei noch dazu das „Zünglein an der Waage". Fremde könnten über ihre im PartG vorgesehene gleichberechtigte Mitwirkung richtungweisenden Einfluß auf die Politik dieser Regierung nehmen.

Erinnert sei in diesem Zusammenhang an das eingangs angeführte Beispiel, in dem der Gemeinderat eine Zuzugssperre für Fremde beschlossen hatte, die dann auf massiven Widerstand einiger Parteimitglieder stieß und diese mit Unterstützung von ausländischen Parteimitgliedern den Gemeinderatbeschluß durch einen Parteitagsbeschluß gegen die Stimmen der Parteioberen revidieren wollten.

Dieser Ausgangsbefund zwingt zu verfassungsrechtlichen Fragen, von denen die eine lautet, ob Fremde legitimiert sind, einen Einfluß auf die Volkssouveränität zu nehmen, die durch Art. 20 Abs. 2 S. 1 GG mit dem Satz „Alle Staatsgewalt geht vom Volke aus" in die Verfassung aufgenommen worden ist.

Es bleibt daher zu untersuchen, ob und in welchen Bereichen die Parteien die vom Volk ausgehende Staatsgewalt beeinflussen. Daran schließt sich die Frage man dem Volksbegriff des Grundgesetzes an; denn Art. 20 Abs. 2 S. 1 GG behält alle Staatsgewalt dem „Volke" vor, ohne den Begriff „Volk" selber zu konkretisieren.

Ausgangspunkt ist der Begriff der Staatsgewalt i. S. des Art. 20 Abs. 2 GG.

1. Der Begriff „Staatsgewalt"

Das Grundgesetz erwähnt die Staatsgewalt in Art. 20 Abs. 2 GG und damit in einer für die Verfassung entscheidend wichtigen Norm, die zudem der Unabänderlichkeit des Art. 79 Abs. 3 GG unterliegt. Schon darin wird ersichtlich, daß es sich bei der Staatsgewalt um einen Begriff von zentraler Bedeutung handelt. Eine Definition wird vom Grundgesetz nicht gegeben.

Der Begriff setzt sich zusammen aus Staat und Gewalt. Nach der im Staatsrecht ständig angeführten, in der Diskussion immer mehr verfeinerten, 3-Elemente-Lehre[3] ist der Staat die gedankliche Vorstellung

---

[2] *Trautmann*, Innerparteiliche Demokratie, S. 51.

[3] s. *Doehring*, Staatsrecht, S. 103 ff.; *Herzog*, Staatslehre, S. 155 ff.; *Zippelius*, Staatslehre, S. 52 ff.

eines Völkerrechtssubjekts, das sich aus Staatsvolk, Staatsgebiet und Staatsgewalt zusammensetzt. Der Staat ist nach dieser Lehre ohne eine Staatsgewalt nicht denkbar.

Aus der engen Verbindung von Volk und Gewalt ergeben sich Ansätze für eine Begriffsbestimmung. Jede Gemeinschaft bedarf einer Regelung ihres Zusammenlebens. Für ein Volk bedarf es darüber hinaus diffiziler Organisationsstrukturen. Die Gemeinschaft muß beherrscht werden und sich in Formen einordnen lassen, die ein Zusammenleben ermöglichen[4].

Auch nach den Demokratievorstellungen des Grundgesetzes bedeutet Demokratie nicht eine Aufhebung von Herrschaft und Staatsgewalt sondern eine Unterordnung und Anerkennung von durch das Volk kontrollierten und legitimierten[5] Herrschaftsverhältnissen und Staatsgewalt[6].

Welches Organ festsetzt, wie dieses Zusammenleben sich gestalten soll, hängt von der jeweiligen Staatsverfassung ab. Allen Verfassungen und Staatsformen gleich ist aber die Notwendigkeit, die wie auch immer gewonnenen Zielvorstellungen durchzusetzen[7], zumindestens aber doch in den Geschehensablauf eingreifen zu können. Dabei kann ein Eingreifen in dem Einsatz von Machtmitteln und physischer Gewalt bestehen. So wurde in der Lehre von der Staatsgewalt zunächst das Schwergewicht auf die Herrschaftsausübung durch Sanktionen gelegt, insbesondere den staatlichen Befehl, der durch Strafen, Ersatzvornahmen und physischen Zwang durchgesetzt werden kann[8].

Die Einwirkungsmöglichkeiten des modernen Staates haben sich wesentlich erweitert. Der Staat nutzt die Entdeckung moderner (Massen-)Psychologie zur Lenkung der Gewaltunterworfenen. Er beeinflußt die Menschen durch eine Gewährung von „Vorteilen", z. B. Subventionen, die der „Begünstigte" faktisch annehmen muß, will er nicht im Verhältnis zu seinen Mitkonkurrenten Nachteile erleiden.

Es werden Zielsetzungen staatlicher Planung durch eine Gewährung von Subventionen, Vorteilen, Belohnungen, Werbung, Steuermaßnahmen oder die Ankündigung von Nachteilen durchgesetzt[9].

---

[4] *Scheuner*, Probleme der staatlichen Entwicklung in der Bundesrepublik, DÖV 1971, 1, 4; *Jellinek*, Staatslehre, S. 427; *Küchenhoff*, Staatslehre, S. 78 ff.

[5] *Badura*, Parlamentarismus und parteienstaatliche Demokratie, S. 19.

[6] *Birkenheier*, Wahlrecht für Ausländer, S. 51; *C. Schmitt*, Verfassungslehre, S. 235.

[7] *Nawiasky*, Allgemeine Staatslehre, II, S. 98.

[8] *Herzog*, Staatslehre, S. 160; *Jellinek*, Staatslehre, S. 429.

[9] *Zippelius*, Staatslehre, S. 52; *Herzog*, Staatslehre, S. 164; *Forsthoff*, Der Staat der Industriegesellschaft, S. 91.

Immer bleiben es aber Einwirkungen auf Herrschaftsunterworfene. Nur die „Modalitäten staatlicher Gewaltausübung“[10] haben sich gewandelt.

Die Staatsgewalt läßt sich demnach definieren als die Herrschaftsmacht des Staates über die ihm unterworfenen Menschen, die sich äußert in dem ständigen Versuch der Durchsetzung staatlicher Ziele mit den Mitteln der Sanktion, Autorität und/oder geistigen Einflußnahme.

Diese Herrschaftsmacht wird nicht durch die einzelnen Mitglieder der Gemeinschaft selber ausgeübt. Sie sind zwar die Inhaber der Staatsgewalt, nicht aber die Ausübenden. In einer repräsentativen Demokratie, für die sich die Bundesrepublik entschieden hat, werden die Ausübung und die Innehabung der Staatsgewalt getrennt[11].

Folgerichtig bestimmt das Grundgesetz nach der Grundentscheidung, daß alle Staatsgewalt vom Volk ausgeht, daß diese Staatsgewalt durch das Volk selber nur in Wahlen und Abstimmungen, ansonsten durch besondere Organe der Gesetzgebung, der vollziehenden Gewalt und der Rechtsprechung ausgeübt werde.

2. Die Teilhabe von Fremden an der Ausübung der Staatsgewalt

a) In dem Bereich der Wahlen

Die bei dem Volk liegende Staatsgewalt wird von diesem unmittelbar nur in Wahlen und Abstimmungen ausgeübt (Art. 20 Abs. 2 S. 2 GG). Diejenigen, die die Staatsgewalt ausüben, werden über die Wahlen von den Inhabern der Staatsgewalt bestellt[12].

Wie bereits zuvor beschrieben, ist die Wahlgewalt des Volkes in das Recht der Kandidatennominierung und das Auswahlrecht unter diesen Kandidaten, dem eigentlichen Wahlakt, aufgeteilt. Beides ist untrennbar verbunden und Teil der Staatsgewalt des Volkes.

Die Kandidatennominierung ist heute fast ausschließlich auf die Parteien übergegangen. Innerhalb der Parteien liegt sie maßgeblich bei den aktiven Parteimitgliedern, d. h. in der Regel bei den Vorständen. Durch die von ihnen getroffene Vorauswahl bestimmen sie den Inhalt und Ablauf des Nominationsprozesses. Ein verschwindend geringer Prozentsatz von Staatsbürgern und nach dem PartG auch von Staatsfremden, insbesondere wenn sie Führungsfunktionen wahrnehmen, beherrschen die Wahlen und die personelle Zusammensetzung der Parlamente. „Diese

---

[10] *Herzog*, Staatslehre, S. 165.

[11] *Lamers*, Repräsentation und Integration der Ausländer, S. 31.

[12] *Lamers*, Repräsentation und Integration der Ausländer, S. 31.

Gegenüberstellung macht deutlich, in welchem Maße die nach dem Grundgesetz vom Volk ausgehende Staatsgewalt, Art. 20 Abs. 2 Satz 1 GG, in den Händen der Parteien liegt"[13]. Materiell sind es die Parteimitglieder und unter diesen die Vorstandsmitglieder, die stellvertretend für das Aktivvolk diesen Teil der Staatsgewalt ausüben. Verstärkt gilt diese Aussage für die Zusammensetzung der Landeslisten. Hier ist das Nominationsrecht des einzelnen Bürgers zu einem ausschließlichen Parteienprivileg geworden.

Als Partei- und in verstärktem Maße als Vorstandsmitglied kommt Fremden eine Partizipation an dieser Staatsgewalt zu. Indem sie als Vorstandsmitglied die Kandidatennominierung vorbereiten und steuern, den personellen Nachwuchs aussuchen und fördern, nehmen sie teil an der Auswahl der Staatsorganträger. Das gilt auch für den Fall, daß sie als Mitglied des Landesvorstands ihrer Partei einen Kreiswahlvorschlag zurückweisen. Evident offen liegt dieser Sachverhalt in den Bundesländern, in denen der Gesetzgeber Fremde nicht einmal von den formellen Akt der Kandidatenwahl durch die Kreisdelegiertenversammlung ausschließt.

Aber auch über die politische Willensbildung des Volkes und die Bildung der öffentlichen Meinung und die auf dieser beruhenden nächsten Wahlentscheidung des Staatsvolkes wirken die Parteien auf die in Wahlen und Abstimmungen ausgeübte Staatsgewalt des Volkes ein[14].

b) In dem Bereich der vollziehenden und gesetzgebenden Gewalt

Der Prozeß staatlicher Entscheidungsfindung ist weitgehend aus den Parlamenten herausverlagert. Die vom Volk durch die Organe der Gesetzgebung und vollziehenden Gewalt ausgeübte Staatsgewalt wird durch die Beschlüsse von Parteigremien vorgezeichnet und gelenkt. Das moderne parteienstaatliche Gemeinwesen gibt dem Parteimitglied nicht nur die Möglichkeit der Einflußnahme auf die Staatswillensbildung, sondern sie baut in einer auf Partizipation angelegten Demokratie darauf auf[15]. Dadurch wird einer Gefahr vorgebeugt, die von einer auf Repräsentation angelegten Demokratie ausgehen kann. Eine Staatsverfassung, die eine unmittelbare Teilhabe des Volkes an der Staatsgewalt über Abstimmungen und Volksentscheide zu Gesetzen, Abberufung des Parlaments, Wahl der Staatsspitze, Sachentscheiden nicht vorsieht (mit Ausnahme der Art. 29, 118 GG), unterliegt der Gefahr, daß sich die

---

[13] *Schröder*, Kandidatenaufstellung, S. 81, 82.

[14] *Küchenhoff*, Staatslehre, S. 129.

[15] *Trautmann*, Innerparteiliche Demokratie, S. 293; *Badura*, Parlamentarismus und parteienstaatliche Demokratie, S. 9; *Stein*, Staatsrecht, S. 134; *Forsthoff*, Strukturwandlungen in der modernen Demokratie, S. 10; *v. Simson*, Das demokratische Prinzip im Grundgesetz, VVDStRL 29, 3, 6.

staatsleitenden Organe, wie Regierung und Parlament, von dem sie legitimierenden Volk zu weit entfernen[16]. Das Volk bedient sich der Parteien als Instrument zur Ausübung seiner Staatsgewalt[17].

So wird es als eine Aufgabe der Parteien angesehen, der Aktivbürgerschaft eine Partizipation „an der Staatsgewalt zu vermitteln[18]. Die Parteien sind die dafür geeigneten Organisationen, weil sie sowohl an der Formung der Meinungen des Volkes wie auch bei der Umsetzung dieser Meinungen in staatliche Entscheidungen in Regierung und Parlament beteiligt sind[19]. In ununterbrochener Reihenfolge leuchten die Parteien Regungen im Volke aus, verdichten die ungeformten Willensrichtungen zu Generallinien und tragen diese in den staatlichen Willensbildungsprozeß hinein. Von dort tragen sie die Entscheidungen der Staatsorgane zurück in die Partei, formen und formulieren diese, um sie verständlich zu machen und tragen sie in den Willensbildungsprozeß des Staatsvolkes hinein. Dabei handelt es sich um einen dauernden Prozeß, der Sache des ganzen Volkes ist[20].

Diese wechselseitige, ununterbrochene Verbindung hebt den Verfassungssatz, daß alle Staatsgewalt vom Volke ausgeht, aus einem abstrakten Programmsatz verfassungstheoretischer Natur heraus und gibt ihm praktischen, realen, nachvollziehbaren Bezug. Die Legitimität des demokratischen Staates setzt nicht ausschließlich bei dem Willen des als Kollektivperson handelnden Volkes in Wahlen und Abstimmungen an. In der parlamentarischen Demokratie des Grundgesetzes nimmt das Volk über die Parteien auch in der Zeit zwischen den Wahlen an der Lenkung des Staates teil. So wird der Satz, daß alle Staatsgewalt vom Volke ausgeht, verständlicher[21].

Auch die Rechtsprechung hat sich wiederholt mit dem Einfluß der Parteien auf die Staatswillensbildung beschäftigt.

Die enge Verflechtung zwischen Art. 21 und Art. 20 Abs. 2 GG wird in der Entscheidung des BVerfG zur Parteienfinanzierung deutlich[22]. Das BVerfG geht von einer Trennung der Volkswillensbildung und der Bildung des staatlichen Willens durch die verfaßten Organe des Staates aus[23]. Die Bereiche der Volks- und der Staatswillensbildung verlaufen

---

[16] *Lamers*, Repräsentation und Integration der Ausländer, S. 31, 32.

[17] *Schäfer*, Die Funktion von Bundesparteitagen im föderativen modernen Parteienstaat, S. 287, 288.

[18] *Trautmann*, Innerparteiliche Demokratie, S. 183.

[19] *Scheuner*, Politische Koordination in der Demokratie, S. 899, 900.

[20] *Hesse*, Verfassungsrecht, S. 55; *Badura*, Parlamentarismus und parteienstaatliche Demokratie, S. 9.

[21] *Ruch*, Das Berufsparlament, S. 165, Rdnr. 14; *Leibholz*, Parteienstaat und repräsentative Demokratie, DVBl 1951, 2, 4.

[22] BVerfGE 20, 56, 97.

[23] BVerfGE 20, 56, 100.

aber nicht beziehungslos nebeneinander her[24]. Die Verbindung wird durch die Parteien hergestellt. Denn bei den Parteien handelt es sich um verfassungsrechtliche Institutionen und Instrumente, „durch die der Bürgerwille auch zwischen den Wahlen verwirklicht werden kann"[25].

Auch nach der Rechtsprechung nimmt das Volk zwischen den Wahlen an der Staatsgestaltung teil. Es bedient sich der Parteien als „Sprachrohr"[26]. Die Parteien ergründen und sammeln die Strömungen im Volk, gleichen sie aus, artikulieren und formen sie zu Elementen der staatlichen Entscheidungsfindung. Sie sind ständig an der Bildung des Staatswillens beteiligt[27] und nehmen Einfluß auf die Durchsetzung staatlicher Ziele. Sie werden zu Mitträgern staatlicher Herrschaft[28] und des staatlichen Willens[29].

Über ihre Mitglieder in den Staatsorganen, insbesondere den Parlamenten, treten sie im eigenen Namen auf und fühlen sie sich für die Entscheidungen der Abgeordneten verantwortlich. Sie üben materiell Staatsgewalt aus, denn sie nehmen teil an der Herrschaftsmacht des Staates über die ihm unterworfenen Menschen, indem sie den ständigen Versuch der Durchsetzung staatlicher Ziele mit den Mitteln der Sanktion, Autorität und/oder geistigen Einflußnahme auf dem Wege der parteiinternen Einflußnahme, Macht und Abhängigkeit mit Inhalt ausfüllen. Am offensichtlichsten üben sie als Regierungspartei Staatsmacht aus[30]. In Einparteienstaaten ist die Einheitspartei allein an der Ausübung der Staatsgewalt beteiligt. In Mehrparteienstaaten sind die Regierungs- oder Koalitionsparteien an der Ausübung der Staatsgewalt insofern beteiligt, als sie die Staatsgewalt und die Ausübung weitgehend bestimmen[31]. Aber auch die Oppositionsparteien sind über Kontroll- und Initiativrechte an der Ausübung der Staatsgewalt beteiligt. Zusammen mit „Abtrünnigen" der Regierungsparteien können sie u. U. an Mehrheitsbeschlüssen des Parlaments mitwirken[32].

Formell üben die Parteien keine Staatsgewalt aus, da es ihnen an der staatlichen Gewalt zur Durchsetzung ihrer Ziele und Entscheidungen fehlt[33]. Eine Ausnahme zeigt sich bei der Auswahl der Staats-

---

[24] Vgl. auch *Sasse*, Kommunalwahlrecht für Ausländer, S. 21.

[25] BVerfGE 20, 56, 100 ff.

[26] Die Parteien werden als „Sprachrohr des Volkes" bezeichnet in: BVerfGE 1, 208, 224.

[27] BVerfGE 20, 56, 101.

[28] *Kaiser*, Die Repräsentation organisierter Interessen, S. 238.

[29] *Tomuschat*, Zur politischen Betätigung des Ausländers, S. 56 ff.

[30] *Stein*, Staatsrecht, S. 157; *Küchenhoff*, Staatslehre, S. 129.

[31] *Küchenhoff*, Staatslehre, S. 129.

[32] *Küchenhoff*, Staatslehre, S. 129.

[33] *Hamann / Lenz*, GG Art. 21 A 3; *v. Münch*, GG Art. 21 Rdnr. 21; *Jellinek*, Staatslehre, S. 429.

organträger für die Parlamente. Hier engen die Parteien die Auswahlalternativen für die Wähler verbindlich auf einen Kandidaten ein. Ganz deutlich wird das bei den Landeslisten, die nur von Parteien aufgestellt werden können.

Materiell sind sie über ihre Parteimitglieder ständig an der Ausübung der Staatsgewalt beteiligt.

Zusammenfassend läßt sich sagen, daß die nach dem Grundgesetz vom Volke ausgehende Staatsgewalt weitgehend bei den politischen Parteien liegt und von ihnen ausgeübt wird.

Parteimitglieder können nach dem PartG auch Fremde sein. Bei einer entsprechenden zahlenmäßigen Vertretung von Fremden in den Parteien und Vorständen würde auch in ihren Händen ein Teil der Staatsgewalt liegen.

Solange es sich bei den Parteimitgliedern nur um Deutsche handelt, liegt alle Staatsgewalt auch weiterhin bei dem nationalen Volk, wenn auch zu einem Teil auf die Parteien verlagert. Es stellt sich die Frage, ob zu dem Volk, von dem gem. Art. 20 Abs. 2 S. 1 GG alle Staatsgewalt ausgeht, unter bestimmten Voraussetzungen auch Fremde gezählt werden können. Eine Teilhabe von Fremden an der Staatsgewalt wäre dann mit der Verfassung vereinbar.

3. Der Volksbegriff in Art. 20 Abs. 2 S. 1 GG

Der personelle Umfang des Begriffs „Volk“ wird im Grundgesetz nicht definiert. Anhaltspunkte können sich aus der mehrfachen Verwendung im Grundgesetz[34], aus der Verfassungsgeschichte und der Staatsform ergeben.

Die Verwendung des Begriffs „Volk“ im Grundgesetz

Im Parlamentarischen Rat erwähnte nur der Abgeordnete Dr. Schmidt[35] den Begriff „Volk“, in dem er ausführte, daß die letzte irdische Quelle der Gewalt im Staate das konkret lebende Volk, die Summe der jeweils lebenden einzelnen Deutschen sei. Es ist den Mitgliedern des Parlamentarischen Rates als selbstverständlich erschienen, daß Ausgangspunkt aller Staatsgewalt nur das eigene Volk sein kann. Eine an-

[34] So wird der Begriff Volk erwähnt in: Art. 20 Abs. 2 S. 2; 21 Abs. 1 S. 1; 28 Abs. 1 S. 2; 38 Abs. 1 S. 2; „deutsches Volk“ in: der Präambel; Art. 1 Abs. 2; 56, 146. „Volksabstimmung“ in: Art. 29 Abs. 2. „Volksentscheid“ in: Art. 29 Abs. 3, Abs. 4, Abs. 5, Abs. 6. „Volksbegehren“ in: Art. 29 Abs. 2, Abs. 3. „Volksbefragung“ in: Art. 118. „Volksvertretung“ in: Art. 10 Abs. 2; 17; 54 Abs. 3, 115 h Abs. 1; 144 Abs. 1. „Volkszugehörigkeit“ in: Art. 116 Abs. 1. Vgl. die Verfassung des Landes Baden-Württemberg v. 11. 11. 1953, Vorspruch: „... das Volk von Baden-Württemberg ...“.

[35] JÖR NF 1 (1951), S. 199. *Birkenheier*, Wahlrecht für Ausländer, S. 24.

dere Auffassung wäre revolutionär gewesen und hätte zumindest zu protokollierten Aussprachen und zu einer Ausformung im Grundgesetz geführt. Auch aus dem an anderen Stellen des Grundgesetzes gebrauchten Begriff „Volk“ läßt sich eine andere Ansicht nicht herleiten.

So kann auch der Auftrag der Parteien, bei der politischen Willensbildung des „Volkes“ mitzuwirken, nur als auf das deutsche Volk bezogen verstanden werden. Denn zu den Aufgaben der Parteien gehört insbesondere die Vorbereitung der Wahlen zu den Volksvertretungen[36]. Das aktive und passive Wahlrecht steht nach h. M. nur deutschen Staatsangehörigen zu[37], so daß die politische Willensbildung sich von daher an Deutsche richtet. Auch das Streben nach unmittelbarer Einflußnahme auf die politische Gestaltung[38], richtet sich in erster Linie auf die deutsche Staatsgewalt.

Wenn Art. 38 Abs. 1 S. 2 GG von den Abgeordneten als Vertretern des ganzen Volkes spricht, ist nur das deutsche Volk gemeint. Die Abgeordneten sind nicht Vertreter der sich in der Bundesrepublik befindlichen Fremden. Verantwortlich sind die Abgeordneten gegenüber dem Volk, das durch seine (Aus-)Wahl verantwortlich für die Zusammensetzung der Parlamente und deren Politik ist. Zuordnungssubjekt und Legitimationsquelle[39] ist das Staatsvolk. Dadurch, daß Ausländer sich auf einen völkerrechtlich anerkannten Mindeststandard berufen können[40], werden die Abgeordneten nicht Vertreter der Ausländer. Der Bundestag ist einzig die Vertretung des Bundesvolkes[41] und grundsätzlich nur diesem verantwortlich[42].

Art. 116 des Grundgesetzes definiert den personellen Umfang des Volkes. Nicht unter diese Definition fallende Personen sind Staatsfremde[43], die erst durch eine Einbürgerung Deutsche i. S. d. Art. 116 GG werden können.

---

[36] *Maunz / Dürig / Herzog*, GG, Art. 21 Rdnr. 13.

[37] *Doehring*, Die staatsrechtliche Stellung des Ausländers, VVDStRL 32, 36; *Isensee*, Die staatsrechtliche Stellung der Ausländer, VVDStRL 32, 92, 114; *Birkenheier*, Wahlrecht für Ausländer, S. 23 ff. und 89, 128; *Tomuschat*, Zur politischen Betätigung des Ausländers, S. 56 ff.

[38] *Maunz / Dürig / Herzog*, GG, Art. 21 Rdnr. 14.

[39] *Birkenheier*, Wahlrecht für Ausländer, S. 51.

[40] *Doehring*, Fremdenrecht, S. 85 ff., 103 ff.; *Berber*, Völkerrecht I, S. 407 ff.

[41] *Maunz / Dürig / Herzog*, Art. 38, Rdnr. 5; *Henkel*, Wahlrecht, S. 1; *Birkenheier*, Wahlrecht für Ausländer, S. 25; *v. Mangoldt / Klein*, Bonner GG, IV zu Art. 38, S. 888; damit auch nicht Vertreter der in der DDR oder in den Ostgebieten lebenden Deutschen, sondern nur der im Geltungsbereich des Grundgesetzes lebenden Bevölkerung BVerGE 5, 2, 6; *Birkenheier*, Wahlrecht für Ausländer, S. 31.

[42] *Birkenheier*, Wahlrecht für Ausländer, S. 20.

[43] Vgl. § 1 Abs. 2 AuslG.

Zu dieser Abgrenzung zwischen Staatsangehörigen und Staatsfremden ist das Gastland völkerrechtlich verpflichtet[44], denn auch das Gastland muß Fremde so behandeln, daß sie nicht in Konflikt zu ihrem Heimatstaat gebracht werden. Darüber hinaus haftet der Staat in gewissen Fällen für seine Staatsbürger[45].

Die Frage nach dem Umfang des Volksbegriffs in Art. 20 Abs. 2 S. 1 und S. 2 GG läßt sich dahingehend zusammenfassen, daß weder eine historische noch eine systematische Untersuchung des im Grundgesetz an verschiedenen Stellen angeführten Begriffs „Volk" irgendeinen Hinweis gibt, daß unter den Begriff „Volk" auch Fremde fallen[46].

Geht nach der Verfassung alle Staatsgewalt von dem eigenen Volk aus, so ist auch der Gesetzgeber bei der Regelung des PartG daran gebunden. Es ist ihm verwehrt, Fremde über leitende Funktionen in den Parteien an der dem eigenen Volk ausschließlich vorbehaltenen Staatsgewalt partizipieren zu lassen.

Bei dieser Überlegung ist auf das Demokratieprinzip des Art. 20 Abs. 1 GG Rücksicht zu nehmen. Der Grundsatz der Volkssouveränität und das Prinzip der Demokratie als Staatsform sind untrennbar miteinander verbunden. Das Demokratieprinzip beeinflußt den Grundsatz der Souveränität des Volkes. Daher bleibt zu fragen, welche Ausagen der demokratischen Staatsform hinsichtlich einer Teilhabe von Fremden an der Lenkung der Staatsgewalt zu entnehmen sind. Konkret ist zu fragen, ob das Demokratiegebot des Art. 20 Abs. 1 GG eine personelle Begrenzung derjenigen fordert, von denen die Staatsgewalt ausgeht und ausgeübt wird.

4. Das Demokratiegebot des Grundgesetzes und die Teilhabe von Fremden an der Staatsgewalt

Es ist konkret der Demokratiebegriff des Grundgesetzes zu erarbeiten, denn eine umfassende, die Staaten und Meinungen umspannende, Definition erscheint nicht möglich[47].

Doch auch bei einer Interpretation des Demokratiebegriffs, wie er im Grundgesetz gebraucht wird, ist eine Definition, die den ganzen Begriff

[44] *Doehring*, Die staatsrechtliche Stellung der Ausländer, VVDStRL 32, 11.

[45] *Berber*, Völkerrecht I, S. 373.

[46] *Birkenheier*, Wahlrecht für Ausländer, S. 24 ff.; *Dolde*, Die politischen Rechte der Ausländer, S. 72; *Lamers*, Repräsentation und Integration der Ausländer, S. 38; *Maunz / Dürig / Herzog*, GG, Art. 20 Rdnr. 49; *Behrend*, Kommunalwahlrecht für Ausländer, DÖV 1973, 376; *Ruppel*, Der Grundrechtsschutz der Ausländer im deutschen Verfassungsrecht, S. 187; *Hamann / Lenz*, GG, Art. 20, B. 5; *Leisner*, Diskussionsbeitrag, VVDStRL 32, 130 ff.

[47] *Doehring*, Staatsrecht, S. 119 ff.; *Birkenheier*, Wahlrecht für Ausländer, S. 43; *Hesse*, Verfassungsrecht, S. 52; *C. Schmitt*, Verfassungslehre, S. 225.

erfaßt, nicht ersichtlich. Vielmehr werden Aussagen des Grundgesetzes an verschiedenen Stellen aufgezeigt, die als Einzelelemente zusammengefügt, den Inhalt der Demokratie i. S. d. GG ausmachen[48].

Im Rahmen der diesem Abschnitt zugrundeliegenden Frage nach einer Einwirkung von Fremden auf die Staatsgewalt, kann nicht auf die ganze Breite der Demokratiediskussion eingegangen werden. Eingegangen werden soll auf die Demokratievorstellung des Grundgesetzes bezüglich einer Einbeziehung von Staatsfremden in den Kreis derjenigen, die auf die Herrschaftsordnung (Staatsgewalt) Einfluß nehmen und dieser ihre Ausprägung geben.

Die Beratungen des Parlamentarischen Rates geben keinen tiefergehenden Aufschluß darüber, was die Väter der Verfassung unter dem Begriff Demokratie inhaltlich verstanden haben[49]. Verwiesen werden kann nur auf die Ausführungen der Abgeordneten Dr. von Mangoldt und Dr. Schmid[50]. In seinen Ausführungen zu dem damaligen Art. 21 Abs. 1 hob v. Mangoldt die Bedeutung der parlamentarischen Regierungsform hervor und Schmid führte aus, daß mit der Formel, das Volk sei Träger der Staatsgewalt das Wesen der Demokratie bereits ausgesprochen sei[51] und man sich damit begnügen solle.

---

[48] Nicht nur in Art. 20 Abs. 1 GG und Art. 28 Abs. 1 GG sondern in seinem Gesamtbild (*Doehring*, Staatsrecht, S. 119) bringt das Grundgesetz zum Ausdruck, daß es sich „für die Demokratie als Grundlage des staatlichen Aufbaus" (BVerfGE 1, 14, 33) entschieden hat. Weder durch eine Definition noch eine Generalklausel versucht das Grundgesetz die oft beklagte Vieldeutigkeit (*Rapold*, Beitrag, S. 51) dieses Begriffs zu erklären. — BVerfGE 2, S. 1, 12 f. (SRP-Urteil): Die freiheitlich demokratische Grundordnung ist eine Ordnung, „die unter Ausschluß jeder Gewalt- und Willkürherrschaft eine rechtsstaatliche Herrschaftsordnung auf der Grundlage der Selbstbestimmung des Volkes nach dem Willen der jeweiligen Mehrheit und der Freiheit und Gleichheit darstellt". — Oder die Definition der Demokratie durch *C. Schmitt*, Verfassungslehre, S. 234: „Demokratie (als Staatsform wie als Regierungs- oder Gesetzgebungsform) ist Identität von Herrschern und Beherrschten, Regierenden und Regierten, Befehlenden und Gehorchenden." — Oder *v. Mangoldt / Klein*, Bonner GG, Bd. 1, Art. 20, Anm. V: „Als Demokratie gilt eine Staatsform, dessen Staatsvolk Träger der Staatsgewalt ist und dessen Aktivbürgerschaft entweder „überwiegend selbst an der Staatstätigkeit teilnimmt" (unmittelbare oder plebiszitäre Demokratie) oder „durch eine Volksvertretung oder andere unmittelbare Staatsorgane an der Ausübung der Staatsgewalt beteiligt ist" (mittelbare oder repräsentative Demokratie"). — Vgl. *Scheuner*, Das parlamentarische Regierungssystem in der Bundesrepublik, DÖV 1957, 633, 635; Die Demokratie als solche leidet darunter nicht. Ein Staat wird nicht zu einem demokratischen Gemeinwesen, weil er das Wort Demokratie in seiner Verfassung führt oder sich als demokratisch bezeichnet. Entscheidend für den demokratischen Charakter eines Staates ist die praktische Ausgestaltung der Demokratie im Staatsleben. Nicht die formale sondern die reale Demokratie ist Maßstab für die Beurteilung eines Staatswesens.

[49] *Fromme*, Der Demokratiebegriff des Grundgesetzes, DÖV 1970, 519 f.; JÖR NF 1 (1951), S. 195 ff.; *Birkenheier*, Wahlrecht für Ausländer, S. 44/45.

[50] JÖR NF 1 (1951), S. 195/196.

Damit führt Schmid zum Ausgangspunkt der modernen Demokratie zurück, der in der Herrschaft des souveränen Volkes liege. Diese Herrschaft ist keine unmittelbare. Das Volk übt nicht selber sondern über Repräsentanten die vom Volk abgeleitete Staatsgewalt aus. Es ist daher ein Gebot der repräsentativen Demokratie, daß für die Repräsentanten ersichtlich ist, wen sie repräsentieren, wer Zuordnungsobjekt ihrer Handlungen ist und wem sie verantwortlich sind. Es handelt sich dabei um ein staatsrechtliches und völkerrechtliches Gebot.

Völkerrechtlich haftet der Staat in gewissen Fällen für seine Staatsangehörigen[52] und kann in einem Rechtsstreit nur die Rechte seiner Staatsangehörigen geltend machen, nicht aber diejenigen Staatsfremder[53]. Staatsrechtlich muß der Staat wissen, über wen er berechtigt ist, Herrschaft auszuüben, welchen der auf seinem Staatsgebiet oder im Ausland befindlichen Personen er die ganze Breite staatsbürgerlicher Pflichten auferlegen kann (Personalhoheit), wer seiner Gebietshoheit unterliegt, und wer die „ihn tragenden staatsbürgerlichen Rechte besitzt“[54]. Ein Vertrauensverhältnis zwischen Volk und Repräsentanten, das für eine radikal repräsentative Demokratie essentiell ist, kann nur hergestellt und aufrechterhalten bleiben, wenn es auf einer politischen Einheit beruht, die Legitimationsbasis für die Abgeordneten und Zurechnungssubjekt staatlichen Handelns ist.

Die politische Einheit bedeutet nicht politische Übereinstimmung. Eine Idendität von Herrschenden und Beherrschten i. S. eines konfliktfreien Allgemeinwillens ist Utopie. Das Grundgesetz geht gerade davon aus, daß es verschiedene Ansichten, Minderheiten und Mehrheiten gibt[55]. Gerade weil es Minderheiten und Andersdenkende gibt, die sich nur unter Hintansetzung ihrer Ziele der Mehrheit beugen, ist es für die demokratische Staatsform unerläßlich festzulegen, wer legitimiert ist, auf dieses Herrschaftsverhältnis Einfluß zu nehmen. Das Volk setzt sich aus einer Gesamtheit von Personen zusammen, die zu für alle Mitglieder verbindlichen Entscheidungen kommen müssen, d. h. sich selber beherrschen müssen. Diese Aufgabe verlangt einen Willen zur Zusammenarbeit, zur Kohäsion und zur Unterwerfung unter die Mehrheitsentscheidung[56]. Eine Anerkennung der Mehrheitsentscheidung ist aber auf die Dauer freiwillig nur ertragbar, wenn allen Entscheidungen gleiche Rechte und Pflichten obliegen. So geht auch die Theorie des

---

[51] Stenogr. Protokoll des Grundsatzausschusses, 11. Sitzung, S. 4 (zit. nach *Birkenheier*, Wahlrecht für Ausländer, S. 45, der auf *Fromme*, DÖV 1970, 520, Fußn. 22 verweist).

[52] *Berber*, Völkerrecht I, S. 373.

[53] *Berber*, Völkerrecht I, S. 385.

[54] *Berber*, Völkerrecht I, S. 373.

[55] *Doehring*, Staatsrecht, S. 55; *Hesse*, VVDStRL 17, 17.

[56] *Birkenheier*, Wahlrecht für Ausländer, S. 56.

Rousseauschen Gesellschaftsvertrages[57] davon aus, daß jeder Mitentscheidende sich auch ganz dieser Entscheidung unterwirft, gleichgültig ob er ihr zustimmt oder nicht. Nur so ist es gewährleistet, daß alle den Wert der individuellen Freiheit respektieren, denn wer heute auf der Seite der herrschenden Mehrheit steht, kann morgen zur beherrschten Minderheit gehören. Die Grundlage ist zerstört, wenn nur eine Gleichheit hinsichtlich der politischen Rechte, nicht aber der politischen Pflichten besteht, aber auch dann, wenn die einen mehr politische Pflichten tragen müssen, als sie politische Rechte haben[58]. Gleichheit und Unterworfenheit bedingen einander. Sie sind die Grundlage für den geforderten Einsatz zur Erhaltung des Gemeinwesens[59].

Eine Beeinflussung der Staatswillensbildung und Staatsziele durch Fremde über eine Mitgliedschaft in Parteien bringt auf dem Gebiet der politischen Teilhabe eine Annäherung an die politische Stellung der Staatsangehörigen. Die politische Lenkung der Staatsorgane bietet sich Fremden im Verbund mit Staatsangehörigen an. Es fragt sich aber, ob einer politischen Gleichstellung auf diesem wichtigen Gebiet der politischen Leitung des Staates auch die geforderte gleiche Inpflichtnahme bei politischen Pflichten gegenübersteht, ob also den politischen Rechten auch gleiche politische Pflichten korrespondieren.

Eine Gegenüberstellung der Pflichtenstellung des Staatsbürgers und des Fremden soll eine Antwort auf diese Frage geben.

a) Pflichten des Staatsangehörigen und des Staatsfremden

Die Rechtsbeziehungen des Staatsangehörigen sind zweiseitiger Natur. Sie erschöpfen sich in dem Verhältnis Staat — Staatsbürger. Dieses als Personalhoheit bezeichnete Herrschaftsverhältnis findet seine Schranken im innerstaatlichen Recht (Grundrechte, Gerichtsschutz). Grundsätzlich greift das Völkerrecht in diese Rechtsbeziehungen nicht ein[60]. Die Rechtsbeziehungen des Staatenlosen erschöpfen sich ebenfalls in dem oben aufgezeigten zweiseitigen Verhältnis.

Anders sieht die Rechtslage bei Ausländern aus. Sie unterliegen auch im Aufenthaltsstaat der Personalhoheit ihres Heimatstaates, gleichzei-

[57] *Rousseau*, Gesellschaftsvertrag, I 6, I 8; *Zippelius*, Staatslehre, S. 276 ff.

[58] *Birkenheier*, Wahlrecht für Ausländer, S. 57.

[59] *Rousseau*, Gesellschaftsvertrag, I 6; I 7, II 4.

[60] In der neuen Völkerrechtsentwicklung wird die Personalhoheit durch Minderheitenrechte und Menschenrechte partiell in einem gewissen Maß eingeschränkt, *Doehring*, Allgemeine Regeln des Fremdenrechts, 9 ff.; *Berber*, Völkerrecht I, S. 390 ff.; *Nawiasky*, Allgemeine Staatslehre III, S. 43; *Bernhardt*, Wandlungen der Grundrechte, S. 6 ff.; *Stange*, Die aufenthaltsrechtliche Stellung des Fremden, S. 9 ff.; Charta der Vereinten Nationen v. 26. Juni 1945; Allgemeine Menschenrechtserklärung der Vereinten Nationen v. 10. Dezember 1948; Konvention zum Schutz der Menschenrechte und Grundfreiheiten v. 4. November 1950.

tig sind sie den Gesetzen ihres Aufenthaltstaates unterworfen (Gebietshoheit) und darüber hinaus haben die beiden Staaten völkerrechtliche Regeln zu beachten. Inländisches Recht, ausländisches Recht und Völkerrecht stehen in gegenseitiger Wechselwirkung[61], in einem Rechts-Dreieck[62].

Diese verschiedenartigen Rechtsbeziehungen geben abstrakt betrachtet noch keine Antwort auf die Frage, inwieweit sich die Pflichtenstellungen unterscheiden. Erst eine Gegenüberstellung konkreter Pflichten kann darauf eine Antwort geben.

aa) Die Verpflichtung zum Wehrdienst

Art. 12 a GG bestimmt, daß Männer vom vollendeten achtzehnten Lebensjahr zum Dienst in den Streitkräften, im Bundesgrenzschutz oder in einen Zivilschutzverband verpflichtet werden können[63]. Die Wehrpflicht symbolisiert in besonderer Eindringlichkeit die Unterworfenheit des Staatsangehörigen. Sie zeigt, daß die staatliche Gemeinschaft nicht nur Objekt zur Erfüllung und Durchsetzung privater Wünsche ist, sondern in gleichem Maße eine Schutzgemeinschaft, die nicht nur der stillschweigenden Duldung aller Mitglieder sondern ihres persönlichen Einsatzes bedarf. Auch die Entscheidung für eine Berufsarmee würde an dem Recht des Staates, seine Bürger einer allgemeinen Wehrpflicht zu unterwerfen, nichts ändern[64].

Art. 12 a GG differenziert nicht zwischen Staatsangehörigen und Fremden. Das Wehrpflichtgesetz sieht jedoch eine allgemeine Verpflichtung von Fremden zum Wehrdienst nicht vor. Eine Ausnahme bildet § 2 Abs. 1 WPfG, der zuläßt, daß Ausländer, deren Heimatstaat Deutsche zum Wehrdienst verpflichtet, „unter gleichen Voraussetzungen, unter denen Deutsche dort wehrpflichtig sind", der Wehrpflicht unterworfen werden können. § 2 WPfG will ausländische Staaten anhalten, deutsche Staatsangehörige nicht zum Wehrdienst zu zwingen. § 2 WPfG dient damit dem Schutz deutscher Staatsangehöriger im Ausland. Werden Deutsche im Ausland zum Wehrdienst eingezogen, dann können Staatsangehörige dieses Landes gezwungen werden, in der Bundesrepublik Wehrdienst zu leisten[65].

---

[61] *Isensee,* Die staatsrechtliche Stellung der Ausländer, VVDStRL 32, 56.

[62] *Isensee,* Die staatsrechtliche Stellung der Ausländer, VVDStRL 32, 55.

[63] Art. 12 a GG eingeführt durch Gesetz v. 24. Juni 1968 (BGBl. I 709). Umfang und Ausnahmen der Wehrpflicht sind geregelt in dem Wehrpflichtgesetz v. 7. November 1977 (BGBl. I S. 2021).

[64] *Birkenheier,* Wahlrecht für Ausländer, S. 65.

[65] Es handelt sich dabei um eine Repressalie, *Birkenheier,* Wahlrecht für Ausländer, S. 65; vgl. *Doehring,* Allgemeine Regeln des Fremdenrechts, S. 181 Anm. 587.

Da Art. 12 a GG nicht zwischen Staatsangehörigen und Staatsfremden differenziert, bleibt die Frage, ob der nationale Gesetzgeber auch Fremde zum Wehrdienst einziehen und sie damit gleichen Pflichten unterwerfen könnte. Die Antwort muß unter Berücksichtigung der allgemeinen Regeln des Völkerrechts erfolgen, denn an diese ist der nationale Gesetzgeber über Art. 25 GG gebunden. Der Ausgangspunkt aller Überlegungen ist, daß der Fremde regelmäßig doppelter Herrschaft untersteht. Zum einen unterliegt er der Personalhoheit seines Heimatlandes. Mit Personalhoheit ist das Herrschaftsrecht des Heimatstaates über seine Staatsangehörigen im In- und Ausland gemeint. Der Staatsangehörige unterliegt der Staatsgewalt seines Heimatlandes, gleichgültig ob er sich im In- oder Ausland aufhält. Der Heimatstaat kann zu Lasten des Gewaltunterworfenen Gesetze erlassen, die dieser auch im Ausland zu befolgen hat. Zum anderen ist er gebunden an die Gesetze des Landes, in dem er sich aufhält. Er ist verpflichtet, die Gesetze des Gastlandes zu befolgen und alle Handlungen zu unterlassen, die dem Gastland Schaden zufügen könnten. Diese Pflichten sind Ausfluß der Gebietshoheit des Gastlandes[66]. Somit muß der Fremde — im Gegensatz zum Staatsangehörigen — „zwei Herren" dienen. Interessenkonflikte sind die zwangsläufige Folge.

Ohne größere rechtliche Schwierigkeiten ist die Rechtslage derjenigen Staatsfremden zu beurteilen, die sich als Staatenlose im Gastland aufhalten. Sie stehen in keinem Gehorsams- und Treueverhältnis zu einem Heimatstaat, nehmen aber Teil an dem beruflichen und gesellschaftlichen Leben ihres Gastlandes und genießen den Schutz dieses Landes. Wenn sie auch nicht die politische Gleichstellung erhalten, so nehmen sie doch Anteil an den Leistungen und Vorzügen dieser Gemeinschaft. Als Korrelat dazu kann das Gastland auch die Verteidigung dieser Gemeinschaft verlangen[67], § 2 Abs. 2 des WPfG[68].

Anderen Gesichtspunkten unterliegt die Rechtslage der Ausländer. Obgleich sie sich fern von ihrem Heimatstaat aufhalten, ist dieser ihnen gegenüber auch weiterhin zu Schutz und Fürsorge berechtigt[69] und auf

[66] *Jaenicke / Doehring*, Die Wehrpflicht von Ausländern, ZaöRV 16, S. 523; *Strupp*, Die Rechtsstellung der Staatsangehörigen und Staatsfremden, S. 275: „quidquid est in territorio, etiam est de territorio."

[67] *Jaenicke / Doehring*, Die Wehrpflicht von Ausländern, ZaöRV 16, S. 565.

[68] § 2 Abs. 2 WPflG verleiht allen Staatenlosen, die den Wehrdienst abgeleistet haben, bei dauerndem Aufenthalt im Inland einen Anspruch auf Einbürgerung. Damit hat der Gesetzgeber die rechtliche Folgerung aus der völkerrechtlichen Doktrin gezogen, nach der die Wehrpflicht und das Recht auf volle Teilnahme an der politischen Willensbildung im gegenseitigen Verhältnis stehen. s. dazu *Jaenicke / Doehring*, Die Wehrpflicht von Ausländern, S. 557; *M. Birkenheier*, Wahlrecht für Ausländer, S. 65 Anm. 65; *C. Schmitt*, Verfassungsrecht, S. 254.

[69] *Dahm*, Völkerrecht I, S. 524.

Grund innerstaatlichen Rechts zahlreicher Staaten auch verpflichtet[70]. Nach vollkommen herrschender Meinung leitet sich daraus die Gehorsams-, Treue- und Verteidigungspflicht der Staatsangehörigen gegenüber ihren Heimatstaaten ab[71]. Aus der anhaltenden Verpflichtung zur Treue, Verteidigung und Wehrpflicht für sein Heimatland und aus dem völkerrechtlich zu beachtenden Rückrufrecht (ius avocandi) des Heimatstates, insbesondere zur Ableistung der Wehrpflicht, ergibt sich folgende überwiegende Staatenpraxis:

Die Verpflichtung zum Wehrdienst knüpft an die Staatsangehörigkeit an. Die Wehrpflicht bleibt auf Staatsangehörige beschränkt. Eine allgemeine Einziehung von Ausländern zum Wehrdienst ist völkerrechtlich unzulässig[72]. Die Einführung einer allgemeinen Wehrpflicht für Ausländer würde gegen eine allgemeine Regel des Völkerrechts verstoßen und wäre damit nach Art. 25 GG unzulässig. Eine Pflichtengleichstellung zu Deutschen kommt nicht in Betracht.

bb) Ius avocandi

Der Staatsangehörige bleibt im Ausland seinem Heimatland zu Treue und zu Gehorsam verpflichtet[73]. So hat der Staat das Recht, seine im Ausland weilenden Staatsangehörigen zurückzurufen (ius avocandi)[74]. Das gilt insbesondere für Wehrpflichtige. Gerade das Rückrufrecht zur Erfüllung der Wehrpflicht ist mit völkerrechtlichen Grundsätzen vereinbar[75]. Aber auch zur Behebung eines nationalen Notstandes (z. B. Erdbebenkatastrophen, Überschwemmungen) ist ein Rückrufen im Ausland befindlicher Staatsangehöriger als mit völkerrechtlichen Grundsätzen vereinbar anzusehen[76]. Der Heimatstaat kann diese Pflicht nicht unmittelbar selber erzwingen, denn Hoheitsakte kann der Staat regelmäßig nur auf seinem Staatsgebiet vornehmen. Wohl aber stehen dem Heimatstaat Sanktionen gegen seine Staatsbürger zu[77], wie die Versagung des diplomatischen Schutzes, Zugriff auf inländisches Vermögen, Aberkennung der Staatsangehörigkeit oder ein an den fremden Staat

---

[70] *Strupp*, Die Rechtsstellung der Staatsangehörigen und Staatsfremden, S. 277.

[71] *Jaenicke / Doehring*, Die Wehrpflicht von Ausländern, ZaöRV 16, 524; *Berber*, Völkerrecht I, S. 408 ff.

[72] *Jaenicke / Doehring*, Die Wehrpflicht von Ausländern, S. 557, 588; *Doehring*, Allgemeine Regeln des Fremdenrechts, S. 181; *Berber*, Lehrbuch des Völkerrechts, S. 409; *Dahm*, Völkerrecht I, S. 521; *Guggenheim*, Lehrbuch des Völkerrechts, S. 311.

[73] *Berber*, Völkerrecht I, S. 387.

[74] *Jaenicke / Doehring*, Die Wehrpflicht von Ausländern, ZaöRV 16, 524; *Berber*, Völkerrecht, S. 387.

[75] *Dahm*, Völkerrecht I, S. 523.

[76] *Doehring*, Staatsrechtliche Stellung der Ausländer, VVDStRL 32, 21.

[77] *Doehring*, Staatsrechtliche Stellung der Ausländer, VVDStRL 32, 35.

gerichtetes Verlangen auf Auslieferung[78]. Der Inländer bleibt auch im Ausland seinem Heimatstaat verpflichtet.

Dagegen können Ausländer regelmäßig nicht gehindert werden, ihr Gastland zu verlassen[79]. Haben sie ihr Gastland verlassen, gibt es kein Rückrufrecht des Gastlandes. Der Staatsfremde unterliegt im Gegensatz zum Staatsangehörigen nur der Gebietshoheit des Aufenthaltsstaates. Außerhalb des staatlichen Territoriums ist der Ausländer dem ehemaligen Aufenthaltsstaat nicht mehr zu Gehorsam und Loyalität verpflichtet[80].

cc) Treue- und Gehorsamspflicht des Staatsangehörigen

Neben allen positiv-rechtlich normierten Pflichten kennt die Staats- und Völkerrechtslehre auch noch den Begriff der Treue[81] gegenüber dem Gemeinwesen, dessen Staatsbürger der einzelne ist. Wenn es auch keine Norm gibt, die diesen Begriff definiert, so wird er doch in mehreren Gesetzen ausdrücklich herangezogen[82]. Unter Treuepflicht wird allgemein die Plicht des Staatsangehörigen verstanden, den Gesetzen und Anordnungen des Staates Gehorsam zu leisten, und alle Handlungen, die dem Gemeinwesen Schaden zufügen, zu unterlassen[83]. Würde sich der Inhalt der Treuepflicht darin erschöpfen, so würde er sich nicht von der Gehorsams- und Loyalitätspflicht des Ausländers unterscheiden. Auch diese sind gegenüber ihrem Aufenthaltsstaat zu Gesetzesgehorsam und Schadensvermeidung verpflichtet. Bei der Treuepflicht handelt es sich darüber hinaus um eine Grundpflicht, die ihrem Charakter nach nur dem Staatsbürger auferlegt werden kann. Sie ist im recht verstandenen Sinn kein Zwang — Treue läßt sich im Gegensatz zu Gehorsam nicht erzwingen — sondern die freiwillige, tätige Anteilnahme an der Erhaltung und Förderung des Gemeinwesens. Sie bezieht sich nicht auf einzelne Gebote, sondern ist umfassend. So statuiert z. B. Art. 146 der Hessischen Verfassung[84] die Pflicht eines jeden, für den Bestand der Verfassung mit allen ihm zu Gebote stehenden Kräften einzutreten, und Art. 20 der Verfassung von Rheinland-Pfalz

---

[78] *Berber*, Völkerrecht I, S. 387.

[79] *Doehring*, Staatsrechtliche Stellung der Ausländer, VVDStRL 32, S. 21; *Berber*, Völkerrecht I, S. 384; *Wengler*, Völkerrecht II, S. 1003.

[80] *Berber*, Völkerrecht I, S. 408, 409.

[81] *Doehring*, Staatsrecht, S. 93; *Maunz*, Deutsches Staatsrecht, S. 114; *Strupp*, Die Rechtsstellung der Staatsangehörigen und Staatsfremden, S. 227.

[82] Art. 5 Abs. 3 GG; Art. 20 RhPfVerf.; Art. 146 Hess. Verf.; siehe auch folgende Eidesformeln: § 11 BVerfGG; § 9 SoldG; § 4 LRiG v. BW.

[83] *Strupp*, Die Rechtsstellung der Staatsangehörigen und Staatsfremden, S. 277; *Berber*, Lehrbuch des Völkerrechts, S. 365; *Birkenheier*, Wahlrecht für Ausländer, S. 66.

[84] Hessische Verfassung v. 1. Dezember 1946; siehe dazu auch: *Schneider*, Widerstand im Rechtsstaat, S. 13 ff.

spricht von der Treuepflicht des Staatsbürgers gegenüber seinem Staat[85]. Auch das Bundesverfassungsgericht spricht diesen Gedanken an: „Die Bundesrepublik Deutschland ist eine Demokratie, die von ihren Bürgern eine Verteidigung der freiheitlichen Ordnung erwartet..." (Grundsatz der „streitbaren Demokratie")[86]. Damit geht die Treuepflicht über eine Duldungs- oder Gehorsamspflicht hinaus. Sie ist nicht nur akademischer Natur, sondern kann zur Interpretation bestimmter Rechte und Pflichten, wie sie in einzelnen Gesetzen niedergelegt sind, herangezogen werden[87]. Die Treuepflicht ist keine einseitige Verpflichtung. Ebenso ist der Staat seinen Staatsangehörigen zur Treue verpflichtet[88].

Der Ausländer ist kraft seiner Staatsangehörigkeit seinem Heimatstaat zur Treue verpflichtet. Da diese Pflicht — wie oben dargelegt — über eine allgemeine Gehorsamspflicht gegenüber den Gesetzen hinausgeht, wird von einem Ausländer eine Treuepflicht gegenüber seinem Gastland nicht verlangt. Eine Treuepflicht gegenüber beiden Staaten — dem Heimat- und dem Gastland — würde einer doppelten Staatsangehörigkeit gleichkommen, die zu Pflichten- und Interessenkonflikten führen könnte. Daher unterliegt der Ausländer keiner Treuepflicht gegenüber seinem Gastland[89].

dd) Ausreise- und Auswanderungsfreiheit

Das Grundgesetz erwähnt die Ausreise- und damit verbunden die Auswanderungsfreiheit nicht ausdrücklich[90]. Nach der Rechtsprechung des BVerfG[91] wird die Ausreisefreiheit durch Art. 2 Abs. 1 GG gewährleistet. Mag dieses Recht auch zu den „unverletzlichen und unveräußerlichen Menschenrechten" zu zählen sein[92], so unterliegt es doch weitreichenden Einschränkungsvorbehalten.

Zunächst steht das Grundrecht, da es ein Teil des Art. 2 Abs. 1 GG ist, unter dem Vorbehalt der Einschränkung durch die verfassungsmäßige Ordnung[93]. Dazu zählen die Schranken, denen schon das Grundrecht der Freizügigkeit (Art. 11 Abs. 1 GG) in seinem Abs. 2 unter-

---

[85] Verfassung von Rheinland-Pfalz v. 18. Mai 1947.

[86] BVerfGE 28, 36, 48, 49.

[87] *Doehring*, Staatsrecht, S. 93.

[88] So ist es eine ungeschriebene Pflicht des Staates, zunächst einmal seine eigenen Staatsangehörigen zu schützen, *Doehring*, Asylrecht und Staatsschutz, ZaöRV 1966, 33, 48.

[89] *Rolvering*, Die Rechtsgarantie für eine politische Betätigung von Ausländern, S. 102; *Isensee*, Staatsrechtliche Stellung der Ausländer, VVDStRL 32, 57.

[90] *Doehring*, Staatsrecht, S. 268; vgl. aber Art. 112 WRV.

[91] BVerfGE 6, 32, 36, 41 ff.

[92] *Hartmann*, Freie Ausreise, S. 2; vgl. auch BVerfGE 15, 249, 252 ff.

[93] BVerfGE 6, 32, 42.

worfen ist; denn wenn schon dieses Grundrecht unter Vorbehalten steht, dann müssen diese Schranken auch für das Recht auf Ausreise gelten (argumentum a maiore ad minus)[94]. Zusätzlich zu diesen Einschränkungsvorbehalten kommen weitere, z. B. des Wehrpflichtgesetzes[95]. Das Grundrecht der Ausreisefreiheit kann für alle Staatsangehörigen in Notfällen eingeschränkt werden[96].

Fraglich ist, ob das Völkerrecht über Art. 25 GG dem deutschen Staatsbürger eine Ausreisefreiheit gewährleistet. In erster Linie schützt das Völkergewohnheitsrecht die Ausreisefreiheit des Staatsfremden, nicht die des Staatsangehörigen[97]. Bei den Inländern handelt es sich um eine innere Angelegenheit des Staates, auf die das Völkerrecht grundsätzlich keinen Einfluß nimmt. Die Allgemeine Erklärung der Menschenrechte[98] erkennt zwar das Recht aller Menschen an, jedes Land, einschließlich des eigenen, zu verlassen, nur ist diese Erklärung nicht rechtsverbindlich[99]. Die Bundesrepublik hat sich jedoch 1976 diesem Grundsatz durch ihren Beitritt zum Internationalen Pakt über bürgerliche und politische Rechte verpflichtet[100]. Aber auch diese Verpflichtung steht unter weiten Vorbehalten, so dem Vorbehalt der nationalen Sicherheit und öffentlichen Ordnung. Es bleibt abzuwarten, ob sich auf der Grundlage dieses Vertrages ein Völkergewohnheitsrecht entwikkelt, daß es jedermann freisteht, sein eigenes Land zu verlassen.

Zum anderen ist der Staatsangehörige auch bei einer noch so großzügigen Regelung der Ausreise dem Ausländer nicht gleichgestellt, da ihm ein Anspruch auf Aufnahme in einem fremden Staat fehlt. Der Ausländer besitzt diesen auf Grund seiner Zugehörigkeit zu einem fremden Staatsverband. Dem deutschen Staatsangehörigen mag die Einreise in die meisten Staaten erlaubt werden, und eine willkürliche Verweigerung von Einreisen in einen fremden Staat mag gegen das allgemeine Völkerrecht verstoßen[101], ein Recht auf dauernde Niederlassung oder Aufnahme in einem fremden Staatsverband kennt das Völkerrecht nicht[102]. Damit bleibt der Staatsbürger, solange er keine

[94] *Birkenheier*, Wahlrecht für Ausländer, S. 63 Anm. 13.

[95] § 3 Abs. 2 WPflG; § 7 PaßG, Paßgesetz v. 4. 3. 1952 (BGBl. I S. 290); § 23 Abs. 3 ZivildienstG v. 7. November 1977 (BGBl. I S. 2039).

[96] *Maunz / Dürig / Herzog*, Grundgesetz, Art. 11 Rdnr. 86.

[97] *Dahm*, Völkerrecht I, S. 480 ff.; *Hartmann*, Freie Ausreise, S. 9 ff.; *Birkenheier*, Wahlrecht für Ausländer, S. 64.

[98] Art. 13 Nr. 2 der Allgemeinen Erklärung der Menschenrechte v. 10. Dezember 1948 der Vereinten Nationen.

[99] *Dahm*, Völkerrecht I, S. 429.

[100] JPbürgR v. 19. Dezember 1966, für die Bundesrepublik in Kraft getreten am 23. März 1976, Art. 12 Abs. 2.

[101] *Verdross*, Völkerrecht, S. 362.

[102] *Doehring*, Ausweisung, in: Wörterbuch des Völkerrechts, Bd. I, S. 132; *Berber*, Völkerrecht I, S. 403; *Verdross / Simma*, Völkerrecht, S. 362.

neue Staatsbürgerschaft erworben hat, auf seinen Heimatstaat „unentrinnbar" angewiesen[103].

Der Ausländer bleibt auch bei längerem Auslandsaufenthalt Staatsbürger seines Heimatlandes, untersteht der Personalhoheit dieses Staates und ist ihm verpflichtet. Die Beziehungen zu dem Gastland sind grundsätzlich keine auf Dauer angelegten[104]. Auf Grund vielfältiger rechtlicher und ethnischer, soziologischer, psychologischer, ebenso sprachlicher und kultureller Verflechtungen mit seinem Heimatstaat muß für den Ausländer die Möglichkeit bestehen bleiben, jederzeit seinen Aufenthaltsstaat zu verlassen, um in seine Heimat zurückzukehren. Der Aufenthaltsstaat hat auf Grund völkerrechtlicher Verpflichtungen diesen besonderen Status des Ausländers zu achten, darauf Rücksicht zu nehmen und darf ihn nicht drängen, diese Beziehungen zu lockern[105] und auf eine Ausreise zu verzichten. Aus diesen Überlegungen ist es als allgemeine Regel des Völkerrechts anerkannt, daß der Staatsfremde den Aufenthaltsstaat jederzeit verlassen darf[106]. Über Art. 25 GG wird diese Regel in den Rang von Verfassungsrecht erhoben; ein Verstoß gegen sie wäre ein Verstoß gegen Völkerrecht und Verfassungsrecht, über § 19 AuslG auch gegen einfaches Bundesrecht.

ee) Steuerpflicht

Es ist völkerrechtlich anerkannt, daß der Staatsfremde, erfüllt er die Steuertatbestände des Gastlandes, in gleicher Weise steuerpflichtig ist wie der Staatsangehörige[107]. Dem liegt u. a. der Gedanke zugrunde, daß der Aufenthaltsstaat mit der Einreiseerlaubnis Pflichten gegenüber dem einreisenden Fremden auf sich nimmt. Zwar hat der Fremde keinen Anspruch auf Gleichstellung[108], wohl stehen ihm aber nach Völkerrechtsgrundsätzen Mindestrechte zu[109], die ihm nicht entzogen werden dürfen. Dazu sind in erster Linie der Schutz des Lebens und der körperlichen Unversehrtheit zu zählen, weiter Ehre, Freiheit, Eigentum und Religionsausübung. Zum Schutz dieser Rechte steht auch dem Fremden der Polizeischutz des Gastlandes zu. Zum Schutz des Lebens

---

[103] *Isensee*, Staatsrechtliche Stellung der Ausländer, VVDStRL 32, 59 ff., 93; *Leisner*, Diskussionsbeitrag in: Staatsrechtliche Stellung der Ausländer, VVDStRL 32, 130 f.

[104] *Birkenheier*, Wahlrecht für Ausländer, S. 62.

[105] *Doehring*, Staatsrechtliche Stellung der Ausländer, VVDStRL 32, 35; *Dahm*, Völkerrecht I, S. 526.

[106] *Doehring*, Staatsrechtliche Stellung der Ausländer, VVDStRL 32, S. 21; *Berber*, Völkerrecht I, S. 410; *Wengler*, Völkerrecht II, S. 1003; *Birkenheier*, Wahlrecht für Ausländer, S. 62.

[107] *Berber*, Völkerrecht I, S. 409.

[108] *Doehring*, Allgemeine Regeln des Fremdenrechts, S. 85 ff., 93 ff.; *Dahm*, Völkerrecht I, S. 508.

[109] *Verdross / Simma*, Völkerrecht, S. 58 ff.; *Dahm*, Völkerrecht I, S. 506.

gehört, daß der Staat seinen Fremden die Sicherung eines Existenzminimums gewährleistet, Schutz im Krankheitsfall, aber auch Teilnahme an der Benutzung von Verkehrs-, Versorgungs- und Wohlfahrtseinrichtungen[110].

Damit entspricht der Steuerpflicht auch ein Anspruch auf Leistungen des Gaststaates.

Fraglich ist, ob sich daraus auch ein Anspruch auf Teilhabe an der politischen Gestaltung des Gastlandes ableiten läßt. Gilt hier die Parole der amerikanischen Unabhängigkeitsbewegung „taxation without representation is tyranny"[111], in der der Unmut derjenigen zum Ausdruck kommt, die zwar Steuern zahlen müssen, auf die Wahl ihres Parlaments, von dem die Steuern auferlegt werden, aber keinen Einfluß haben. So wird argumentiert, daß derjenige, der vom Staat in die Pflicht genommen werden kann, auch auf diesen Staat einen Einfluß haben müsse[112].

Hier muß unterschieden werden: Bei den im vorhergehenden aufgezählten Pflichten des Staatsbürgers (Teilnahme an der Gestaltung des Gemeinwesens, Treuepflicht, Übernahme öffentlicher Ämter, Wehrpflicht) handelt es sich um aktive Pflichten, die ein persönliches Handeln des Verpflichteten verlangen[113]. Die Normierung der Pflicht reicht nicht aus; einige Pflichten könnte der Staat erzwingen (z. B. die Wehrpflicht), aber ein Zwang widerspricht dem Auftrag, der überzeugten, freiwilligen Einsatz verlangt und vom mündigen Staatsbürger ausgeht. Etwas anderes gilt bei der Steuerpflicht: Sie verlangt nicht den persönlichen Einsatz und baut nicht auf Freiwilligkeit auf, mag Freiwilligkeit auch aus staatlicher Sicht der gewünschte Zustand sein. Die Entrichtung von Steuern hat eher passiven Charakter im Sinne eines Ertragens hoheitlicher Verpflichtungen und ist weniger Ausdruck einer politischen Anteilnahme. Daher ist es unrichtig, wenn die Steuerpflicht gleichgesetzt wird und auf gleicher Ebene behandelt wird mit Ehrenämtern (Schiedsmann, Schöffen, Wahlhelfern u. ä.) und mit der Wehrpflicht. Aus der im wesentlichen gleichen Steuerpflicht kann eine demokratische Gleichstellung nicht gefordert werden.

ff) Öffentliche Ehrenämter und Pflichten

Bei Schöffen- und Geschworenenpflicht, ebenso bei einer etwaigen Wahlpflicht, handelt es sich ihrer Natur nach um staatsbürgerliche,

---

[110] *Dahm*, Völkerrecht I, S. 506.

[111] *Henkel*, Wahlrecht für Deutsche im Ausland, AöR 99, S. 1, 9; *Birkenheier*, Wahlrecht für Ausländer, S. 67; *C. Schmitt*, Verfassungslehre, S. 312.

[112] *Henkel*, Wahlrecht für Deutsche im Ausland, AöR 99, S. 1, 9; *Zuleeg*, Grundrechte für Ausländer, DVBl. 1974, S. 348.

[113] *Birkenheier*, Wahlrecht für Ausländer, S. 67.

politische Pflichten, die ihre rechtliche Grundlage in der Staatsangehörigkeit haben[114]. Auch diese Pflichten können einen Ausländer in Konflikt zu den Gesetzen seines Heimatlandes bringen. Sie können ihm daher nicht auferlegt werden[115]

Wenn auch dem Fremden nicht die Erfüllung spezifisch politischer Pflichten aufgetragen werden kann[116], so ist er doch in öffentlichen Notfällen zu Hilfsleistungen verpflichtet[117], z. B. Not- und Katastrophendienst, Hand- und Spanndienste, Feuerwehrdienst. Diese Pflichten finden ihre Rechtfertigung in der Überlegung, daß auch der Ausländer an der Aufrechterhaltung der Ordnung Vorteile zieht[118].

b) Auswertung der verschiedenartigen Rechts- und Pflichtenstellung

Der Staatsangehörige unterliegt der Inpflichtnahme durch seinen Heimatstaat. Diesem ist er zur Erfüllung öffentlicher Pflichten verpflichtet. Dabei ist es rechtlich unbedeutend, ob der Staat davon Gebrauch macht. Entscheidend ist, daß aus der Mitgliedschaft im Staat Pflichten auferlegt werden können. Die Rechtsbeziehungen entstehen, werden erfüllt und erlöschen in dem zweiseitigen Rechtsverhältnis Staat—Staatsbürger. Auf die Erfüllung staatlicher Pflichten gewinnt nur dieses Rechtsverhältnis Einfluß, eine Pflichten-, Norm- oder Interessenkollision mit Rechtsordnungen anderer Staaten ist i. d. R. ausgeschlossen, der ordre public eines anderen Staates unbeachtlich.

Dagegen unterliegt der Ausländer im Ausland der Befehlsgewalt seines Heimatstaates, ist diesem zu Gehorsam und Treue verpflichtet und kann zurückgerufen werden, ist gleichzeitig aber auch den Anordnungen und Gesetzen seines Aufenthaltsstaates zu Gehorsam verpflichtet (Gebietshoheit). Damit ist der Ausländer zwei öffentlichen Gewalten unterworfen.

Für den Aufenthaltsstaat bedeutet diese doppelte Inpflichtnahme, daß er nicht differenzierungslos Ausländern und Staatsangehörigen gleiche Pflichten auferlegen darf. Hier gewinnen völkerrechtliche Grundsätze Einfluß. Zu der Doppelbeziehung Ausländer/Heimatstaat — Ausländer/Aufenthaltsstaat kommt die völkerrechtliche Beziehung zweier Staaten hinzu: Heimatstaat—Aufenthaltsstaat. Die sich aus den Beziehungen zu zwei Staaten ergebenden Treu- und Gehorsamspflichten werden zu

[114] *Strupp*, Die Rechtsstellung der Staatsangehörigen und Staatsfremden, S. 277.

[115] *Berber*, Völkerrecht I, S. 409; *Dahm*, Völkerrecht I, S. 522.

[116] *Dahm*, Völkerrecht I, S. 521; *Berber*, Völkerrecht I, S. 409.

[117] *Jaenicke / Doehring*, Die Wehrpflicht von Ausländern, ZaöRV 16, 523, 525; *Berber*, Völkerrecht I, S. 409.

[118] *Dahm*, Völkerrecht I, S. 522.

Staatenkonflikten[119]. Solange es die Staatsangehörigkeit gibt, beansprucht der Heimatstaat die umfassende Personalhoheit[120]. Als umfassende Herrschaftsmacht kann sie andere Herrschaft nicht dulden. So führt das Auseinanderfallen von Personal- und Gebietshoheit zu Kompetenzkonflikten zweier Staaten. Das menschliche Problem, nicht zwei Herren zugleich dienen zu können, gewinnt damit völkerrechtliche Dimensionen[121]. Das Rechts-Dreieck Heimatstaat—Ausländer—Gaststaat—Heimatstaat ist geschlossen[122].

Damit der Ausländer nicht ein Opfer der Herrschaftsansprüche zweier Staaten wird, hat der Aufenthaltsstaat das Schutz- und Treueverhältnis des Ausländers zu seinem Heimatstaat zu achten und darf ihn nicht in Loyalitätskonflikte zu seinem Heimatstaat bringen[123]. Aus diesen Gründen ist eine Verpflichtung zu politischem Handeln und Stellungnahme (Wehrpflicht, öffentliche Ehrenämter, Wahlpflicht etc.) nicht mit dem Treueverhältnis des Ausländers zu seinem Heimatstaat vereinbar. Darüber hinaus hat der Ausländer ein völkerrechtlich anerkanntes Recht auf freie Ausreise und auf Einreise in seinen Heimatstaat. Auf Grund dieser Rechtsstellung kann sich der Ausländer den Folgen einer politischen Mitgestaltung seines Aufenthaltsstaates entziehen[124]. Bei einem Scheitern der von ihm mitgetragenen Politik ist er nicht Gefangener dieser Politik. Der Ausländer ist, wenn er will, auf „Gedeih" dem Gastland verbunden, nicht aber auf „Verderb".

Der Staatsangehörige besitzt einen einschränkbaren, nicht völkerrechtlich gesicherten, Anspruch auf Ausreise, nicht aber auf Aufnahme in einen fremden Staat. Wird er nicht aufgenommen, muß er in sein Heimatland zurückkehren. Damit bleibt er bis zu einer Aufnahme in einen fremden Staat auf den eigenen Staat nicht nur unentrinnbar angewiesen sondern ist dem Staat und seiner Ordnung unentrinnbar und existentiell unterworfen. Es gibt für ihn kein Austreten aus dem Staatsverband[125]. Darin liegt ein entscheidender Unterschied, der oft in seiner verfassungsrechtlichen Relevanz nicht erkannt bzw. unterbewertet wird. Gerade die politischen Teilhaberechte sind ein Ausgleich für die Abhängigkeit von der staatlichen Gemeinschaft. Ein Verhältnis,

---

[119] *Grawert*, Staat und Staatsangehörigkeit, S. 248.

[120] *Grawert*, Staat und Staatsangehörigkeit, S. 248.

[121] *Doehring*, Staatsrechtliche Stellung der Ausländer, VVDStRL 32, 20.

[122] Zu Begriff und Bedeutung des „Rechts-Dreiecks" siehe *Isensee*, Staatsrechtliche Stellung der Ausländer, VVDStRL 32, S. 55 ff.

[123] *Doehring*, Staatsrechtliche Stellung der Ausländer, VVDStRL 32, S. 20; ders., Allgemeine Regeln des Fremdenrechts, S. 31.

[124] *Tomuschat*, Zur politischen Betätigung des Ausländers, S. 60; *Doehring*, Staatsrechtliche Stellung der Ausländer, VVDStRL 32, 37.

[125] *Henke*, Parteien, S. 86; *Ruland*, Wahlrecht für Ausländer? JUS 1975, 9, 11.

das i. d. R. freiwillig und jederzeit auflösbar ist, läßt sich nicht mit der Abhängigkeit und dem Angewiesensein eines Staatsangehörigen gleichsetzen.

c) Schlußfolgerungen

Das Ergebnis einer systematischen und historischen Auswertung des Volksbegriffs in Art. 20 Abs. 2 S. 1 GG ergibt, daß der Verfassungsgeber unter „Volk" die Summe der Staatsangehörigen gemeint hat. Auch nach dem Demokratieverständnis des Gesetzgebers ist eine Ausdehnung des Volksbegriffs auf Fremde verwehrt, denn eine Auswertung der ungleichen Pflichtenstellung, verschiedenartigen Rechtsbeziehungen und völkerrechtlichen Bindungen kommt zu dem Ergebnis, daß Staatsangehörige und Ausländer verschiedenartigen Pflichten unterworfen sind. Das Grundgesetz als eine Verfassung, die in den Demokratievorstellungen westlicher Prägung verankert ist, geht von einer demokratischen Gleichheit in Rechten und Pflichten als Voraussetzung für eine Teilhabe an der Staatsgestaltung aus[126]. Es liegt in der Konsequenz des Gleichheitspostulats, daß der gleiche Einfluß auf die Staatsgewalt nur denjenigen zusteht, die dieser Staatsgewalt in gleicher Weise unterworfen sind. Nur eine auf Dauer angelegte Bindung kann diese Gleichheit herstellen. Die geforderte Dauerbeziehung als Voraussetzung der Gleichheit wird nicht durch einen längeren Aufenthalt sondern nur auf dem Wege über eine Einbürgerung erreicht[127]. Das setzt aber grundsätzlich eine Aufgabe der bisherigen Staatsangehörigkeit voraus. Erst wenn der Staatsfremde aus der Personalhoheit seines bisherigen Staatsverbandes entlassen ist, kann er sich der Personalhoheit des aufnehmenden Staates unterwerfen und damit die Voraussetzungen demokratischer Egalität herstellen mit der Folge, daß er jetzt auch den Konsequenzen seiner Mitgestaltung auf Dauer ausgesetzt ist. Da die geforderte demokratische Egalität nur bei Staatsangehörigen gegeben ist, legitimiert das Grundgesetz in Art. 20 Abs. 2 S. 1 nur die in der Bundesrepublik lebenden Deutschen als originären Ausgangspunkt aller deutschen Staatsgewalt. Es schließt Fremde von der Staatsgewalt und deren Ausübung aus und verwehrt eine Ausdehnung des Volksbegriffs auch auf Fremde[128].

---

[126] *Kriele*, Das demokratische Prinzip im Grundgesetz, VVDStRL 29, 61: „Volksherrschaft manifestiert ... sich im Prinzip der Gleichheit ..."; *Klein*, Demokratie und Selbstverwaltung, S. 165, 171: „Demokratie beruht auf der Fiktion der Gleichheit aller im staatsbürgerlichen Bereich."

[127] *Birkenheier*, Wahlrecht für Ausländer, S. 62: „Die Bedingungen demokratischer Egalität sind auf dem Boden der modernen Staatenwelt, die das Grundgesetz voraussetzt, nur in der Staatsangehörigkeit als der rechtlichen Dauerbeziehung zum Staat erfüllt. Der demokratische Staatsverband wird durch die Staatsangehörigkeit konstituiert."

[128] *Leisner*, Diskussionsbeitrag, in: Staatsrechtliche Stellung der Ausländer, VVDStRL 32, 130.

Eine Lenkung der vom Bundesvolk ausgehenden Staatsgewalt über den Prozeß der Kandidatennominierung, Parteitagsbeschlüsse, politischen Willensbildung etc. durch Staatsfremde widerspricht der Demokratie und dem aus der Demokratie abgeleiteten Grundsatz der Volkssouveränität und ist daher mit Art. 20 Abs. 1 und Abs. 2 GG nicht zu vereinbaren.

Vierter Teil

Aufgaben und Stellung der Parteien nach dem Grundgesetz

Die kontroverse Diskussion einer Mitgliedschaft von Fremden in politischen Parteien kann nicht losgelöst betrachtet werden von der Stellung und den Aufgaben politischer Parteien nach dem Grundgesetz. Die historische Entwicklung der Parteien und ihre veränderte Stellung im Staatsaufbau drängen die Frage auf, ob eine Mitgliedschaft von Fremden mit dem Selbstverständnis heutiger Parteien und der ihnen durch die Verfassung, Rechtsprechung und Lehre zugewiesenen Stellung und Aufgabe vereinbar ist.

1. Historische Entwicklung der deutschen Parteien

Ein kurzer Blick in die Entwicklung der Parteien zeigt, daß sich die Bewertungsmaßstäbe verändert haben. In der Vorgeschichte der Parteien handelte es sich um politische „Bewegungen"[1], die sich aus politisch interessierten Persönlichkeiten zusammensetzten[2], oder um Gruppen von Abgeordneten[3], sog. Abgeordnetenclubs. Diese Vereinigungen handelten relativ unabhängig voneinander. Einer Organisation bedurfte es kaum, da das Hauptgewicht politischer Aktivität sich vielfach in der Kandidatennominierung erschöpfte. Mit zunehmender Industrialisierung und einhergehender Gesellschaftsumschichtung bildeten sich in der Mitte des 19. Jahrhunderts straffere Organisationen, die erste Erscheinungen heutiger Parteien annahmen[4]. So traten die Vereinigungen nun als Vertreter bestimmter Gesellschaftsschichten mit bestimmten Ideen auf. Es formten sich Grundströmungen, die auch im heutigen Parteiensystem wiederzuerkennen sind: Konservative, Liberale, Sozialisten, christliche Parteien[5]. Die politisch-soziologischen Verhältnisse setzten sich im Verlauf des Kaiserreichs durch.

[1] *Triepel*, Die Staatsverfassung und die politischen Parteien, S. 12 ff.; *Seifert*, Parteien, S. 11.

[2] *Kaack*, Parteiensysteme, S. 21; *Hesse*, Politische Parteien, Ev. Staatslexikon, Sp. 1770, 1772; *Mühlen*, Parteienunabhängigkeit vom Staat, S. 1.

[3] *Bergsträsser*, Geschichte der Parteien, S. 19; *Vortisch*, Die politischen Parteien in der industriellen Gesellschaft, S. 24 ff.

[4] *Bergsträsser*, Geschichte der Parteien, S. 21.

[5] *Kaack*, Parteiensysteme, S. 21.

Politische Verantwortung konnten die Parteien des Kaiserreichs nur in begrenztem Umfang übernehmen[6]. Man versuchte, sie fernzuhalten, insbesondere auf außenpolitischem Gebiet[7]. Eine parlamentarische Einflußnahme auf die Regierungsarbeit fehlte. Eine grundlegende Änderung brachte auch der 1. Weltkrieg nicht mit sich. Ein entscheidender Einfluß auf die Staatslenkung kam den Parteien nicht zu[8].

Der große Einschnitt in der Parteiengeschichte liegt in dem Übergang von der Monarchie zur Republik[9]. Hatten bisher die Parteien den (Obrigkeits-)Staat über das Budgetrecht zu beeinflussen versucht, standen sie ihm als Gegenpol gegenüber oder lehnten ihn ab, so fiel mit dem Ende der Monarchie dieser Gegenpol weg. Die Weimarer Verfassung schuf eine parlamentarische Demokratie[10], die maßgeblich von den Parteien getragen werden mußte, auch wenn sie das in der Verfassung nicht ausdrückte[11], und das Staatsrecht sich der Parteien nur unvollkommen annahm[12]. Dieser vollkommen veränderten Situation waren die Parteien vielfach nicht gewachsen[13]. Zu stark waren die Parteien von einem Mißtrauen gegen die Regierung geprägt, wie es in einem Obrigkeitsstaat berechtigt sein mag. Zu wenig sahen sie die Gesamtverantwortung, die bisher von der Regierung und dem Monarchen an der Spitze des Staates wahrgenommen und verkörpert worden war. Begünstigt durch Koalitionen, an denen eine Vielzahl von Parteien beteiligt waren und dadurch klare Verantwortungen verwischt wurden, zogen sie taktische, individuelle Bedürfnisse dem Streben nach gemeinsamer Verantwortung vor. 1933 wurden die Parteien verboten oder lösten sich auf. Ab 1933 gab es als einzige „Partei“ nur noch die Nationalsozialistische Deutsche Arbeiterpartei[14]. Kurze Zeit nach Kriegsende wurden die politischen Parteien wieder zugelassen. Als erste deutsche Verfassung führte die Verfassung des Landes Baden v. 22. Mai 1947[15] die Parteien in ihrem Text auf und stellte es in Art. 119 allen Staatsbürgern frei, Mitglied einer Partei zu werden.

---

[6] *C. Schmitt*, Verfassungslehre, S. 332; *Scheuner*, Entwicklungslinien des parlamentarischen Regierungssystems, S. 385, 389.

[7] *Bergsträsser*, Geschichte der Parteien, S. 121.

[8] *Bergsträsser*, Geschichte der Parteien, S. 192.

[9] *Bergsträsser*, Geschichte der Parteien, S. 197.

[10] Art. 54 WRV bestimmte, daß „der Reichskanzler zu seiner Amtsführung des Vertrauens des Reichstages bedarf“.

[11] Die Weimarer Verfassung erwähnt die Parteien nur an einer einzigen Stelle, Art. 130: „Die Beamten sind Diener der Gesamtheit, nicht einer Partei.“

[12] *Radbruch*, Die politischen Parteien im System des deutschen Verfassungsrechts, S. 285, 288.

[13] *Hesse*, Politische Parteien, Ev. Staatslexikon, Sp. 1770, 1773.

[14] *Mühlen*, Parteienunabhängigkeit vom Staat, S. 7.

[15] RegBl. 1947, S. 129.

Es folgte das Grundgesetz, das mit seiner Formulierung des Art. 21 die Parteien „legalisierte“[16], ohne jedoch ausdrücklich die Mitgliedschaft auf Staatsbürger zu begrenzen.

2. Der Funktionswandel politischer Parteien

Die politischen Vereinigungen des 19. Jahrhunderts entwickelten sich aus dem Gedanken, dem Staatsbürger gehöre eine Beteiligung am politischen Leben[17]. Sie verstanden sich als Gegengewicht eines Staates, dessen Verfassung dem monarchischen Prinzip entsprach. Der Lehre von der Souveränität des Volkes wurde das monarchische Prinzip entgegengestellt, das von der Vereinigung der gesamten Staatsgewalt in der Hand des souveränen Fürsten ausgeht[18]. Diese Polarität, eine zunächst weitgehende Ablehnung politischer Vereinigungen zusammen mit der Tatsache, daß die deutsche Einigung 1871 ohne die Parteien zustandegekommen war, führte die Parteien in eine Außenstellung. Die politische Einheit wurde von dem Monarchen repräsentiert. Den Parteien „fehle die bindende Kraft des nationalen Gedankens“[19]. Die Aufgabe des Parlaments und der Parteien bestand bis Ende des Kaiserreiches in dem Versuch, eine immer weitergehende Kontrolle über die Regierung auszuüben. Die Parteien verstanden sich immer stärker als Sprachrohr des politischen Volkes. Sie mußten bei diesem Versuch mit dem monarchischen Prinzip in Berührung geraten, nachdem der Monarch „allein und absorptiv die politische Einheit des Volkes repräsentierte“[20]. Politische Leitungsfunktionen in Form einer Regierungsverantwortung oblagen ihnen nicht. Damit auch keine Verantwortung für das Wohl des Ganzen. Sie konnten kämpferisch Einzelinteressen vertreten. Das änderte sich grundlegend nach dem 1. Weltkrieg[21]. Der Kampf um die Souveränität war beendet. Ihre Funktion wandelte sich von der Vertretung bestimmter einzelner Interessen gegen die Staatsführung zu politischer Führung für den Gesamtstaat. Von nun an trugen die Parteien die volle Last der Verantwortung[22]. Aus der Repräsentation gegen den Monarchen wurde die Repräsentation der politischen Einheit gegenüber dem Volk[23]. Eine Entwicklung nahm ihren Lauf, die heute vielfach mit der Feststellung kommentiert wird, „die

---

[16] *Doehring*, Staatsrecht, S. 146.

[17] *Kaack*, Parteiensysteme, S. 21.

[18] *Scheyhing*, Dt. Verfassungsgeschichte der Neuzeit, S. 120.

[19] *Kaack*, Parteiensysteme, S. 33; *Radbruch*, Die politischen Parteien im System des deutschen Verfassungsrechts, S. 285, 288 ff.

[20] *C. Schmitt*, Verfassungslehre, S. 211.

[21] *Bergsträsser*, Geschichte der Parteien, S. 197.

[22] *Kaack*, Parteien, S. 20.

[23] *C. Schmitt*, Verfassungslehre, S. 219.

Parteien sind der Staat"[24]. Dieser Funktionswandel ist für die dieser Arbeit zugrunde liegende Fragestellung von besonderer Bedeutung: Waren die Parteien bisher von der Staatsgewalt weitgehend ausgeschlossen, so nehmen sie nun auf diese Einfluß. Ging bisher die Staatsgewalt von einem Staatsoberhaupt aus, so geht sie nun ausschließlich vom Volk aus. Da Millionen von Menschen nicht handlungsfähig sind, muß die Handlungs- und Entscheidungskompetenz weitgehend verlagert werden. Diese Verlagerung ist auf die Parlamente erfolgt, deren Zusammensetzung und Entscheidung von den Parteien in weitem Umfang gelenkt wird. Die Parteien heutiger Zeit stehen in einer gewandelten Welt. Mit den Vereinigungen des beginnenden 19. Jahrhunderts haben sie nahezu keine Gemeinsamkeiten mehr. Die Technisierung, Industrialisierung, Bevölkerungsverdichtung, die Verflechtung und Komplexität heutiger Entscheidungen, Interventionen und Planungen des Staates machen aus dem reagierenden, verwaltenden Staat den planenden, fürsorgenden Staat: den „regelungsintensiven Industriestaat"[25]. Die Folge ist, daß die Spielregeln dieses Staates für den Einzelnen undurchsichtiger und unüberschaubarer[26] werden. Der Komplexität heutiger politischer Entscheidungen steht der Einzelne i. d. R. hilflos gegenüber. Aus dieser Ausgangslage ergehen sich die Funktionen heutiger politischer Parteien: Sie sind Mittler zwischen dem Staat und dem Einzelnen[27]. Sie müssen weitgehend für den Einzelnen und auch für die Vertreter des Volkes in den Parlamenten entscheiden[28], indem sie versuchen, aus den widerstreitenden Interessen der sozialen Gruppen zu politischen Entscheidungen zu gelangen[29].

Damit stehen die Parteien heute weitgehend für das Volk, von dem nach Art. 20 Abs. 2 S. 1 GG alle Staatsgewalt ausgeht. Denn die Entscheidungsbefugnisse des Volkes sind auf in regelmäßigen Abständen wiederkehrende Wahlen begrenzt, die nur einen groben Umriß über den Volkswillen geben können. Nach der Wahl übernehmen die Parteien im Verbund mit den ihrer Partei angehörenden Mandatsträgern und Regierungsmitgliedern wieder die Gestaltung des Staates[30]. Dieser

---

[24] *Ermacora*, Die Parteien sind der Staat, in: Wahlen und Parteien in Österreich, S. B 712.

[25] *Zippelius*, Staatslehre, S. 168 ff.

[26] *Hesse*, Die verfassungsrechtliche Stellung der Parteien, VVDStRL 17, S. 18; *Forsthoff*, Der Staat der Industriegesellschaft, S. 82 ff.

[27] *Kriele*, Das demokratische Prinzip im Grundgesetz, VVStRL 29, 70; *Leibholz*, Das Parlament des Bonner Grundgesetzes, S. 104.

[28] *Hammer*, Möglichkeiten einer Wiedereingliederung verfassungsfeindlicher Parteien, S. 157.

[29] *Scheuner*, Politische Repräsentation und Interessenvertretung, DÖV 1965, S. 577, 580; *Stein*, Staatsrecht, S. 139.

[30] *Kaack*, Parteien, S. 9; *Scheuner*, Parteiengesetz und Verfassungsrecht, DÖV 1968, 88, 89.

Funktionswandel nimmt den Parteien andererseits die Freiheit und Unbekümmertheit, die politischen Vereinigungen ohne unmittelbare Verantwortung für das Staatsganze zu eigen sein kann. So entstanden die politischen Vereinigungen des 19. Jahrhunderts in der Auseinandersetzung gegen den „Staat" (= herrschende Schicht) und dessen oberste Verfassungsorgane[31]. Zum Teil lehnten sie den staatlichen Aufbau ab. Die Parteien vergangener Zeit versuchten Grundsatzfragen, Grundströmungen gegen die Staatsmacht durchzuringen, nicht aber den Staat in allen politischen Bereichen zu lenken. Dieses Parteiverständnis ist mit der Stellung der Parteien in der heutigen Parteiendemokratie unvereinbar. So führt das BVerfG aus, daß sich die Parteien über die obersten Werte der Verfassung einig sein müssen, „wenn dieser Typ der Demokratie überhaupt sinnvoll funktionieren soll[32]. Nach der Ansicht des BVerfG „gehört (es) heute zum Wesen der politischen Parteien, daß ihre Tätigkeit auf Mitverantwortung auf allen Ebenen ... gerichtet ist"[33]. Die Aufgabe der Parteien wird zu einer staatspolitischen. Sie ist auf die existenziellen Entscheidungen der Gemeinschaft, nicht auf Teilaspekte, sondern auf das Dasein des gesamten Staatsverbandes gerichtet. Damit wächst ihnen auch Gesamtverantwortung zu[34].

Es bleibt zu fragen, ob Ausländer diese neuen Funktionen der Parteien überhaupt ausfüllen können. Können z. B. Ausländer als Vorstandsmitglieder eine Partei leiten, deren Tätigkeit auf eine „Mitverantwortung auf allen Ebenen" ausgerichtet ist, ohne dabei in schwere innere Konflikte zu kommen? Es zeigen sich Grenzen der Verantwortung und Belastbarkeit, die sich auf die Zugehörigkeit des Ausländers zu einem fremden Gemeinwesen zurückführen lassen[35].

3. Die verschiedenartige Interessengewichtung

Das politische Interesse der Ausländer[36] umfaßt i. d. R. Teilaspekte der Gesamtpolitik eines Staates, die für sie von Wichtigkeit sind. Ausländer vertreten zuerst einmal eigene Interessen und versuchen auf bestimmte politische Entwicklungen Einfluß zu nehmen. Da sie nicht Staatsbürger und damit nicht unentrinnbar auf Dauer auf diesen Staat angewiesen sind, können sie schon von ihrem Verständnis her nicht „die existenziellen Entscheidungen über ihr Dasein in der Gemein-

---

[31] *Kaack*, Parteiensysteme, S. 21.

[32] BVerfGE 5, 85, 141 (KPD-Urteil).

[33] BVerfGE 6, 367, 372 f.

[34] *Hesse*, VVDStRL 17 (1959), S. 44; Abg. Dr. *Even*, Stenograph. Bericht des Bundestages, 3. WP, 104. Sitzung, S. 5627, 5636.

[35] *Doehring*, Allgemeine Regeln des Fremdenrechts, S. 90.

[36] Das gilt nicht in dem gleichen Maße für Staatenlose.

schaft“[37] mitempfinden. Ausländer stehen Interessenverbänden näher, die sich partiell für die konkreten Interessen ihrer Mitglieder einsetzen, nicht aber Parteien, die umfassende politische Entscheidungen und deren Folgen mittragen müssen, ohne sich diesen entziehen zu können[38]. Noch zur Weimarer Zeit gab es, begünstigt durch eine starke Parteienzersplitterung, Interessenparteien. Heute sind die Parteien in den staatlichen Machtapparat soweit integriert, daß ihre Nähe zum Staat sie zu gemeinwohlorientiertem Handeln verpflichtet[39]. Die durch die moderne Parteiendemokratie legitimierte Einflußnahme politischer Parteien auf die Staatslenkung verlangt, daß sie ihr Handeln an dem über dem Einzelinteresse stehenden Gesamtinteresse orientieren[40]. Noch zur Weimarer Zeit waren die Parteien keinem verfassungsrechtlichen Auftrag verpflichtet. Heute obliegt ihnen die Mitwirkung an der politischen Willensbildung des Volkes, des ganzen Volkes, nicht einzelner Gruppierungen[41]. Danach haben sie die Verpflichtung, ihre parteiinterne Willensbildung und die sich daraus entwickelnde Einflußnahme auf das Volk und die Staatswillensbildung zu jeder Zeit an den Gemeinwohlinteressen zu messen[42]. Es gibt keine Staatswillensbildung ohne Orientierung am Gemeinwohl[43]. Diese Gemeinwohlverpflichtung verträgt eine Durchsetzung von Partikularinteressen ohne oder mit geringem Verständnis für die Gesamtzusammenhänge nicht[44]. Die Nähe zum Staat und die sich daraus ergebende Verantwortung verpflichtet die Parteien, nicht nur die augenblicklichen Interessen durchzusetzen, sondern macht sie langfristig für die „existenzielle Ordnung des Staates verantwortlich ...“[45]. So kann es Folge dieser Verantwortung sein, daß die Parteien im Interesse des Volkes gegen Ausländern gerichtete Parteibeschlüsse fassen und durchsetzen müssen, die den Interessen der ausländischen Einwohner entgegenstehen. Es würde zu einem Zwiespalt zwischen nationalen und ausländischen Zielsetzungen kommen. Es ist unrealistisch, daß Ausländer dann z. B. für einen Anwerbestopp oder für eine Schließung der Grenzen eintreten würden. Eine solche Haltung

---

37 *Henke*, Parteien, S. 32.

38 Zur Unterscheidung Parteien — Verbände: *Henke*, Parteien, S. 32.

39 *Henke*, Parteien, S. 33; *Ruch*, Das Berufsparlament, S. 13.

40 *Bergsträsser*, Geschichte der Parteien, S. 13; *Seifert*, Zur Rechtsstellung der politischen Parteien, DÖV 1956, 1, 2.

41 *Schäfer*, Die Funktion von Bundesparteitagen im föderativen modernen Parteienstaat, S. 287, 288.

42 *Grewe*, Zum Begriff der politischen Partei, S. 65, 82; *Scheuner*, Das parlamentarische Regierungssystem in der Bundesrepublik, DÖV 1957, 633, 637.

43 *Henke*, Parteien, S. 40.

44 *Dux*, Meinungsfreiheit als innere Ordnung der politischen Parteien, DVBl. 1966, 533, 557; *Ehmke*, „Staat“ und „Gesellschaft“ als verfassungstheoretisches Problem, S. 23, 47.

45 *Henke*, Parteien, S. 40.

im Interesse ihres Gastlandes könnte Ausländer zudem in Konflikt zu ihrem Heimatstaat bringen, der darauf angewiesen sein könnte, daß seine Staatsbürger aus wirtschaftlichen (oder politischen) Gründen weiterhin in das Gastland einreisen können. Oder es ließe sich denken, daß eine nach nationalen Kriterien objektiv geforderte Beeinflussung der politischen Willensbildung des Volkes und der Staatswillensbildung von ausländischen Parteimitgliedern in ihrem eigenen oder nationalen Interesse verzögert oder verhindert werden müßte. Es ist auch vorstellbar, daß Ausländer von ihrem Heimatstaat aufgefordert werden, dessen Interessen durchzusetzen. Sind Ausländer zugleich Mitglieder einer Partei ihres Heimatstaates, so sind sie aus einer Treueverpflichtung gegenüber ihrer nationalen Partei u. U. zur Durchsetzung der Ziele dieser Partei verpflichtet. Die politische Willensbildung des Volkes und die Staatswillensbildung würden in ein Wirrwarr nationaler und staatsfremder Interessen und Machtkämpfe hineingezogen werden können, die eine nationale Gemeinwohlorientierung der Parteien nicht mehr erkennen lassen würde. Parteien könnten auf diesem Weg handlungsunfähig werden. Ihre verfassungsrechtliche Aufgabe wäre hinfällig[46].

An diesem Beispiel sollte aufgezeigt werden, daß die veränderte verfassungsrechtliche Stellung der Parteien auch ein anderes Parteiverständnis verlangt. Ihre verfassungsrechtliche Sonderstellung zwingt sie zu nationaler Verantwortung. Das ist nicht nur ein Vorteil für die Parteien. Schon Carl Schmitt hat davor gewarnt, die Parteien zu bürokratisieren, denn das Wesen jeder Partei sei frei und bleibe außerhalb „magistratischer Organisation“[47]. Die Macht und die Absolutheit, mit der im heutigen Staat die Parteien die Gemeinwohlinteressen prägen und durchsetzen, verlangt, daß diese nur von den Mitgliedern gebildet werden, die den Folgen dieser Machtausübung ständig und absolut unterworfen sind. Eine etwaige Fremdbestimmung deutscher Parteien ist mit der Stellung und den Funktionen der Parteien unvereinbar[48].

4. Die Integrationsfunktion der Parteien

Differierende nationale und ausländische Einflüsse, Zielsetzungen und politische Programme können langfristig die Stabilität der Parteienstruktur gefährden. Es sei nur auf das in der Einleitung angeführte Beispiel verwiesen. Die Bundesrepublik ist keine Präsidialdemokratie.

---

[46] So vertritt *Seifert* die Auffassung, daß eine Partei, die unverkennbar ausländische Interessen verfolge, nach dem Sinn des Grundgesetzes verfassungswidrig sei, in: Zur Rechtsstellung der politischen Parteien, DÖV 1956, 1, 2; vgl. *Stein*, Amtshilfe in auswärtigen Angelegenheiten, S. 169 ff.

[47] *C. Schmitt*, Verfassungslehre, S. 247; *Doehring*, Staatsrecht, S. 149.

[48] *Seifert*, Parteien, S. 257.

Mehrheitsregierung, Mehrheitsfraktion und Parteien in Bund und Ländern stehen in einem ununterbrochenen Informations- und Entscheidungsfluß. Die Parteien sind weitaus stärker als es z. B. in dem Verfassungsaufbau der Vereinigten Staaten von Amerika der Fall ist in die politischen Entscheidungen miteinbezogen. Sie sind eine tragende Verbindung von dem Wähler zu den Gewählten und zurück von den Staatsorganen zu dem Staatsvolk. Die Wirksamkeit des bundesrepublikanischen Regierungssystems ist eng verbunden mit der Integrationsleistung und Entscheidungsfähigkeit der Parteien[49]. Sollten die Parteien durch ein Wirrwarr von nationalen und fremden Interessen die Kraft zu einer Vermittlung und Verständlichmachung der Entscheidungen der Staatsorgane und des politischen Willens des Volkes verlieren, entfällt eine wichtige Voraussetzung für die Integration des Gemeinwesens und damit einhergehend für die Entwicklung staatlicher Autorität[50]. Es könnten außerparteiliche Entwicklungen entstehen, ein Unbehagen an politischen Parteien bis hin zu einem außerkonstitutionellen Engagement[51]. Die Integrationsfunktion politischer Parteien wäre hinfällig. Nach der Rechtsprechung des BVerfG ist das aber gerade eine der tragenden Funktionen der Parteien. Sie sind „integrierende Bestandteile des Verfassungsaufbaus" und des politischen Lebens[52]. Mit den obersten Staatsorganen wirken sie an der Schaffung staatlicher Einheit[53]. Die Integrationsfunktion der Parteien, die Verbindung zwischen Staatsorganen und Volk als Grundlage eines durchgehenden, funktionierenden Staatsaufbaus ist bei einer Leitung nationaler Parteien bzw. einer gleichberechtigten Mitgliedschaft von Fremden der Gefahr der Instabilität und Desintegration ausgesetzt. Die Parteien sind in die Verfassung aufgenommen und zu integrierenden Bestandteilen des Verfassungsaufbaus erhoben worden. Damit kommen ihnen materiell Funktionen von Verfassungsorganen zu. Es liegt in der Schlußfolgerung der Entscheidung des Verfassungsgebers und der Verfassungsrechtsprechung, daß eine gleichberechtigte Mitgliedschaft von Fremden mit der Integrationsfunktion der Parteien unvereinbar ist.

5. Die verfassungsrechtliche Stellung der Parteien

Der Funktionswechsel politischer Parteien, ihre Verpflichtung zu gemeinwohlorientiertem Handeln und Orientierung auf die nationalen politischen Fragen und ihre Verpflichtung zur Integration der Staats-

[49] BVerfGE 12, 296, 306; *Henkel*, Die Auswahl der Parlamentsbewerber, S. 44; *Stern*, Verfassungsrecht, § 13 IV 3; *Kewening*, Die Problematik der unmittelbaren staatlichen Finanzierung, DÖV 1964, 829, 833.

[50] Vgl. *Herzog*, Pluralismus, in: Ev. Staatslexikon, Sp. 1848, 1851 ff.

[51] *Stern*, Staatsrecht, § 13 IV 3.

[52] BVerfGE 17, 155, 166; vgl. *Gastroph*, Die politischen Vereinigungen, S. 79.

[53] *Lorenz*, Der Organstreit vor dem Bundesverfassungsgericht, S. 225 ff.

organe und des Volkes standen im Vordergrund der bisherigen Untersuchung. Zu den völlig veränderten Aufgaben kommt eine durch die Verfassung und die Verfassungsrechtsprechung entwickelte außerordentliche Stellung der Parteien im Verfassungsaufbau hinzu. Diese wird im Mittelpunkt der nun folgenden Überlegungen stehen.

Weder in der Verfassung von 1871 noch der von 1919 finden sich parteirechtliche Regelungen. Erst das Grundgesetz nimmt die Parteien in die Verfassung auf[54]. Damit hat das Grundgesetz die Parteien in das Verfassungsgefüge einbezogen und ihnen eine wesentliche Aufgabe innerhalb des Verfassungslebens zugewiesen. Die rechtlichen Folgerungen der Aufnahme in die Verfassung werden verschieden gewertet. So wird die These vertreten, die politischen Parteien seien durch ihre Aufnahme in Art. 21 GG in das Verfassungsgefüge inkorporiert und zu Verfassungsorganen geworden[55] bzw. Staatsorgane der Bundesrepublik[56].

Die herrschende Lehre[57] anerkennt die Einführung der Parteien in das Verfassungsgefüge des Grundgesetzes, widerspricht aber dem Status einer staatlichen Einrichtung bzw. eines Staatsorgans[58]. Sie beurteilt die Parteien weiterhin als freie, dem privatrechtlichen Bereich zuzuordnende Organisationen, erkennt aber an, daß die verfassungsrechtliche Funktion der Parteien sie deutlich von privatrechtlichen Vereinen abhebt, denn sie handeln in Wahrung einer von der Verfassung aufgegebenen politischen Aufgabe und werden damit zu wesentlichen Elementen der „Konstituierung und Erhaltung der Gesamtordnung[59]“.

Nach der Rechtsprechung des BVerfG[60] sind die Parteien durch Art. 21 GG aus dem Bereich des Politisch-Soziologischen in den Rang einer verfassungsrechtlichen Institution herausgehoben und in das Verfassungs-

[54] Zuvor hatte schon das Land Baden in seiner Verfassung v. 22. Mai 1947 die Parteien aufgenommen.

[55] *Leibholz,* Parteienstaat und repräsentative Demokratie, DVBl 1951, S. 2 ff.; ders., Strukturprobleme, S. 92, 72, 75.

[56] *Giese,* Parteien als Staatsorgane, AöR 80, 377, 378.

[57] *Doehring,* Staatsrecht, S. 146 ff.; *Maunz / Dürig / Herzog,* GG, Art. 21 Rdnr. 4; *Henke,* Parteien, S. 1, 18; *Henke,* Bonner Kommentar, Art. 21 Rdnr. 12; *Wittkämper,* Grundgesetz und Interessenverbände, S. 165 ff.; *Scheuner,* DieParteien und die Auswahl der politischen Leitung im demokratischen Staat, DÖV 1958, 641, 642 ff.; *Hesse,* Die verfassungsrechtliche Stellung der politischen Parteien im modernen Staat, VVDStRL 17, 11 ff.; *Hamann / Lenz,* GG, Art. 21 A 3; *v. Münch,* GG, Art. 21, Rdnr. 20 ff.

[58] *Hesse,* Die verfassungsrechtliche Stellung der politischen Parteien im modernen Staat, VVDStRL 17, 11 ff.; *Scheuner,* Parteiengesetz und Verfassungsrecht, DÖV 1968, 88; *Mühlen,* Parteienunabhängigkeit vom Staat, S. 38; *Schmidt-Bleibtreu,* GG, Art. 21 Rdnr. 4.

[59] *Hesse,* Die verfassungsrechtliche Stellung der politischen Parteien im modernen Staat, VVDStRL 17.

[60] BVerfGE 1, 208, 225; E 2, 1, 73 (SRP-Urteil).

gefüge „inkorporiert worden“[61]. Ihre besondere Stellung[62] liegt darin begründet, daß die Wahlen ohne die Parteien nicht durchgeführt werden können[63]. In der Zeit zwischen den Wahlen sind die Parteien Zwischenglieder zwischen dem Einzelnen und dem Staat[64]. Sie stellen die Verbindung zwischen dem Staatsvolk und der politischen Führung her. Die Parteien organisieren die Mitbürger zu politisch aktionsfähigen Handlungseinheiten[65] und ermöglichen ihnen erst dadurch einen wirksamen Einfluß auf das staatliche Geschehen[66]. Das BVerfG ordnete die Parteien zunächst als Staatsorgane, wenn auch nicht formierte oberste Staatsorgane, ein[67], die in das Verfassungsgefüge inkorporiert seien[68]. In BVerfGE 8, 104, 113 kündigten sich erste Anzeichen einer Abkehr von der durch die Leibholzsche These der Identität von Staat, Gesellschaft, Volk und Parteien[69] beeinflußten Rechtsprechung an. In der Entscheidung des BVerfG zur staatlichen Parteienfinanzierung[70] wird eine neue Richtung[71] mit dem Verbot der staatlichen Parteienfinanzierung deutlich. Gegen eine Einfügung in den staatlichen Herrschaftsapparat setzt das Gericht die Freiheit vom Staat[72]. Die Parteien wirken auf die Staatsorgane ein, ohne diesen anzugehören.

Formal-rechtlich gesehen ist den Parteien die Besetzung von Behörden, Regierungen und Ämtern verwehrt. So gesehen stehen sie außerhalb der Staatsorgane und ihrer Organisationen. Damit bleiben auch die Entscheidungen der staatlichen Organe formal Entscheidungen dieser Organe[73]. Materiell bestimmen die Parteien über ihre Parteimitglieder die personellen und sachlichen Entscheidungen der Staatsorgane und bringen über sie die oftmals fertigen Entscheidungen in die

[61] BVerfGE 1, 208, 225.

[62] BVerwGE 44, 187.

[63] BVerfGE 4, 27, 30; E 8, 51, 63; E 12, 276, 280; E 13, 54, 81; E 14, 121, 132; E 20, 56, 101; E 24, 300, 340; VG Neustadt NJW 1969, 2251.

[64] BVerfGE 20, 56, 101; VG Würzburg, BayVBL 1972, 50; Hess StGH NJW 1977, 2065, 2066.

[65] BVerfGE 24, 260, 264; BVerfG v. 22. Mai 1979 (2 BvR 193/79 u. 197/79).

[66] BVerfGE 11, 266, 273; BVerfGE 41, 399, 416; *Friesenhahn,* Parlament und Regierung im modernen Staat, VVDStRL 16, 9, 19.

[67] BVerfGE 1, 208, 225.

[68] BVerfGE 2, 1, 73.

[69] *Leibholz,* Volk und Staat im neuen deutschen Verfassungsrecht, DVBl. 1950, 194, 196, 197.

[70] BVerfGE 20, 56 ff.

[71] *Hamann / Lenz,* GG, Art. 21 A 3, *Mühlen,* Parteienunabhängigkeit vom Staat, S. 39.

[72] BVerfGE 20, 102, 105, 112; vgl. *Rauschning,* Zur Methode der Entscheidung des Bundesverfassungsgerichts über die staatliche Parteifinanzierung, JZ 1967, S. 346 ff.

[73] *Hesse,* Die verfassungsrechtliche Stellung der politischen Parteien im modernen Staat, VVDStRL 17, S. 24; *Klein,* Mehr geheime Abstimmungen in den Parlamenten!, ZRP 1976, 81, 82.

Staatswillensbildung ein[74]. Es wäre falsch, daraus die rechtliche Konsequenz zu ziehen, die Parlamente und Regierungen seien nur noch eine „Fassade“, hinter der die politischen Parteien alle Macht ausüben[75]. Die Abgeordneten sind nicht einem imperativen Mandat verpflichtet, sondern ihrem Gewissen verantwortlich und dem gemeinen Wohl verpflichtet[76]. Der Bundespräsident, der Bundeskanzler und die Minister sind kraft ihres Amtseides dem Wohl des ganzen Volkes zu dienen verpflichtet[77] und sind nicht der verlängerte „Arm der Parteien“[78]. Will man nicht den Begriff des Staatsorgans als rechtlichen Begriff verwischen, so ist deutlich herauszustreichen, daß den politischen Parteien nicht das Recht zusteht, für den Einzelnen oder die staatliche Gemeinschaft verbindliche Beschlüsse zu fassen und staatliche Befehle zu erteilen. Die Beschlüsse der Parteien sind nicht staatlicher Wille. Damit sind die Parteien keine Staatsorgane. Andererseits sind es die Parteien, die von allen Verbänden dem Staat am nächsten stehen. Steht ihnen auch kein Recht zu, den staatlichen Willen verbindlich zu bilden, so bilden sie diesen tatsächlich doch weitgehend[79]. Verfassungsrechtlich „wirken“ die Parteien bei der politischen Willensbildung des Volkes „mit“. Ein Monopol steht ihnen nicht zu. Damit erkennt das Grundgesetz an, daß auch noch andere Organisationen bei der politischen Willensbildung mitwirken[80]. Art. 21 GG sieht eine Mitwirkung der Parteien vor, nicht aber eine Entmachtung des Souveräns „Volk“[81]. Die dargelegte veränderte verfassungsrechtliche Stellung der Parteien läßt auch die Mitgliedschaft in einer Partei verfassungsrechtlich in einem veränderten Licht erscheinen. Die Parteizugehörigkeit öffnet die Chance intensiver Einflußnahme und Kontrolle der Staatsorgane und damit der Gestaltung des Staates. Über den Weg der Auswahl der Kandidaten für die durch Wahlen zu besetzenden Staatsämter nehmen die Parteimitglieder Aufgaben der Staatsführung wahr[82]. Im folgenden soll auf die Diskussion eingegangen werden, soweit sie eine Mitgliedschaft von Fremden unter diesem Gesichtspunkt betrachtet.

---

[74] *Henke*, Parteien, S. 18; *Hesse*, Die verfassungsrechtliche Stellung der politischen Parteien im modernen Staat, VVDStRL 17, S. 24.

[75] *Friesenhahn*, Parlament und Regierung im modernen Staat, VVDStRL 16, 19; *Haungs*, Die Bundesrepublik — ein Parteienstaat?, ZParl 1973, 502, 509.

[76] Hess StGH, NJW 1977, 2065, 2066.

[77] Vgl. *Schneider*, Diskussionsbeitrag, VVDStRL 16, 139, 140.

[78] *Henke*, Bonner Kommentar, Art. 21 Rdnr. 22.

[79] BVerfGE 20, 56, 101.

[80] Gewerkschaften, Unternehmerverbände, Kirchen, Berufsorganisationen etc.

[81] *Piepenstock*, Politische Vereinigungen unter dem Grundgesetz, S. 15, 16; *Brüggemann*, Die Beschränkung der Rechte des Staatsvolkes, S. 48.

[82] *v. d. Heydte*, Soziologie der modernen Parteien, S. 67.

6. Der Stand der Diskussion

Zu den verfassungsrechtlichen Implikationen einer Mitgliedschaft von Fremden wird bisher wenig ausgesagt. Verschiedentlich wird die Regelung des § 2 Abs. 3 PartG gestreift, ohne daß eine tiefergehende Diskussion erfolgt[83].

Sasse[84] begrüßt es, daß Fremden über die Inanspruchnahme demokratischer Beteiligungsrechte ein mittelbarer Anteil an der Ausübung der Staatsgewalt zukommt. Bender[85] will dem demokratischen Rechtsstaat eine Verpflichtung entnehmen, demzufolge denjenigen politischen Kräften, die sich rechtsstaatlich verhalten, eine freie Entfaltung im Bereich der politischen Betätigung garantiert werden müsse, auch wenn sie nicht Staatsangehörige seien. Nach Zuleeg[86] beruht das Recht, an dem politischen Entscheidungsprozeß beteiligt zu sein, auf dem Bild der eigenverantwortlichen Persönlichkeit. Die Idee demokratischer Partizipation sei nicht an die Staatsbürgerschaft geknüpft. Dolde[87] erkennt an, daß das Schwergewicht der Parteitätigkeit auf der Teilnahme an den Wahlen und der Einflußnahme auf die Staatswillensbildung liegt. Er hält es daher für konsequent, daß Vereinigungen, die mehrheitlich aus Nichtwahlberechtigten bestehen, nicht als Parteien zu behandeln sind. Eine Mitgliedschaft von Fremden bis zu der Mehrheitsgrenze hält er für verfassungsrechtlich gedeckt. Lamers[88] weist darauf hin, daß die Parteien die „staatsnächsten" sind, daß sie den staatlichen Willen erheblich beeinflussen und vorformen, zieht daraus jedoch nicht die Schlußfolgerung, daß die Parteien an der Ausübung der Staatsgewalt partizipieren. Es lasse sich daher weder aus dem Grundsatz der Volkssouveränität noch aus Art. 21 GG ein Verbot der Mitgliedschaft von Fremden ableiten. Trautmann[89] sieht es als Aufgabe der Parteien an, der Aktivbürgerschaft Partizipation an der „Staatsgewalt zu vermitteln". Die Problematik einer Teilnahme von Fremden an der Staatsgewalt wird jedoch nicht diskutiert, obgleich die Möglichkeit einer Mitgliedschaft von Fremden gesehen und positiv gewertet wird (S. 204). Gemeinsam ist diesen Stellungnahmen, daß sie einerseits zwar die verfassungsrechtliche Stellung der Parteien richtig einschätzen, andererseits

[83] *Ullrich,* Grenzen der Vereinigungsfreiheit, S. 28; *Friederichsen,* Die Stellung des Fremden, S. 277.

[84] *Sasse,* Kommunalwahlrecht für Ausländer, S. 23, 30, 31; *Rolvering,* Die Rechtsgarantien für eine politische Betätigung von Ausländern, S. 76.

[85] *Bender,* Zur Kritik des Ausländerrechts, S. 113.

[86] *Zuleeg,* Grundrechte für Ausländer, DVBl. 1974, 341, 347; ders., Die staatsrechtliche Stellung der Ausländer in der Bundesrepublik Deutschland, DÖV 1973, 361, 370.

[87] *Dolde,* Die politischen Rechte der Ausländer, S. 142.

[88] *Lamers,* Repräsentation und Integration der Ausländer, S. 94.

[89] *Trautmann,* Innerparteiliche Demokratie, S. 183.

aber den sachlichen Zusammenhang zwischen Parteien, Volks- und Staatswillensbildung, der Kontrolle des politischen Entscheidungsprozesses und der damit verbundenen Einflußnahme auf die Ausübung der Staatsgewalt durch Fremde außer Acht lassen bzw. daraus keine rechtlichen Folgerungen ziehen[90].

Die Gegner einer Mitgliedschaft von Fremden stützen sich u. a. auf die inneren Zusammenhänge zwischen dem Staatsvolk, den politischen Parteien und den Staatsorganen. Sie verweisen auf den Funktionswandel der Parteien und die Tatsache, daß die Parteien in weiten Bereichen stellvertretend für das Volk stehen und für dieses Entscheidungen mitbestimmen bzw. als Regierungspartei treffen. Ausdrücklich gegen eine politische Willensbildung des Staatsvolks durch Fremde in leitenden Positionen politischer Parteien spricht sich Weißmann aus[91] und bezieht sich dabei auf den inneren Zusammenhang zwischen der politischen Willensbildung durch die Regierung, Gesetzgebungsorgane, Wahlausübung und Parteien. Wenn die Parteien in einem gewissen Maße dazu berufen seien, die Aktivbürgerschaft zu mediatisieren, müßten sie auch in ihrer Mitgliederstruktur demokratie-konform verfaßt sein, argumentiert Isensee[92]. Die Parteifreiheit aber legitimiere sich wesentlich aus der Zugehörigkeit zum Staatsvolk. Doehring stützt sich auf den Demokratiebegriff, der neben der Mitbestimmung den Willen zur Mitverantwortung umfasse. Da der Fremde sich den Folgen seiner Entscheidung durch eine Rückkehr in sein Heimatland entziehen könne, hält Doehring die Mitwirkung von fremden Staatsangehörigen für bedenklich[93]. Nach Heuer[94] haben Fremde kein durch die Verfassung geschütztes Recht, sich an der Vorformung des staatlichen Willens ihres Gastlandes zu beteiligen. Marxen[95] macht die Wahrnehmung politischer Rechte von der Zugehörigkeit zu dem Staatsvolk abhängig. Forch[96] stützt sich auf die Vorstellung des Grundgesetzes, nach der nur die Glieder der eigenen Volksgemeinschaft an den staatsbürgerlichen Rechten teilhaben könnten. Daraus folgert er, daß die Führungsrolle eines Ausländers in einer Partei über das zulässige Maß der Einflußnahme auf die politische Willensbildung hinausgehe und daher undenkbar sei[97]. Thomsen[98]

---

[90] Vgl. *Grabitz*, Europäisches Bürgerrecht, S. 48; *Henkel*, Politische Integration und Repräsentation ausländischer Arbeitnehmer in der Bundesrepublik Deutschland, ZRParl 1971, 91 ff.

[91] *Weißmann*, Ausländergesetz, § 6 Anm. 5.

[92] *Isensee*, Staatsrechtliche Stellung der Ausländer, VVDStRL 32, S. 98.

[93] *Doehring*, Staatsrechtliche Stellung der Ausländer, VVDStRL 32, S. 37.

[94] *Heuer*, Politische Betätigung von Ausländern und ihre Grenzen, S. 36; ebenso *Tomuschat*, Zur politischen Betätigung des Ausländers, S. 56 ff.

[95] *Marxen*, Ausländerrecht, § 6 Rdnr. 7.

[96] *Forch*, Die Freiheitsrechte der ausländischen Arbeitnehmer in Deutschland, S. 80, 81.

argumentiert, daß es für eine repräsentative Demokratie weder konstitutiv sei, noch rechtsstaatlicher Tradition entspreche, Fremde an der Kontrolle der die Staatsbürger „repräsentierenden“ Politiker teilhaben zu lassen. Seifert[99] bezieht sich auf die veränderte Stellung der Parteien, wenn er ausführt, eine Parteimitgliedschaft von Ausländern entspreche zwar dem Herkommen, sei aber mit der Eingliederung der Parteien in das Verfassungsgefüge schwerlich noch in Einklang zu bringen. So hätten gerade die Mitglieder von Parteivorständen den gleichen Einfluß auf die politische Willensbildung im Staate wie die Abgeordneten, die aber nach den Wahlgesetzen Staatsangehörige sein müßten (S. 241).

Die Rechtsprechung hat zu einer Mitgliedschaft von Fremden, soweit ersichtlich, noch nicht direkt Stellung genommen. Ohne näher auf die Problematik einzugehen, definiert das BVerfG[100] politische Parteien als Vereinigungen von Staatsbürgern, die Einfluß auf die staatliche Willensbildung erstreben. Der BGH[101] folgert aus Sinn und Zweck des Art. 21 GG, daß es sich bei den politischen Parteien um Vereinigungen von Staatsbürgern handeln müsse. Stein[102] folgert aus der Rechtsprechung des BVerfG, daß die politischen Parteien Vereinigungen von Staatsbürgern seien.

Eigene Stellungnahme

Durch Art. 21 GG sind die Parteien aus dem politisch-soziologischen Bereich, den sie mit anderen sozialen Gruppen teilen, herausgehoben und in den Verfassungsaufbau einbezogen worden[103]. Heute geht es nicht mehr um die soziologische Erfassung der Parteien, sondern um ihre verfassungsrechtliche Einordnung, um die Legitimation ihrer Macht. Die Diskussion um eine Mitgliedschaft von Fremden in den politischen Parteien der Bundesrepublik entspringt nicht einer veränderten Einstellung gegenüber Fremden. Vielmehr ist die veränderte Stellung der politischen Parteien in dem heutigen Verfassungsleben

97 Vgl. auch *Lintz*, Die politischen Parteien im Bereich der kommunalen Selbstverwaltung, S. 32: „Ihrem Wesen nach sind sie (die Parteien) Verbindungen von Staatsbürgern ‚auf Grund gemeinsamen Denkens und Wollens mit Bezug auf Staat und Gesellschaft‘.“

98 *Thomsen*, Die politische Betätigung von Ausländern nach deutschem Verfassungs- und Verwaltungsrecht, S. 83.

99 *Seifert*, Parteien, S. 207; vgl. *Krüger*, Diskussionsbeitrag, VVDStRL 17, 106, wonach die Parteien Formen der politischen Selbstgestaltung des Volkes seien.

100 BVerfGE 3, 383, 403; BVerfG v. 17. Januar 1978 — 2 BvR 487/76 — in: EuGRZ 1978, 67, 68; BVerfG v. 24. 7. 1979 in: NJW 1979, 1815.

101 BGHSt 19, 51, 54.

102 *Stein*, Staatsrecht, S. 157.

103 *Lamers*, Repräsentation und Integration der Ausländer, S. 94.

der Anknüpfungspunkt für die kritische Diskussion einer Parteimitgliedschaft von Fremden[104].

Das Staatsvolk bedient sich der Parteien als Instrument zur Ausübung seiner Staatsgewalt[105]. Über die Parteien kann der Bürgerwille auch zwischen den Wahlen verwirklicht werden[106]. Die Einwirkung der Parteien auf die Personalpolitik, die Auswahl der Parlamentsbewerber und Kandidaten für die Besetzung der Staatsorgane gibt ihnen Einfluß auf Regierungen und Parlamente, auf den Staat und die Staatsform[107]. Das Schwergewicht der politischen Parteien liegt in der Teilnahme an den Wahlen, der Formulierung des Volkswillens und der Einflußnahme auf die Staatswillensbildung[108]. Die Machtstellung der Parteien auf allen Ebenen des staatlichen Aufbaus und der bestimmende Einfluß auf alle Grundentscheidungen[109] verlangt eine Legitimation. Denn gerade die Transformation gesellschaftlicher Anliegen in staatliche Willensbildung unterliegt demokratischen Legitimationsforderungen. Die Zentren, die die Umsetzung der Meinungsbildung des Volkes in einen staatlichen Willen steuern, müssen demokratisch strukturiert sein. Das demokratische Prinzip verlangt nicht, daß alle staatlichen Entscheidungen von dem Volk selber getroffen werden. Es fordert aber, daß die Kräfte, die auf die staatlichen Entscheidungen über die Verknüpfung von Volkswillen und Staatswillen[110] im Auftrag der Verfassung[111] in so exponierter Weise Einfluß nehmen, durch das eigene Volk legitimiert sind. Es muß eine Rückkoppelung zwischen den Parteien und dem Staatsvolk bstehen. Diese liegt in der gemeinsamen Zugehörigkeit zu einem Staatsverband. Die Parteien sind berechtigt, den Willen des Volkes zu formulieren und in die staatlichen Entscheidungsprozesse einzubringen bzw. über ihre Parteimitglieder in staatliche Entscheidungen umzusetzen, soweit sie aus Angehörigen des Volkes, dessen Willen sie bilden, bestehen, d. h. solange sie ein Teil (‚pars') des übergeordneten Staatsganzen sind[112]. Weil nach Art. 20 Abs. 2 Satz 1 GG „alle" Staatsgewalt von dem eigenen Volk ausgeht, müssen auch die an der Umwandlung der gesellschaftlichen Ideen in staatliche Willensentscheidungen[113] beteiligten Parteimitglieder sich aus Staatsangehörigen zu-

---

[104] *Seifert*, Parteien, S. 207.

[105] *Schäfer*, Die Funktion von Bundesparteitagen im föderativen modernen Parteienstaat, S. 287, 288.

[106] BVerfGE 20, 56, 100 ff.

[107] *Kriele*, Das demokratische Prinzip im Grundgesetz VVDStRL 29, 66.

[108] *Dolde*, Die politischen Rechte der Ausländer, S. 142.

[109] *Henke*, Die Parteien im Staat des Bonner Grundgesetzes, DÖV 1958, 646, 650.

[110] *Model / Müller*, Grundgesetz, Art. 21, 1.

[111] BVerfGE 20, 56, 101; *Model / Müller*, Grundgesetz, Art. 21, 1.

[112] *v. d. Heydte*, Soziologie der deutschen Parteien, S. 8 ff.

[113] *Piepenstock*, Politische Vereinigungen unter dem Grundgesetz, S. 47, 48.

sammensetzen. Es fehlt an eigener Legitimation durch das Volk, wenn die personelle Identität von Parteimitgliedern und dem Staatsvolk aufgehoben wird[114]. Nur wenn sie ein Teil des Volkes sind, können die Parteien gegenüber dem Träger aller Staatsgewalt, dem Volke, das ja auch weiterhin die Totalverantwortung[115] für alle staatlichen Entscheidungen trägt, die Verantwortung tragen. Sind sie nicht ein Teil des Volkes, dann sind sie diesem nur bedingt verantwortlich. Sie können sich der Kontrolle entziehen und ihre Verantwortung verflüchtigt sich in der Anonymität[116]. Die Parteien, die nach der authentischen Interpretation des Grundgesetzes durch das BVerfG materiell Aufgaben von Verfassungsorganen wahrnehmen, müssen um der Rechtfertigung dieser Aufgabenübertragung wegen, dauernd und unentrinnbar der Kontrolle und den Folgen ihrer Politik unterworfen sein[117]. Verzichtet man auf die Verantwortung der Parteien vor der Gesamtheit des Volkes, so gibt man „die ideellen Grundlagen unserer Verfassungsordnung" preis[118]. Die Parteipolitik wird dann nur noch der Kampf um die Macht zum Nutzen der eigenen Partei, nicht des Gemeinwesens.

Es ist bedenklich, von dem Streben um eine weitgehende Gleichheit von Staatsfremden auf dem Gebiet der wirtschaftlichen Betätigung auf den politischen Bereich zu schließen. Das Politische beschäftigt sich mit den existentiellen Fragen des Gemeinwesens[119]. An deren Beantwortung und Verwirklichung mit Hilfe der politischen Parteien können nur diejenigen teilhaben, deren Existenz mit der Antwort auf diese Fragen verbunden ist. Folgt man der Rechtsprechung und Lehre, die in richtiger Einschätzung davon ausgehen, daß es die politischen Parteien sind, die diese Fragen weitgehend formulieren und in die staatlichen Entscheidungsprozesse einbringen, dann ist es nur folgerichtig, daß auch die Mitgliedschaft in diesen, im Mittelpunkt des staatlichen Lebens stehenden Organisationen, der veränderten Stellung der Parteien im Verfassungsgefüge angepaßt wird. Wer sich zu der tragenden Rolle der Parteien bekennt, kann sich nicht den Konsequenzen dieser Einordnung entziehen. Das würde wenig vom Verständnis der modernen Parteiendemokratie spüren lassen[120]. Darauf, daß eine Mitglied-

---

[114] Zur Identität von Parteimitglied und Aktivbürgerschaft vgl. *Leibholz*, Der Parteienstaat des Bonner Grundgesetzes, S. 106.

[115] *Doehring*, Diskussionsbeitrag, in: Grundrechtsschutz in Europa, S. 81 ff.; ders., Der Autoritätsverlust des Rechts, S. 103, 118.

[116] *Doehring*, Staatsrechtliche Stellung der Ausländer, VVDStRL 32, S. 37; auf die Gefahren, die von der Anonymität der Verantwortung für die Demokratie ausgehen, weist *Doehring* hin, in: Der Autoritätsverlust des Rechts, S. 103, 118.

[117] *Forsthoff*, Der Staat der Industriegesellschaft, S. 88.

[118] *Grewe*, Zum Begriff der politischen Partei, S. 65, 82.

[119] *Leibholz*, Der Parteienstaat des Bonner Grundgesetzes, S. 111.

[120] *Seifert*, Parteien, S. 241.

schaft von Fremden dem Prinzip der Volkssouveränität und der Verpflichtung des Grundgesetzes zu einer demokratischen Staatsform widerspricht, wurde bereits eingegangen (s. o. Dritter Teil, 4.).

Diese Auffassung unterliegt der Kritik. Sie entzündet sich an der Diskussion über ein Wahlrecht für Fremde, das von verschiedenen Seiten, teils auf Bundes- und Landesebene, teils auf Gemeindeebene, gefordert oder für verfassungsrechtlich vertretbar erachtet wird[121]. Als Argumente für eine Verleihung des Wahlrechts werden dabei in's Treffen geführt, der Staatsfremde werde nach jahrelangem Aufenthalt in dem Gastland integriert sein und habe oft mehr Verständnis für die Belange dieses Staates als die Masse der Bevölkerung[122]. Bei ihnen sei ebenso ein „permanent fixed interest" in die Belange der Gemeinschaft gegeben[123] wie bei Staatsangehörigen. Zuleeg argumentiert[124], die Idee demokratischer Partizipation sei nicht an die Staatsbürgerschaft geknüpft, denn das Recht auf Teilnahme am politischen Entscheidungsprozeß beruhe auf dem Bild der eigenverantwortlichen Persönlichkeit, die selbst über ihr Schicksal und zusammen mit anderen auch über das der Gemeinschaft befinden könne.

Diese Argumentation übersieht, daß der Fremde auch noch nach längerem Aufenthalt in dem Gastland in einem Pflichten- und Weisungsverhältnis zu seinem Heimatstaat steht. Die Interessen seines Heimatstaates können ihn in einer Konfliktsituation veranlassen, eine Politik zu verfolgen, die den Interessen des Gastlandes nicht dienlich sind[125]. Der Fremde gehört auch nach längerem Aufenthalt nicht zu der Schicksalsgemeinschaft seines Gastlandes. Sein Schicksal ist ein anderes als dasjenige des Gastlandes. Denn es ist unentrinnbar mit dem des Gastlandes verknüpft. Die Bestimmung über die politischen Entscheidungen des Gemeinwesens ist das Vorrecht der politischen Gemeinschaft[126].

---

[121] *Zuleeg*, Zur staatsrechtlichen Stellung der Ausländer in der Bundesrepublik Deutschland, DÖV 1973, 361, 370; ders., Grundrechte für Ausländer, DVBl 1974, 341, 347, 348. *Lamers*, Repräsentation und Integration der Ausländer, S. 56 ff., 70. *Ruland*, Wahlrecht für Ausländer, JuS 1975, 9, 12, 13; *Behrend*, Kommunalwahlrecht für Ausländer, DÖV 1973, 376, 377 ff.; *Dolde*, Die politischen Rechte der Ausländer, S. 75 ff.; *v. Frisch*, Das Fremdenrecht, S. 352 ff.; *Grabitz*, Europäisches Bürgerrecht, S. 110 ff.; *Henkel*, Interpretation und Repräsentation, S. 91, 106 ff.; *Rolvering*, Die Rechtsgarantien für eine politische Betätigung von Ausländern, S. 77 ff.; *Sasse*, Kommunalwahlrecht für Ausländer, S. 33 ff.; *Scheuner*, ArchKommWiss 1973, 20.

[122] *Dolde*, Die politischen Rechte der Ausländer, S. 76; *v. Frisch*, Das Fremdenrecht, S. 353.

[123] *Dolde*, Die politischen Rechte der Ausländer, S. 76.

[124] *Zuleeg*, Grundrechte für Ausländer, DVBl 1974, 341, 347; ders., Zur staatsrechtlichen Stellung der Ausländer in der Bundesrepublik Deutschland, DÖV 1973, S. 361, 370, ders. VVDStRL 32, 111.

[125] *Ruland*, Wahlrecht für Ausländer?, JuS 1975, S. 9, 11.

[126] *Tomuschat*, Zur politischen Betätigung des Ausländers, S. 56 ff.; *Ruppel*, Der Grundrechtsschutz der Ausländer im deutschen Verfassungsrecht, S. 168 ff.

Dabei handelt es sich nicht nur um ein Recht, sondern um eine Obliegenheit[127], der sich die Staatsangehörigen nicht entziehen können und deren Konsequenzen sie zu tragen haben. Das übersieht Dolde[128], wenn er sich gegen die These wendet, Staatsangehörige könnten sich nicht jederzeit in das Ausland „absetzen". Dolde verweist auf das Elfes-Urteil des BVerfG[129] und darauf, daß die Auswanderungsfreiheit als Menschenrecht konzipiert sei und folgert dann, ein Deutscher, dem die politischen Verhältnisse in der Bundesrepublik mißliebig seien, könne i. d. R. nicht am Verlassen des Bundesgebietes gehindert werden. Hier stellt sich doch sogleich die Frage, wohin der Staatsangehörige auswandern kann. Solange ein fremder Staat den Auswanderungswilligen nicht aufnimmt, bleibt er seinem Heimatstaat unentrinnbar verpflichtet. Kein Staat ist völkerrechtlich verpflichtet, einen Auswanderer, dem die politischen Verhältnisse seines Heimatlandes nicht gefallen, aufzunehmen[130]. Doehring[131] hat zu Recht darauf hingewiesen, daß die soziale Gemeinschaft ihren Sinn verliert, wenn sie zu einer „Zufalls- und Opportunitätsgemeinschaft" wird und die Demokratie ihres Sinnes entleert wird, wenn der Mitentscheidende die Folgen seiner Entscheidung nicht tragen muß, weil er das Gastland verlassen kann[131]. Isensee[132] verweist zudem auf die Ausgleichsfunktion, die den politischen Teilhaberechten zukomme. Der Teilhabe der Staatsangehörigen an der Selbstbestimmung des Staatsverbandes komme ein Ausgleich für eine „lebenslange, unentrinnbare Angewiesenheit auf den Verband" zu.

Die Argumente sollen nicht ausschließlich aus der Diskussion im eigenen Land gewonnen werden. Die Erfahrungen anderer Staaten können dazu beitragen, den eigenen Blick zu weiten. Als ein Staat mit einer über 200jährigen demokratischen Staatsform und als das große Einwandererland der Geschichte sind die Vereinigten Staaten von Amerika in besonderem Maße berufen, in der Diskussion um die Verleihung politischer Rechte an Fremde auf ihre Erfahrungen untersucht zu werden.

---

[127] *Henke*, Bonner Kommentar, Art. 21 GG Rndnr. 6.

[128] *Dolde*, Die politischen Rechte der Ausländer, S. 69 ff.

[129] BVerfGE 6, 32, 41 f.

[130] Es sei nur an die Schwierigkeiten der ein Exil suchenden Deutschen in den Jahren 1933—1945 erinnert, *Ruland*, Wahlrecht für Ausländer, JuS 1975, 9, 11.

[131] *Doehring*, Staatsrechtliche Stellung der Ausländer, VVDStRL 32, S. 37.

[132] *Isensee*, Staatsrechtliche Stellung der Ausländer, VVDStRL 32, 93.

Fünfter Teil

Die Mitgliedschaft von Fremden in politischen Parteien der Vereinigten Staaten von Amerika

Einleitung

Die Vereinigten Staaten sind traditionell ein Einwanderungsland. Fremde aus allen Teilen der Welt strömten vor allem während der Aufbauphase des 18. und 19. Jahrhunderts in die USA ein[1]. So haben sich die Vereinigten Staaten mehr als jeder andere Staat von Anfang an mit der Integration von Fremden beschäftigt. Ein breitgespanntes Spektrum umschließt so kontrovers diskutierte Fragen wie die Verleihung eines Wahlrechts an Fremde, die Mitgliedschaft in politischen Parteien und Fragen der Meinungsfreiheit in politischen Bereichen. Eine Reihe von Gliedstaaten haben Fremden schon zu einer Zeit ein allgemeines, gleiches Wahlrecht verliehen, als in der übrigen Welt noch nicht einmal den eigenen Staatsangehörigen ein Wahlrecht zugestanden wurde. Ferner gelten die Vereinigten Staaten als der Parteienstaat par excellence[2]. Insoweit sind die Vereinigten Staaten anderen Staaten in der Entwicklung dieser Frage weit voraus gewesen und haben die Gedankenwelt auf diesem Gebiet nachhaltig beeinflußt. Von Frisch schrieb in seinem 1910 herausgegebenen Lehrbuch „Das Fremdenrecht" über die politischen Rechte der Fremden (S. 353): „Das unbedingte Festhalten an diesem Prinzip (daß kein Staat den subditi temporarii eine Mitregierung im Staate zugestehen könne) erscheint mir als eine Übertreibung formeller Vorschriften. Fremde, die Jahrzehnte lang im Staate leben, haben oft viel mehr Interesse und Verständnis für die Bedürfnisse des Landes als die Masse der politisch indifferenten Eingeborenen. Dies haben die Amerikaner mit scharfem Blick erkannt und, soviel bekannt ist, mit der Zuteilung von politischen Berechtigungen an Fremde keine schlechten Erfahrungen gemacht. In Europa hat man sich bis jetzt vor einem solchen Schritt gescheut." Auf diese Argumentation stützen sich auch heute Befürworter einer politischen Integration von Fremden[3]. Allerdings konnte v. Frisch 1910

---

[1] *Steiner / Vagts*, Transnational Legal Problems, S. 18.

[2] *Loewenstein*, Verfassungsrecht und Verfassungspraxis der Vereinigten Staaten, S. 142.

[3] *Dolde*, Die politischen Rechte der Ausländer, S. 76.

noch nicht voraussehen, daß die Amerikaner bis 1928 in allen Gliedstaaten das Wahlrecht Fremden wieder entziehen würden. Auch auf dem Gebiet des Parteienrechts lassen sich entsprechende Entwicklungen aufzeigen. Diese stehen im Mittelpunkt der folgenden Ausführungen und sollen als Anregung zur eigenen innerstaatlichen Diskussion verstanden werden, zumal von verschiedenen Seiten wiederholt behauptet worden ist, die Bundesrepublik habe sich ebenfalls zu einem Einwandererland entwickelt.

Erster Abschnitt

Fremde als Parteimitglieder

1. Die politischen Parteien in den Vereinigten Staaten

Die Parteien werden in der Verfassung der Vereinigten Staaten nicht erwähnt[4]. Auch die Ergänzungsartikel zu der Verfassung von 1776 gehen auf die politischen Parteien nicht ein.

Von den Gerichten werden sie als freiwillige, dem privaten Bereich[5] zugeordnete Vereinigungen anerkannt, deren Gründungs- und Existenzrecht dem Grundrecht der Meinungs-, Versammlungs- und Petitionsfreiheit sowie dem Wahlrecht entstammt[6]. Sie verlassen ihren Status als privatrechtliche Vereinigungen, sobald sie Kandidaten für öffentliche Wahlämter nominieren. Die Parteien fungieren dann als staatliche Stellen, „state agencies"[7], während in der Bundesrepublik die Kandidatennomination eine „private" Parteiveranstaltung ist, die nicht unter staatlicher Aufsicht steht.

Eine gesetzliche Regelung des Parteienrechts setzte Ende des 19. Jahrhunderts ein. Da das Parteienrecht u. a. als Ausfluß des Wahlrechts angesehen wird[8], richtet sich die Gesetzgebungskompetenz nach der Regelung des Wahlrechts in der Bundesverfassung. Danach steht dem Bund, soweit es um die Wahl der Bundesorgane geht, die konkurrie-

[4] *Löwenstein*, Verfassungsrecht und Verfassungspraxis der Vereinigten Staaten, S. 144, 156.

[5] Dem privaten Bereich zugeordnet soll ausdrücken, daß sie nicht staatliche Einrichtungen sind.

[6] *Löwenstein*, Verfassungsrecht und Verfassungspraxis der Vereinigten Staaten, S. 157; Cooper v. Cartwright, 195 P. 2d. 290, 293 (1948).

[7] Smith v. Allwright, 321 U. S. 649, 663 (1943); Notes, Developments in the Law-Elections, 88 Harv. L. Rev. 1111, 1153. Im Gegensatz zur Bundesrepublik ,in der die Kandidatennominierung grundsätzlich als parteiinterne Angelegenheit gewertet wird, *Schreiber*, Kommentar zum BWG, § 21 Anm. 3, S. 278.

[8] *Löwenstein*, Verfassungsrecht und Verfassungspraxis in den Vereinigten Staaten, S. 157.

rende Gesetzgebung auch im Parteienrecht zu[9]. Den Staaten steht die ausschließliche Kompetenz zu, die Parteiorganisation zu regeln, soweit es sich um Wahlen von Organen der Einzelstaaten handelt[10]. Grundsätzlich sind es die Staaten, die die rechtliche Stellung der Partei nach außen und deren innere Parteienorganisation regeln, denn der Bund hält sich traditionell auf diesem Gebiet sehr zurück, indem er seine konkurrierende Gesetzgebungskompetenz nicht ausschöpft. „The Framers of the Constitution intended the States to keep for themselves, as provided in the Tenth Amendment, the power to regulate elections[11]."

2. Die Mitgliedschaft in politischen Parteien der Vereinigten Staaten

Da der Bund von seiner Gesetzgebungskompetenz zum Parteienrecht bisher keinen Gebrauch gemacht hat, gibt es z. Z. 50 einzelstaatliche gesetzliche Regelungen, die sich mit politischen Parteien befassen. Diese sind bisweilen ausführlicher[12], bisweilen umfassen sie nur Teilbereiche[13].

Um an den in allen Bundesstaaten gesetzlich normierten Vorwahlen der Parteien (primaries) teilnehmen zu können, muß sich der Wähler zumindestens bei den geschlossenen Vorwahlen in sog. Wählerlisten (voting lists) eintragen lassen, und zwar in die voting list der Partei, deren Kandidaten er auszuwählen beabsichtigt[14]. Auf diese Weise wird allen Wahlberechtigten eine unmittelbare Mitbestimmung bei der Auswahl der Kandidaten gesichert. Hierin liegt ein wesentlicher Unterschied zu dem System der Bundesrepublik. Die Vereinigten Staaten ziehen aus dem funktionalen Verbund zwischen den Parteien, der Kandidatenauswahl und der eigentlichen Wahl die Konsequenzen und öffnen schon die Kandidatenauswahl praktisch jedem Wahlberechtigten[15]. Diese so begründete Mitgliedschaft wird nicht als Rechtsverhältnis ge-

[9] Art. I, Section 4, cl. 1: "The Times, Places and Manner of holding Elections for Senators and Representatives, shall be prescribed in each State by the Legislature thereof; but the Congress may at any time by Law make or alter such Regulations, except as to the Places of chusing Senators."

[10] Ergänzungsartikel 10 beschränkt die Gesetzgebungskompetenz des Bundes auf die in der Verfassung angezeigten Kompetenzen. Das Wahlrecht der Staatenorgane zählt nicht dazu.

[11] Oregon v. Mitchel, 400 U. S. 112, 124, 125 (1970). Sugarman v. Dougall, 413 U. S. 634, 647 (1973); Tenth Amendment: "The powers not delegated to the United States by the Constitution, nor prohibited by it to the States, are reserved to the States respectively, or to the people."

[12] Vgl. Massachusetts General Laws Annotated, Ch. 50—57.

[13] Code of Georgia, § 34—902 überläßt den Parteien den parteiinternen Aufbau.

[14] *Ranney / Kendall,* Democracy and the American Party System, S. 205.

[15] *Henkel,* Die Auswahl der Parlamentsbewerber, S. 43.

wertet[16]. Weder bewirbt man sich um eine Mitgliedschaft, noch führt diese zu weitergehenden Verpflichtungen. So werden gewöhnlich weder Mitgliedschaftsbeiträge eingezogen noch wird erwartet, daß das Parteimitglied sich aktiv für die Partei einsetzt, diese unterstützt oder sich auch nur zu ihr bekennt[17]. Diese vollkommen lose Form der Mitgliedschaft ist im Vergleich zu der deutschen Regelung eher als Anhängerschaft zu bezeichnen. Sie ist eine ungezwungene Angelegenheit (casual affair), undogmatisch, informell. Schon bei der nächsten Vorwahl kann der Wähler zu der Gegenpartei überwechseln, indem er sich in deren Wählerliste eintragen läßt[18].

Für die Parteien besteht zumindestens bei der Vorwahl ein grundsätzlicher Aufnahmezwang. Sie können Beitrittswillige weder ablehnen noch ausschließen[19]. Der Grund dafür ist in dem System der Vorwahlen zu suchen. In den Vorwahlen wählen die Parteimitglieder unter mehreren Bewerbern ihren Kandidaten für die Endwahlen. Erst dann folgt die eigentliche Wahl, in der die zuvor in den Vorwahlen gewählten Kandidaten der einzelnen Parteien gegenüberstehen. In vielen Staaten sind die Vorwahlen schon eine Vorwegnahme der eigentlichen Wahl, da diese aufgrund bisheriger eindeutiger Mehrheitsverhältnisse sichere Wahlkreise sind, und damit die eigentliche Wahl nur zu einer Legitimation der schon vorweg getroffenen Entscheidung wird.

Die Gerichte haben nach längerem Ringen die Vorwahlen den eigentlichen Wahlen gleichgestellt und die Wahlrechtsgrundsätze auf die Vorwahlen übernommen[20]. Dazu ist der Gleichheitssatz zu zählen. Jeder, der die Wählerqualifikationen erfüllt, hat das Recht, an der Wahl teilzunehmen. Übertragen auf die Vorwahlen bedeutet das, daß zumindestens jeder Wahlberechtigte an den Vorwahlen der Parteien teilnehmen kann. Da die Parteimitgliedschaft bei den Vorwahlen Voraussetzung der Stimmabgabe ist[21], steht grundsätzlich jedem Wahlberechtigten das Recht zu, sich in eine der Parteilisten einzutragen.

---

[16] s. zum deutschen Parteienrecht *Seifert*, Parteien, S. 211.

[17] *Kester*, Constitutional Restrictions on Political Parties, 60 Virginia Law Review, 735, 760, 761.

[18] Der Wähler braucht i. d. R. nur eine einfache schriftliche Erklärung dem board of registrars zukommen zu lassen, die seinen Beitritt, Austritt oder Überwechseln zu einer anderen Partei anzeigt, s. z. B. Massachusetts General Law Annotated, Ch. 53 § 38 "... a voter may ... establish change or cancel his enrollment by forwarding to the board of registrars of voters a certificate signed by such voter ... requesting to have his enrollment established with a party, changed to another party, or cancelled ...".

[19] *Löwenstein*, Verfassungsrecht und Verpassungspraxis der Vereinigten Staaten, S. 357.

[20] Nixon v. Herndon, 273 U. S. 536 (1926); United States v. Classic, 313 U. S. 299 (1941); Smith v. Allwright, 321 U. S. 649 (1944); Terry v. Adams, 345 U. S. 461 (1953).

[21] s. z. B. Alabama Laws, Legislature of Alabama, Vol. IV, Act Nr. 1196 v.

a) Die Parteimitgliedschaft im sozialen Sinn

Als Parteimitglied im sozialen Sinn kann man sich entweder selber deklarieren oder man wird als solches angesehen. Geldspenden, mehrfache Teilnahme an Parteiaktivitäten, freiwillige Mitarbeit in einer Partei begründen eine Parteimitgliedschaft im sozialen Sinn. Oder aber der Wähler identifiziert sich selber mit einer Partei, indem er z. B. auf Befragen angibt, er gehöre einer Partei an. Nach Angaben Ranney's[22] betrachten sich die meisten Amerikaner (74 %) als Mitglied (member) der republikanischen oder demokratischen Partei, ohne aber sich in irgendeiner Weise zum aktiven Einsatz in der Partei verpflichtet zu fühlen.

b) Die Parteimitgliedschaft im rechtlichen Sinn

Um im rechtlichen Sinn Mitglied einer Partei zu werden, muß sich der Bewerber bei einer staatlichen Stelle als Parteimitglied registrieren lassen. Die meisten Staaten verlangen ein nach außen hin erkennbares „bona fide“ Bekennen zu der Partei, der der Betreffende beizutreten beabsichtigt (partyaffiliation test). Teilweise muß der Wähler versichern, er werde die Partei bei der Endwahl wählen, oder er habe diese Partei schon bei der letzten Wahl gewählt und werde das auch diesmal fortsetzen. Diese Versicherungen sind im allgemeinen nicht überprüfbar und schon aus diesem Grunde nicht durchsetzbar[23].

3. Der Aufbau amerikanischer Parteien

Der Aufbau amerikanischer Parteien wird durch staatliche Gesetze und parteiinterne Regelungen bestimmt. Wenn auch die Struktur von Land zu Land unterschiedlich sein kann, so lassen sich doch übereinstimmende Organisationsstrukturen aufzeichnen:

Die kleinste Einheit im Aufbau amerikanischer Parteien bilden die über 200.000[24] Wahlkreise (precinct). Diese unterste Ebene der Partei hält unmittelbar Kontakt zu den Wählern und ist aufgrund der sich daraus ergebenden Einflußmöglichkeiten für die Partei von bedeutendem Gewicht. Die Wahl der Vorsitzenden (committeemen und committeewomen oder precinct captain) erfolgt im Zusammenhang mit den Vorwahlen oder in einer Parteiversammlung. Der oder die gewählten

---

10. 10. 1975, Sec. 1 “A primary election, within the meaning of this Act, is an election held by the qualified voters, who are *members* of any political party ...“

[22] *Ranney / Kendall*, Democracy and the American Party System, S. 203.

[23] *Ranney / Kendall*, Democracy and the American Party System, S. 207.

[24] *Madron / Chelf*, Political Parties in the United States, S. 105; *Keefe*, Parties, Politics, and Public Policy in America, S. 14.

Parteivorsitzenden sind für alle in dem Wahlkreis anfallenden Aufgaben zuständig. Da amerikanische Parteien nahezu ausschließlich „Wahlkampfmaschinen" sind, ist die Aufgabe eines Wahlkreisvorsitzenden oftmals die eines „campaign managers". D. h. er sorgt für public relations, Geldzuwendungen, für die Registrierung von Wahlberechtigten, die Teilnahme von Parteianhängern an den Vorwahlen und Endwahlen. Dem föderalistischen System der USA entsprechend, sind die Parteiführer auf allen Ebenen des organisatorischen Aufbaus sehr frei in ihrer Organisationstätigkeit[25]. Zwischen Wahlkreisebene und nächsthöherer Ebene (county) kann noch ein „ward" liegen. Ein „ward" umfaßt mehrere Wahlkreise. Die Leitung eines „wards" ist mit der eines Wahlkreises zu vergleichen, umfaßt aber naturgemäß eine größere Organisation. Die Organisationstätigkeit gehört mit zu den Hauptaufgaben eines „ward leaders"[26]. Dem folgt die Ebene der „counties". Ein county ist mit einem Kreis vergleichbar. Im county sind alle Einzelwahlkreise des counties zusammengefaßt. Counties sind die Zwischenstufen zwischen der Partei auf Staatsebene und den unteren Organisationsstufen (ward und precinct). Handelndes Organ auf county Ebene ist das county committee und der county chairman. Das county committee wird entweder von allen Parteimitgliedern im Zusammenhang mit den Vorwahlen gewählt oder auf Parteiversammlungen. Bisweilen setzt es sich aus den Vorsitzenden der Einzelwahlkreise zusammen[27]. Als Verbindungsglied zwischen Parteileitung auf Staatsebene und den kleineren Parteileitungen auf Wahlkreisebene sind sie für die Partei auf Staatsebene unentbehrlich.

Die wichtigste Parteiebene ist die auf Landesebene. Sie setzt sich aus state convention, state committee und state chairman zusammen. Das state committee besteht aus Delegierten der county committees, wird im Zusammenhang mit den Vorwahlen von allen Parteimitgliedern des Staates gewählt oder auf Parteitagen[28]. Hauptaufgabe des state committees ist die Formulierung und Beschlußfassung eines Parteiprogramms, die Wahl der Delegierten für die Bundesversammlung, die Diskussion der Parteipolitik auf Landesebene[29]. Das state committee ist ferner zuständig für die Schlichtung von parteiinternen Konflikten, die Auswahl von Kandidaten und für „fund raising" Veranstaltungen. An der Spitze der Partei steht der Parteivorsitzende als prominentestes Parteiorgan und wichtigstes Exekutivorgan. Er leitet das Parteihaupt-

---

[25] *Madron / Chelf,* Political Parties in the United States, S. 105.

[26] *Madron / Chelf,* Political Parties in the United States, S. 107.

[27] Die Mitgliederzahl im county committee schwankt zwischen wenigen (10—12) bis zu sehr umfangreichen committees (3000). Angaben aus *Madron / Chelf,* Political Parties in the United States, S. 108.

[28] *Keefe,* Parties, Politics and Public Policy in America, S. 13.

[29] *Madron / Chelf,* Political Parties in the United States, S. 112.

quartier. Stellt die eigene Partei den Staatsgouverneur, wird der Parteivorsitzende i. d. R. zur rechten Hand des Gouverneurs in allen Fragen, die für die Partei relevant sind.

Hauptaufgabe der Partei auf Bundesebene ist die Organisation und Koordination von Wahlkämpfen auf Bundesebene[30]. Die Bundesparteitage werden alle vier Jahre zusammengerufen. Sie wählen für die vierjährige Zwischenzeit ein national committee, das theoretisch die nationale Parteiorganisation repräsentiert. Zentralfigur ist der für vier Jahre gewählte national chairman. Dem Bundesvorsitzenden kommt aber kaum Einfluß auf die einzelstaatliche Parteileitung zu. Das föderative Element läßt einen starken Bundesparteivorsitzenden nicht zu. Tatsächlich gibt es überhaupt keinen Parteipolitiker, dem es gelingen könnte, für die Gesamtpartei zu sprechen[31]. Danach fällt die Vereinigung von 50 Staaten wieder auseinander, und die Gliedstaaten, d. h. die Parteien auf Landesebene, nehmen die Parteiaufgaben wahr. Eine der Hauptaufgaben in Bundeswahlkämpfen ist die Koordination von nation-wide Presseerklärungen der Kandidaten für das Präsidentenamt. Dagegen gibt es keine effektive, umfassende Bundesparteipolitik, wenig Stellungnahmen der Bundespartei zu politischen Fragen, und kaum policy making auf Bundesparteiebene. Die Vereinigten Staaten sind streng föderalistisch aufgebaut, und dieser Aufbau spiegelt sich in der Partei wider. So sind die Bundesparteitage eine Ansammlung von 50 gliedstaatlichen Parteileitungen, denen an einer Oberleitung auf Bundesebenen nicht gelegen ist.

4. Die Mitgliedschaft von Fremden in politischen Parteien

Bei der Mitgliedschaft von Fremden in amerikanischen Parteien lassen sich folgende Stufen der Partizipation aufzeigen:

a) Die Mitgliedschaft im rechtlichen Sinn

b) aktives Wahlrecht

c) passives Wahlrecht.

Wie schon aufgezeigt, ist eine Parteimitgliedschaft im Sinne eines personenrechtlichen Verhältnisses dem amerikanischen Parteienrecht fremd. Die Parteimitgliedschaft erfüllt i. d. R. eine soziale Funktion. Insofern ist treffender von Parteianhängern zu sprechen. Diese Mitgliedschaft beschränkt sich auf die Teilnahme an Parteiveranstaltungen, die in den Vereinigten Staaten eher sozialen Zwecken dienen — fundraising, parties, Wahlpropagandaverteilung — als der theoretischen Diskussion der Parteipolitik. Es gibt im sozialen Bereich keine staat-

[30] *Madron / Chelf*, Political Parties in the United States, S. 115.

[31] *Keefe*, Parties, Politics, and Public Policy in America, S. 12.

lichen Gesetze, die eine Differenzierung zwischen Staatsangehörigen und Staatsfremden treffen.

Die politische Parteiarbeit erfolgt auf der Ebene der Parteiausschüsse und Vorsitzenden. Wie schon bei der Aufzeichnung der amerikanischen Parteistruktur dargestellt, sind i. d. R. folgende parteiinternen Ämter zu besetzen: town oder ward committee, precinct committeeman und -woman, county committee und county chairman, das state central committee und state chairman, die Vertreter zu den national convention, national committee und national chairman. Es bleibt den Parteien grundsätzlich vorbehalten, welche Organe sie bilden und nach welchem Verfahren sie diese besetzen. Es handelt sich dabei um parteiinterne Angelegenheiten, die dem Regelungsbereich der Partei zugeordnet sind[32]. Nichtsdestoweniger sind gesetzgeberische Eingriffe in die Selbstverwaltung der Parteien verfassungskonform. Denn die Parteien sind nicht nur privatrechtliche Vereinigungen, sondern sie stehen in staatlicher Verantwortung:

> „It is within the praerogative of the legislature to provide for the reconition of political parties, define membership therein, and by appropriate measure secure stability for the political system it creates[33]."

Es sollen im folgenden Gesetze einzelner Gliedstaaten aufgezeigt werden, die zum Teil sehr detailliert die Voraussetzungen einer Parteimitgliedschaft und des aktiven und passiven Wahlrechts innerhalb der Partei regeln.

a) Die Mitgliedschaft im rechtlichen Sinn

Eine Anzahl von Staaten definiert politische Parteien per Gesetz. In diesen Legaldefinitionen wird i. d. R. bestimmt, was unter einer politischen Partei zu verstehen ist, aus welchen Personen sie sich zusammensetzt, wer Mitglied werden kann, welche Aufgaben Parteien obliegen.

Per definitionem werden Fremde in folgenden Staaten ausgeschlossen:

Hawaii, Rev. Stat. § 11—61:

> „,Political party' defined
>
> (a) ... A political party shall be an association of *voters* united for the purpose of promoting a common political end or carrying out a particular line of political policy ..."

---

[32] *Kester,* Constitutional Restrictions on Political Parties, 60 Virginia Law Review 735, 764, 765.

[33] Parise v. Board of Canvassers and Registration of City of Cranton, 170 A. 2d 292, 294 (1961).

Da nur Staatsbürgern das Wahlrecht zusteht, werden Fremde auf diese Weise ausgeschlossen:

The Constitution of the State of Hawaii, Art. II Suffrage and Election Qualifications, Sec. 1: „Every citizen of the United States ... shall be qualified to vote ...“

Idaho Code § 34—501 definiert eine politische Partei als:

„A ‚political party‘ within the meaning of this act, is an organization of *electors* under a given name.“ Idaho Code, § 34—104: „Qualified elector means any person who is ... a United States citizen ...“

Kentucky definiert[34]:

„Definitions.

(1) A ‚political party‘ within the meaning of this chapter, is an affiliation or organization of *electors* representing a political policy ...“

Nevada[35]:

„‚Political party‘ defined.

‚Political party‘ means any organization of registered voters ...“

North Carolina[36], Ohio[37], Virginia[38] beschränken die Mitgliedschaft in politischen Parteien ebenfalls per Legaldefinition auf Staatsbürger.

South Carolina bestimmt hinsichtlich der Aufnahme eines Bewerbers in eine PPartei des Staates South Carolina, daß dieser ein Staatsbürger der Vereinigten Staaten zu sein habe[39]:

„Qualification for party membership ... The qualifications for membership in a party certified as herein provided ...: The applicant for membership ... shall be a citizen of the United States and of this State.“

Diese Staaten legen schon per Definition fest, daß nur Staatsbürger Mitglieder politischer Parteien werden können. Es bleibt Staatsfremden unbenomen, an Parteiveranstaltungen teilzunehmen. Mitglieder aber können sie nicht werden.

Werden Fremde nicht schon auf diesem Weg ausgeschlossen, so doch über gesetzliche Regeln, die sich mit den Vorwahlen (primaries) beschäftigen. Um Parteimitglied zu werden, muß sich der Bewerber in eine Parteiliste eintragen. Diese Eintragung erfolgt in der Regel im Zusammenhang mit den Vorwahlen. An den Vorwahlen aller Staaten

[34] Ky. Rev. Stat. ANN. § 118.015.

[35] Nev. Rev. Stat. §§ 293.073.

[36] N. C. Gen. Stat. § 163—96 (a).

[37] Ohio Rev. Code Ann. §§ 3517.01.

[38] Virginia Election Laws, Title 24. 1-1.

[39] Code of Laws of South Carolina, Title 23-253 (1962).

können nur wahlberechtigte Staatsbürger teilnehmen. Das bedeutet für einen Staatsfremden, daß er nicht in die Parteiliste eingetragen werden kann. Diese Regelung soll am Beispiel des Staates Massachusetts verdeutlicht werden.

Um Parteimitglied im Sinne der gesetzlichen Regelungen des Staates Massachusetts[40] zu werden, sind folgende Schritte vorzunehmen[41]:

Der erste Weg führt zu einem vom Bürgermeister eingesetzten Wahlhelfer (ballot clerk). Dieser beaufsichtigt zusammen mit dem election officer die staatlichen Wahlen[42]. In Massachusetts kann die Parteimitgliedschaft nur im Zusammenhang mit den Vorwahlen erlangt werden, nicht bei den Endwahlen. Der Beitrittswillige wird vom Wahlhelfer gefragt, welcher Partei er beizutreten wünsche. Der Wähler nennt die Partei seiner Wahl, woraufhin der Wahlhelfer deutlich den Namen dieser Partei ansagt und die Wahl des Betreffenden in einer Wahlliste schriftlich verzeichnet. Der Wahlhelfer gibt dann dem Wähler den Stimmzettel der von ihm gewählten Partei. Damit ist der Wähler Parteimitglied geworden.

Für Staatsfremde gilt folgende Regelung: Chapter (Ch.) 53 § 37 bestimmt, daß als Parteimitglied nur „voter“ eingetragen werden können. Nach der Legaldefinition in Ch. 50 § 1 steht die gesetzliche Bezeichnung „voter“ für einen „registered voter“, d. h. einen eingetragenen Wähler. Wähler kann nur sein, wer Staatsbürger der Vereinigten Staaten ist[43]. Und nur ein Staatsbürger der Vereinigten Staaten kann sich als Wähler registrieren lassen[44]. Damit sind Fremde von der Mitgliedschaft in politischen Parteien des Staates Massachusetts ausgeschlossen[45].

b) Aktives parteiinternes Wahlrecht

Als Parteiorgane sind in Massachusetts kraft Gesetzes vorgeschrieben: Als oberstes Organ das state-committee. Das state-committee ist

---

[40] Die zitierten Gesetzesangaben sind dem Massachusetts General Laws Annotated entnommen.

[41] § 37. Party enrolment of voters. "... If the party enrolment of the voter is not shown on the voting list he shall be asked by the ballot clerk with which political party he desires to be enrolled, and the ballot clerk, upon reply, shall distinctly announce the name of such political party and shall record the voter's selection upon the voting list. The ballot clerk shall then give the voter one ballot of the political party in which he is thus enrolled.“

[42] Ch. 54 § 17, 54 § 11.

[43] Ch. 51 § 1.

[44] Ch. 51 § 36.

[45] Vgl. die parteiinternen Regeln politischer Parteien in Massachusetts: Massachusetts Republican State Committee By-Laws, Article I, Praeamble, "The Republican Party in Massachusetts shall consist of all enrolled Republican voters in the Commonwealth ...“.

verpflichtet, einen Vorsitzenden, einen Geschäftsführer (secretary) und einen Schatzmeister zu wählen[46].

In Massachusetts fehlt die Ebene der counties. Das Gesetz schreibt diese Stufe im Parteiaufbau nicht vor. Es steht den Parteien aber frei, sie zu bilden. In Massachusetts folgt dem state committee sogleich die Ebene der ward und town committees (precinct). Nachdem das Ortscommittee gewählt worden ist, ist es ebenfalls verpflichtet, einen Vorsitzenden, Geschäftsführer und Schatzmeister zu wählen[47]. Die Parteicommittees auf Staats- und Ortsebene werden nicht in Partei- oder Delegiertenversammlungen gewählt. Das Gesetz schreibt vor, daß jede politische Partei diese Parteiorgane im Zusammenhang mit den Vorwahlen für die Präsidentenwahl wählt[48].

Der Wähler nimmt also einmal an der Präsidentenvorwahl teil, gleichzeitig wählt er aber auch noch die Mitglieder der einzelnen committees. Vorwahlen und parteiinterne Wahl der Parteiorgane sind in einem Wahlgang verbunden. Da an den Vorwahlen nur Staatsangehörige teilnehmen können, sind Fremde sowohl von den Vorwahlen als auch von den parteiinternen Wahlen ausgeschlossen.

c) Passives parteiinternes Wahlrecht

In das state-, town- und ward committee können nur eingetragene Parteimitglieder gewählt werden[49]. Die committees sind verpflichtet, einen Vorsitzenden, Geschäftsführer und Schatzmeister zu wählen. Die Wahl weiterer Funktionäre steht ihnen frei. Da diese aus der Mitte der Mitglieder des committees gewählt werden, sind auch sie Parteimitglieder. Da Fremde von einer Parteimitgliedschaft ausgeschlossen sind, steht ihnen ein passives Wahlrecht zu diesen Parteiausschüssen und Ämtern nicht zu.

Der Ausschluß von Fremden aus politischen Parteien bzw. die Versagung eines Stimmrechts in Parteien ist nicht auf den Staat Massachusetts beschränkt. So verpflichtet der Staat Minnesota politische Parteien, Parteiversammlungen einzuberufen[50] und bestimmt, daß der Vorsitzende, alle weiteren Parteifunktionäre und die Delegierten zu den

[46] Ch. 52 § 1.

[47] Ch. 52 § 4.

[48] Ch. 52 § 1: "Each political party shall, in the manner herein provided, elect from among its enrolled members a state committee, which shall consist of one man and one woman from each senatorial district, who shall be resident thereof, to be elected at the presidential primaries ..."

[49] Ch. 52 § 1: "Each political party shall, in the manner herein provided, elect from among its enrolled members a state committee, ..." Ch. 52 § 2: "Each political party, in every ward or town, elect at the presidential primaries from among the enrolled members of the party ..."

[50] Minnesota Statutes Annotated (1962), § 202.22 Subd. 1.

Parteiversammlungen auf höherer Ebene anläßlich dieser Zusammenkunft zu wählen sind[51]. An den Versammlungen kann jeder teilnehmen. Das Recht, den Vorsitzenden, Parteioffizielle und Delegierte zu wählen, steht dagegen nur „qualified voters" zu[52], d. h. nur Staatsbürgern.

Der Staat Arizona bestimmt[53], daß Vorsitzender eines Wahlkreises (precinct committeeman) nur ein Wahlberechtigter sein kann. „A precinct committeeman shall be a qualified elector of the precinct which he represents." Ein „qualified elector" ist nur, wer Staatsbürger der Vereinigten Staaten ist[54].

Der Staat Pennsylvania[55] sieht vor, daß Personen, die nicht in einer politischen Partei als Mitglied eingetragen sind, weder Parteiämter noch committees besetzen noch als Delegierte zu Parteikonventen entsandt werden können. Die Eintragung von Parteimitgliedern ist durch Gesetz geregelt und schließt Fremde von der Eintragung aus[56]. Der Staat Colorado hat folgende Regelung erlassen[57]: Jeder, der an Parteiveranstaltungen auf Wahlkreisebene oder an Vertreterversammlungen, die zum Zweck der Nominierung von Kandidaten für die Vorwahl zusammengerufen worden sind, stimmberechtigt teilnehmen will, muß eingetragener Wähler sein. Das gleiche gilt für Parteiversammlungen, bei denen Vertreter für andere Versammlungen gewählt werden. Eingetragener Wähler und damit stimmberechtigt ist aber nur der Staatsangehörige[58]. Durch diese Regelung schließt der Staat Colorado Fremde sowohl vom Kandidatennominierungsprozeß als auch von der parteiinternen Ämterbesetzung aus.

Die überwiegende Zahl der amerikanischen Bundesstaaten schließen durch ähnliche gesetzliche Regeln Fremde von einer aktiven Parteimitgliedschaft aus[59].

---

51 Minnesota Statutes Annotated (1962), § 202.22 Subd. 2 (g).

52 Minnesota Statutes Annotated (1962), § 202.24, 200.02.

53 Arizona Revised Statutes, Title 16, § 16.231.01.

54 Arizona Revised Statutes, Title 16-101 i. V. m. § 16—104.

55 Purdon's Pennsylvania Statutes Annotated, Title 25 § 2832: "No person who is not registered and enrolled as a member of a political party shall be entitled ... to be elected or serve as a party officer, or a member or officer of any party convention."

56 Purdon's Pennsylvania Statutes Annotated, Title 25 § 291 ff.

57 Colorado Revised Statutes 1973, 1—14—101. "Party affiliation required. No elector shall vote at any precinct caucus, assembly or convention of a political party, unless such elector has been ... affiliated with the political party ... as shown on the registration books ..."

58 Colorado Revised Statutes 1973, 1—2—101.

59 Arizona Rev. Stat. §§ 16—231, 16—231.01; Connecticut General Statutes Annotated (1976), Title 9—372, 9—375, 9—431 a; Election Laws, State of Delaware, § 101 (13); Florida Stat. Ann. §§ 103.111, 103.121; Iowa Code §§ 43.91; Kansas Stat. Ann. §§ 25—3801; Louisiana Revised Statutes (1969), Title 18: 290, 18: 285; Maine Rev. Stat. Ann. Title 21, Ch. 11, § 363, § 364; Maryland

5. Staaten ohne gesetzliche Beschränkung einer Mitgliedschaft

Der Staat Georgia schreibt politischen Parteien die Bildung bestimmter Parteiorgane vor, wie z. B. ein state executive committee und ein county executive committee. Darüber hinaus bleibt es den Parteien überlassen, ob sie weitere committees einrichten. Die Mitgliedschaft in diesen Organen bleibt der Regelung durch das state executive committee überlassen[60]. Das gleiche gilt für den Staat Illinois, der zwingende gesetzliche Regelungen nur hinsichtlich der Beteiligung am Kandidatennominierungsverfahren für öffentliche Ämter vorsieht[61].

6. Die Stellung des Fremden bei den Vorwahlen

Die Vorwahlen dienen der Kandidatenauswahl innerhalb einer Partei für anstehende Wahlen zu öffentlichen Ämtern. Der in diesem Auswahlprozeß gewählte Kandidat nimmt dann an der eigentlichen Wahl teil. In der Bundesrepublik kann jedes wahlberechtigte Parteimitglied an diesem Prozeß teilnehmen (§§ 21 und 27 Abs. 5 Bundeswahlgesetz). Danach findet die Wahl entweder als Urwahl in einer Mitgliederversammlung statt oder als mittelbare Wahl über Vertreterversammlungen.

Um die Auswahl der Kandidaten nicht Parteiversammlungen bzw. Vertreterversammlungen, die i. d. R. nur von einem geringen Prozentsatz der Parteimitglieder besucht werden, zu überlassen, hat die amerikanische Praxis die staatlich geleiteten Vorwahlen entwickelt. Nicht ein kleiner Kreis von Parteiaktiven trifft die Auswahl, wie das in den Anfängen der amerikanischen Parteiendemokratie üblich war (caucussystem), sondern in einem offiziell angesetzten, vom Staat geleiteten und finanzierten Wahlverfahren können alle Parteimitglieder den ihrer Meinung nach geeigneten Kandidaten ihrer eigenen Partei wählen[62]. Dieser Kandidat braucht weder von der Partei vorgeschlagen noch unterstützt worden zu sein. Oftmals ist es sogar ein Nachteil für den

---

Ann. Code, Art. 33 § 4 B—1; Minnesota Stat. §§ 202 A, 202 A. 116; Missouri Election Laws 120.160, 120.770, 120.780; Election Laws of the State of Montana, Title 23—2301 ff.; New Hampshire Rev. Stat. Ann. §§ 56: 16, 56: 40; New Jersey Stat. Ann. §§ 19: 13—3; New York Elec. Law Ch. 17, Art., II, § 13; Election Laws of the State of North Dakota, Title 16—17—14; Oregon Election Laws, Ch. 248.010 (b), 248.015; Election Law of the State of Rhode Island 17—12—8; Utah General Election Laws, Title 20 Ch. 4 § 1; General Election Laws of Washington State, Title 29.42.040; Wyoming Election Code 22.1.—34.

[60] Code of Georgia, § 34—902 (1970): "... The membership of such committees shall be selected in the manner determined by the State executive committee."

[61] Smith — Hurd Illinois Annotated Statutes, Ch. 46 § 7—7, 7—9 (1965).

[62] *Löwenstein,* Verfassungsrecht und Verfassungspraxis der Vereinigten Staaten, S. 172.

Bewerber, wenn er von der Parteileitung unterstützt wird. Der Kandidat kann sich selber zur Wahl stellen (Selbstaufstellung) oder durch eine Petition bei der Wahlbehörde eingereicht werden. Dabei ist noch zwischen der offenen und der geschlossenen Vorwahl zu unterscheiden (open primary und closed primary). Bei den geschlossenen primaries sind nur die eingeschriebenen Parteimitglieder stimmberechtigt. Bei den offenen Vorwahlen sind alle wahlberechtigten Bürger zugelassen, ohne daß sie einer Partei angehören müßten.

7. Die Teilnahme von Fremden an den Vorwahlen

Die Vorwahlen werden heute als integrierter Bestandteil des gesamten Wahlverfahrens angesehen. Dem ging eine lange Entwicklung voraus, die sich an vielen Entscheidungen des Supreme Court nachzeichnen läßt[63]. So standen sich folgende Ansichten gegenüber: es handele sich um ein parteiinternes Verfahren der Kandidatenauslese. Die eigentliche Wahl werde nicht vorweggenommen. Bei Vorwahl und eigentlicher Wahl handele es sich um zwei verschiedene Dinge[64]. Die Gegenansicht trug vor, daß die Vorwahlen mit den eigentlichen Wahlen verknüpft seien und von diesen nicht getrennt gesehen werden könnten[65]. Seit der Entscheidung United States v. Classic[66] wertet der oberste Gerichtshof die Vorwahlen als Teil des gesamten Wahlverfahrens. Die rechtliche Folge ist, daß die Vorwahlen den gleichen gesetzlichen Regelungen unterliegen wie die eigentlichen Wahlen.

Für die Teilnahme an den Endwahlen ist seit Beginn dieses Jahrhunderts in allen Staaten der USA der Besitz der Staatsangehörigkeit Voraussetzung[67]. Da die Vorwahl seit der Rechtsprechung des Supreme Court in United States v. Classic Teil des gesamten Wahlverfahrens ist, gilt diese Voraussetzung auch hier. An den Vorwahlen aller 50 Einzelstaaten können nur Staatsbürger teilnehmen[68].

---

[63] Nixon v. Herndon, 273 U.S. 536 (1927); United States v. Classic, 313 U. S. 299 (1941); Smith v. Allwright, 321 U. S. 649 (1944); Terry v. Adams, 345 U. S. 461 (1953).

[64] Newberry v. United States, 256 U. S. 232, 250 (1920).

[65] Newberry v. United States, 256 U. S. 232, 285 (1920).

[66] 313 U. S. 299 (1941).

[67] Siehe z. B.: Alabama Laws, Vol. IV, Act No 1196 v. 10. 10. 1975, Section 13: "All persons who are *qualified electors* under the general laws of the State of Alabama, and who are also members of a political party and entitled to participate in such primary election, under the rules of said party shall be entitled to vote therein . . ." s. a. Michigan Statutes Annotated (1972), Title 6.1534 i. V. m. Title 6.1492; Alaska Statutes. Title 15, Chapter 05, Sec. 05.0100; Illinois Annotated Statutes Chapter 468 Title 7—43.

[68] *Ranney / Kendall* Democracy and the American Party System, S. 212.

Zusammenfassung

Die 50 amerikanischen Bundesstaaten schließen Staatsfremde bis auf wenige Ausnahmen völlig von einer Mitgliedschaft in politischen Parteien aus. Eine Begründung dafür wird nicht gegeben.

Aus den Entscheidungen amerikanischer Gerichte läßt sich herauslesen, daß es sich bei politischen Parteien um auf den Staatsbürger bezogene Organisationen handelt. Das Recht, Parteien zu gründen, sei „a right inherent in the electors of the state“[69]. Das Wahlrecht umfasse das Recht, politische Parteien zu gründen[70]. Politische Parteien seien Vereinigungen von Wählern, die an bestimmte Grundsätze glauben[71].

Eine befriedigende Antwort auf die Frage, wie die Mitgliedschaft von Fremden in amerikanischen Parteien verfassungsrechtlich gewertet wird, kann ohne eine Durchsicht der Rechtsprechung amerikanischer Gerichte zu der allgemeinen Stellung des Fremden in den Vereinigten Staaten nicht gegeben werden. Es soll daher im folgenden die rechtliche Stellung des Fremden in den Vereinigten Staaten unter besonderer Berücksichtigung der Rechtsprechung aufgezeigt werden.

Zweiter Abschnitt

Die verfassungsrechtliche Stellung der Fremden

Die Eingliederung der Fremden ist gerade zu Beginn der staatlichen Entwicklung für die Einwohner und Einwanderer eine existenzielle Frage gewesen. Erstere bedurften dringend neuer Einwanderer zur Erschließung des Landes, letztere waren ohne eine Arbeits- und Verdienstmöglichkeit in ihrer Existenz bedroht. Weder gab es Sozialversicherungen noch Rückkehrmöglichkeiten in die alte Heimat. Die Einwanderer waren unentrinnbar und existenziell auf ihr Gastland angewiesen. Im Mittelpunkt der Gerichtsentscheidungen stehen aus naheliegenden Gründen zunächst Probleme der Existenzsicherung, vornehmlich der Berufswahl und Berufsausübung. Denn im Verlauf der Geschichte zeigte es sich oftmals, daß die Staatsangehörigen zwar der Fremden bedurften, ihre materielle Stellung und beruflichen Vorrechte aber nicht mit diesen teilen wollten bzw. einige Gliedstaaten, waren sie erst einmal organisiert und ihre Existenz gesichert, überhaupt Frem-

---

[69] State v. Stewart, 64 Mont. 453; 210 P. 464, 468 (1922); Cooper v. Cartwright, 195 P. 2d 290, 293 (1948).

[70] Ex parte Wilson, 7 Okl. Cr. 610; 125 P. 739, 740 (1912).

[71] 29 CJS § 84, Political Parties.

den den Zutritt zu verwehren wünschten. Wie im folgenden gezeigt werden wird, ist die verfassungsrechtliche Stellung der Fremden im Bereich der Berufsfreiheit der Ausgangspunkt für weittragende Entscheidungen amerikanischer Gerichte. Die Grundsätze, die hier entwickelt worden sind, haben Auswirkungen auf die gesamte Rechtsstellung der Fremden. Es soll daher zunächst auf die rechtliche Stellung der Fremden in diesem Bereich eingegangen werden.

1. Die wirtschaftliche und berufliche Stellung der Fremden

Diese kann nicht losgelöst von der historischen Entwicklung der Rechtsprechung, insbesondere des Supreme Courts, gesehen werden. Eine entscheidende Frage ist in diesem Zusammenhang, ob die Einzelstaaten jeder für sich oder der Bund für alle Staaten gemeinsame Regeln für die Einwanderung von Fremden in das Gebiet der Einzelstaaten aufzustellen berechtigt ist. Die Aufnahme von Staatsfremden in das Staatsgebiet der Vereinigten Staaten liegt im Zuständigkeitsbereich des Bundes. „The passage of laws which concern the admission of citizens and subjects of foreign nations to our shores belongs to Congress, and not to the States[72].“ Konnten die Einzelstaaten nach diesen Entscheidungen die Einwanderung von Fremden nicht verhindern, so versuchten sie über Landesgesetzes eine Bevorzugung ihrer Staatsbürger zu erreichen. Gegen eine Benachteiligung von Staatsfremden konnte hier das Gebot der Gleichbehandlung gesetzt werden. Eine erste Anwendung des Gleichheitssatzes auch auf Staatsfremde brachte die Entscheidung Yick Wo v. Hopkins[73] im Jahre 1886. Die Stadt San Francisco hatte die traditionell im Wäschereigewerbe tätigen Chinesen von diesem Gewerbe faktisch ausgeschlossen, indem es die Fortführung dieses Gewerbes in das Ermessen offizieller Stellen stellte, die systematisch Chinesen diskriminierten. Der in diesem Fall einschlägige 14. Ergänzungsartikel der Verfassung der Vereinigten Staaten wurde 1868 angenommen und bestimmt in seinem ersten Absatz u. a.: „Kein Staat soll einer Person das Leben, die Freiheit oder das Eigentum ohne ordentliches rechtmäßiges Verfahren nehmen oder ihm innerhalb seines Rechtsgebietes den gleichen Schutz der Gesetze versagen[74].“

[72] Chy Lung v. Freemon, 92 U. S. 275, 280 (1875); Fong Yue Ting v. U. S., 149 U. S. 698, 713 (1893).

[73] 118 U. S. 356, 369 (1886). *Lieb*, Equal Protection — Citizenship is an Impermissible Requirement for Bar Admission, 23 De Paul Law Review, 1475, 1477; *Levin*, The Constitutionality of Employment Restrictions on Resident Aliens in the United States, 24 Buffalo Law Review, 211, 217; *Knoppke-Wetzel*, Employment Restrictions and the Pratice of Law by Aliens in the United States and Abroad, Duke Law Journal 1974, 871, 873.

[74] Constitution of the United States, 14. Ergänzungsartikel.

Der Supreme Court führte aus, daß sich dieses, an die Einzelstaaten gerichtete Verfassungsgebot der Gleichbehandlung, auch auf Fremde beziehe, und diese verfassungsrechtlich vor „unvernünftigen" Benachteiligungen durch Staatsorgane geschützt seien[75].

a) Rational basis

Durch diese Entscheidung des Supreme Court wurde der Gleichheitssatz mit seinem Gebot der Gleichbehandlung auf Fremde ausgedehnt. Der Gleichheitssatz verbietet eine unterschiedliche Behandlung von Staatsangehörigen und Staatsfremden dann nicht, wenn die Umstände verschiedenartig sind[76]. Es bleibt die Frage, in welchen Fällen die Umstände so verschiedenartig sind, daß sie eine Ungleichbehandlung zulassen oder fordern. Hierzu nahm der Supreme Court in der Entscheidung Patrone v. Pennsylvania[77] Stellung. Ein Gesetz des Staates Pennsylvania verbot Fremden das Erlegen von Wild, ferner den Besitz von Jagdwaffen. Der Gerichtshof verlangte keinen zwingenden Grund für die Benachteiligung der Fremden. Zur Rechtfertigung der unterschiedlichen Behandlung sah man es als ausreichend an, daß der Staat einen vernünftigen Grund habe (rational basis)[78], Fremde vom Besitz von Jagdwaffen und der Jagd auszuschließen.

b) Special public interest

In der Entscheidung Truax v. Raich[79] verwarf der Supreme Court eine Regelung, nach der private Arbeitgeber, sofern sie mehr als 5 Arbeitnehmer beschäftigen, mindestens zu achtzig Prozent Staatsangehörige zu beschäftigen haben. Der Staat Arizona versuchte mit dieser Regelung seinen Staatsangehörigen Arbeitsplätze zu sichern bzw. zu schaffen. Die Entscheidung des Supreme Court geht von der Überlegung aus, daß eine Ungleichbehandlung in diesem Bereich schwerwiegende Folgen für Fremde hat. Ohne Beruf lasse sich kein Lebensunterhalt erwirtschaften und noch so freizügige Einwanderungsgesetze werden zu Schranken, wenn ein Aufenthalt im Gastland nicht möglich ist: „The assertion of an authority to deny to aliens the opportunity of earning a livehood when lawfully admitted to the State would be

---

[75] s. a. Truax v. Raich, 239 U. S. 33, 39 (1915); Graham v. Richardson, 403 U. S. 365, 371 (1971).

[76] *Nowak*, Realigning the Standards of Review Under the Equal Protection Guarantee Prohibited, Neutral, and Permissive Classifications, 62 Geo. L. J. 1071 (1974); *Notes*, Development in the Law — Equal Protection, 82 Harv. L. Rev. 1065 (1967).

[77] 232 U. S. 138 (1914).

[78] *Dobson*, Constitutional Protection of Aliens, 40 Tennessee Law Review, 235, 240.

[79] 239 U. S. 33 (1915).

tantamount to the assertion of the right to deny them entrance and abode, for in ordinary cases they cannot live where they cannot work[80].“ Inzidenter würde das zu einem Eingriff in die Kompetenz des Bundes führen, die Einwanderung in die USA zu regeln[81]. Zum anderen verliere das Gleichbehandlungsgebot des 14. Ergänzungsartikels an Gewicht im täglichen Leben, wenn Fremde in diesem existenziellen Bereich ungleich behandelt werden würden[82]. Es könne kein „special public interest“[83] für die Begrenzung der Ausländerbeschäftigung auf 20 % aufgezeigt werden. Mit seiner Entscheidung hat der Supreme Court das Gleichbehandlungsgebot des 14. Ergänzungsartikels auf privatrechtliche Arbeitsverhältnisse durchschlagen lassen.

Der Gerichtshof geht in Truax v. Raich nicht direkt auf die Beschäftigung von Fremden durch die öffentliche Hand ein, läßt aber erkennen, daß für diesen Bereich eine differenzierende Regelung denkbar sei, indem der Gerichtshof ausdrücklich darauf hinweist, daß es sich in der zugrundeliegenden Entscheidung um private Unternehmen handele[84]. So weist der Gerichtshof im gleichen Jahr zwei Verfassungsbeschwerden zurück, die sich gegen eine Regelung des Staates New York richten, nach der Beschäftigungen im Bereich öffentlicher Vorhaben auf U.S.-Staatsbürger beschränkt sind. In der einen Entscheidung führt der Gerichtshof aus[85], ihm stehe kein Recht zu, Entscheidungen zu überprüfen, die sich mit den Bedingungen beschäftigen, nach denen öffentliche Vorhaben ausgeführt werden. Der Gerichtshof beruft sich auf eine frühere Entscheidung (Atkin v. Kansas, 191 U.S. 207, 222, 223 [1903]) und führt aus[86]:

„It was there declared, and it was the principle of decision, that ‚it belongs to the State, as guardian and trustee for its people, and having control of its affairs, to prescribe the conditions upon which it will

---

80 Truax v. Raich, 239 U. S. 33, 42 (1915).

81 239 U. S. 33, 42 (1915); Fong Yu Ting v. United States 149 U. S. 689, 713 (1893); *Steiner / Vagts*, Transnational Legal Problems, S. 46; *Travers*, The Constitutional Status of State and Federal Governmental Discriminations Against Resident Aliens, 16 Harv. Intern. Law Rev. 113, 116; *Dobson*, Constitutional Protection of Aliens, 40 Tennessee Law Review, 235, 239; *Das*, Discrimination in Employment Against Aliens — the Impact of the Constitution and Federal Civil Rights, 35 University of Pittsburgh Law Review, 499, 500.

82 "If this could be refused solely upon the ground of race or nationality, the prohibition of the denial to any person of the equal protection of the laws would be a barren form of words ..." Justice Hughes in Truax v. Raich, 239 U. S. 33, 41 (1915).

83 *Dobson*, Constitutional Protection of Aliens, 40 Tennessee Law Review 235.

84 239 U. S. 33, 40 (1915).

85 Heim v. McCall, 239 U. S. 175, 191 (1915).

86 Heim v. McCall, 26 S. Ct. 78, 83; 239 U. S. 175 (1915).

permit public work to be done on its behalf, or on behalf of its municipalities‘. And it was said, ‚No court has authority to review its action in that respect. Regulations on this subject suggests only considerations of public policy. And with such considerations the courts have no concern.‘“

In einer anderen Entscheidung bestätigte der Supreme Court[87] die Ansicht des New York Court of Appeals, nach der der Staat New York ein „special public interest“ habe, seine Eigenmittel zum Vorteil seiner Staatsbürger auszugeben[88].

c) Der „compelling justification“ Maßstab

Der „leading case“ für mehr als zwei Jahrzehnte wurde Takahashi v. Fish and Game Commission (1948)[89]. Ein Gesetz des Staates Kalifornien versagte Fremden, die aufgrund gesetzlicher Regelung nicht die Staatsangehörigkeit erlangen konnten (Japaner, Chinesen)[90], die Ausstellung von Fischfangscheinen zum gewerblichen Fischfang vor der Küste Kaliforniens. Kalifornien trug vor, es habe ein „special public interest“: Der Staat Kalifornien trete für seine Staatsangehörigen als Treuhänder hinsichtlich alle Fische innerhalb der Drei-Meilen-Zone auf. Zum Schutz der Erhaltung des Fischbestandes habe Kalifornien das Recht, Fremde vom Genuß des Treugutes auszuschließen, um ein Überfischen zu verhindern. Der Supreme Court entgegnete, er könne ein „special public interest“ des Staates Kalifornien nicht feststellen. Das Argument Kaliforniens, seine Staatsangehörigen seien Eigentümer der Fische, sei nicht ausreichend, alle Fremden, die sich rechtmäßig in Kalifornien aufhielten, vom Erwerb ihres Lebensunterhalts durch Fischfang auszuschließen.

Die eigentliche Entwicklung hinsichtlich einer nahezu völligen Inländergleichbehandlung bei der Berufsfreiheit aber setzte 1969 mit einer Entscheidung des Supreme Court des Staates Kalifornien ein[91]. Dem Gericht lag folgender Sachverhalt zur Entscheidung vor: Eine Vorschrift des kalifornischen Arbeitsgesetzes[92] verbot die Beschäftigung von Fremden in öffentlichen Arbeitsvorhaben. Der Staat führte dazu aus,

[87] Crane v. New York, 239 U. S. 195 (1915).

[88] 214 N. Y. 159; 108 N. E. 427; weitere Entscheidungen zum Ausschluß von Fremden: Terrace v. Thompsen 263 U. S. 197 (1923); Poterfield v. Welb, 263 U. S. 225 (1923); Webb v. O'Brien, 263 U. S. 313 (1923); Frick v. Webb, 263 U. S. 326 (1923); Clarke v. Deckebach, 274 U. S. 392 (1927).

[89] 334 U. S. 410 (1948); *Knoppke-Wetzel*, Employment Restrictions and the Practice of Law by Aliens in the United States and Abroad, Duke Law Journal, 871, 877 (1974).

[90] "A commercial fishing license may be issued to any person other than a person ineligible to citizenship." Cal. Fish and Game Code, § 900.

[91] Purdy & Fitzpatrick v. California, 71 Cal. 2d 566; 456 P. 2d 645 (1969).

[92] California Labor Code, Law of May 31, 1957, Ch. 727, 91.

er habe das Recht, seine Bürger vor wirtschaftlichen Konkurrenten zu schützen oder sie bei der Verteilung öffentlicher Gelder zu bevorzugen. Das Gericht hielt diesem Vortrag entgegen, daß diese Vorschrift gegen das Gleichheitsgebot der Verfassung der Vereinigten Staaten verstoße. Jede Benachteiligung in der Berufsergreifung und Arbeitsbeschäftigung beeinträchtige die Erlangung wirtschaftlicher Sicherheit. Diese aber sei erforderlich für Leben, Freiheit und Glück. Das Gericht werde solche Beschränkungen nur nach sorgfältiger Untersuchung aufrechterhalten (careful scrutiny)[93].

d) Suspect classification, inherent suspect, close judicial scrutiny — Maßstab

Auf Bundesebene wurde diese neue Entwicklung 1971 mit der Entscheidung Graham v. Richardson eingeleitet[94]. Einer Staatsfremden wurden staatliche Fürsorgeleistungen verweigert mit der Begründung, sie lebe noch nicht seit 15 Jahren in diesem Staat, wie es das Gesetz für Staatsfremde vorsehe. Hier wurde zwischen Staatsangehörigen und Staatsfremden differenziert. Die Frist galt nur für Fremde. Der Oberste Gerichtshof führte aus, daß den Staaten auch unter dem Gleichheitsgebot der Bundesverfassung ein weites Ermessen hinsichtlich Differenzierungen bleibe, solange diesem ein verständiger Gedanke zugrunde liege. Es bestehe aber eine Ausnahme: Ungleichbehandlungen aufgrund der Rasse oder der Volkszugehörigkeit unterlägen strengen Prüfungen. In seiner Begründung für diesen strengen Prüfungsmaßstab beruft sich der Gerichtshof auf die Entstehungsgeschichte des 14. Ergänzungsartikels. Dieser war 1868 in erster Linie in die Verfassung aufgenommen worden, um den Schwarzen die im Bürgerkrieg 1861—1865 erkämpfte rechtliche Gleichstellung verfassungsrechtlich zu sichern. Der Supreme Court hat diesen Grundgedanken des 14. Ergänzungsartikels im Laufe seiner Rechtsprechung allgemein auf Minoritäten ausgedehnt. Gegenüber Ungleichbehandlung von Minoritäten hat der Gerichtshof nicht das weite Ermessen der staatlichen Legislative gelten lassen. In diesen Schutzbereich strengster Überprüfung und Anforderung an ein unumgängliches staatliches Interesse für eine Differenzierung schließt der Supreme Court jetzt ausdrücklich auch die Fremdeigenschaft ein. Fremde seien ebenso wie rassische Minoritäten eine "discret and insular minority", die zunehmende gerichtliche Sorge verdiene: "... classification based on alienage, ..., are inherently suspect, and subject to close judicial scrutiny[95]."

[93] 71 Cal. 2d 566, 579 (1969).

[94] 403 U. S. 365 (1971).

[95] Graham v. Richardson, 403 U. S. 365, 372 (1971); Immigration, Alienage and Nationality, 8 U. C. D. 5 (1975); *Coopersmith,* Aliens, Employment, and Equal Protection, 19 Villanova Law Review, 589.

e) Compelling interest doctrine

In Sugarman v. Dougall[96] bekräftigt der Supreme Court seine in der Entscheidung Graham v. Richardson aufgestellten Grundsätze. Folgender Sachverhalt lag der Entscheidung zugrunde: Bei den Klägern handelt es sich um Fremde, die in einer privaten Firma beschäftigt waren, die später von der Stadt New York übernommen wurde. Die Fremden wurden unter Hinweis auf Section 53 (1) des Civil Service Statute des Staates New York entlassen: "(except as otherwise provided), no person shall be permitted to be examined for any position in the competitive class (of the civil service) unless he be a citizien of the United States[97]." Der District Court sah in dieser Regelung u. a. eine Verletzung des Gleichheitssatzes der Bundesverfassung[98]. Im Berufungsverfahren brachte der Staat New York drei Argumente vor: Die gesetzliche Regelung sei zum Schutz gegen konkurrierende Treueverhältnisse erlassen, weiter, der Staat habe ein öffentliches Interesse, verfügbare Arbeitsplätze seinen Staatsangehörigen zu verschaffen, und drittens, Fremde seien zum einen den Ausweisungsgesetzen des Bundes, zum anderen der Einberufung zur Ableistung der Wehrpflicht durch ihren Heimatstaat unterworfen. Das aber stehe dem Interesse des Staates an langfristigen civil servants (Staatsdienst) entgegen. Der Supreme Court erkannte das Interesse des Staates New York an, Staatsbedienstete zu beschäftigen, die nicht in einem Treuekonflikt zwischen Heimatstaat und Gastland stehen Aber: Das Gericht wendet sich gegen den ausnahmslosen Ausschluß aller Staatsfremden, ohne Rücksichtnahme auf die Art der Beschäftigung (S. 642). Dieser "flat ban" geht dem Gericht zu weit. Zu dem vorgebrachten "public interest" Argument konnte auf die Entscheidung Graham v. Richardson[99] verwiesen werden. Dem Vorbringen des Staates New York, die public interest Theorie solle zumindestens im Bereich der Anstellung von Staatsbediensteten erhalten bleiben, folgte der Gerichtshof nicht. Man könne nicht einerseits dem Fremden einen Anspruch auf Inländergleichbehandlung bei der Verteilung von Fürsorgeleistungen geben, ihn aber von der Arbeit für den Staat ausschließen. Der Gerichtshof wandte sich mit seiner Entscheidung vor allem gegen einen pauschalen Ausschluß von Fremden: "... a flat ban on the employment of aliens in positions, that have little, if any relation

[96] 413 U. S. 634 (1973); *Griffith*, Some Rights and Disabilities of Aliens, 2 Ohio Northern Law Review, 613, 622; Grosh, Immigrants, Aliens, and the Constitution, 49 Notre Dame Lawyer 1075, 1087; *Coopersmith*, Aliens, Employment, and Equal Protection, 19 Villanova Law Review, 589, 599; *Das*, Discrimination in Employment Against Aliens, 35 University of Pittsburgh Law Review, 499, 503.

[97] Ch. 767, § 1 (1939), Laws of New York.

[98] 399 F. Supp. 906 (1971).

[99] 403 U. S. 365 (1971).

to the State's legitimate interest, cannot withstand scrutiny unter the Fourteenth Amendment." In speziellen Fällen mit Rücksicht auf die Stellung des angestrebten Berufs im öffentlichen Dienst sei ein Ausschluß von Fremden zu rechtfertigen[100].

Zusammenfassend läßt sich aufzeigen, daß der Staat nicht berechtigt ist, generell Fremde aus dem öffentlichen Dienst auszuschließen und die Berufe im öffentlichen Dienst seinen Staatsangehörigen vorzubehalten. Alle Positionen, die der Staat aus Sicherheitsgründen oder aus dem Recht des Staates, seine Politik und deren Ausführung seinen Staatsbürgern vorzubehalten, von Fremden ausschließen will, müssen gesetzlich genau umschrieben werden.

f) Fremde als Rechtsanwalt

Die Einzelstaaten versagten Fremden die Ausübung des Rechtsanwaltsberufs[101]. 1971 und 1972 wiesen Einzelstaatsgerichte die Staatsangehörigkeitsvoraussetzung zurück[102]. Der Supreme Court des Staates Kalifornien berief sich dabei auf das Gleichbehandlungsgebot der Bundesverfassung und der Verfassung des Staates Kalifornien.

Der Supreme Court der Vereinigten Staaten konnte 1973 zu der Frage der Vereinbarkeit der Staatsangehörigkeitsvoraussetzung mit dem Gleichheitsgebot der Verfassung in der Entscheidung in Re Griffiths[103] Stellung nehmen. Der niederländischen Staatsangehörigen Mrs. Griffiths wurde die Teilnahme an dem "bar exam" des Staates Connecticut versagt[104]. Das Bestehen dieses Examens ist Voraussetzung für die Ausübung des Rechtsanwaltsberufs. Ohne auf die Frage einzugehen, ob die Bewerberin generell aufgrund ihrer Ausbildung geeignet oder ungeeignet für die Teilnahme an diesem Examen ist, wurde einzig auf die fehlende Staatsangehörigkeit abgestellt. Der Supreme Court zeigt in einem Rückblick die Geschichte der Vereinigten Staaten und die Entwicklung der Rechtsprechung zum Schutze der Fremden auf. Von Anfang an habe

---

[100] 413 U. S. 634, 647 (1973); Immigrations, Alienage and Nationality, 8 U.C.D., 6 (1975).

[101] In re O'Sullivan, 267 F. 230 (1920); Agg Large v. State Bar, 218 Cal. 334; 23 P. 2d 288 (1933); *Konvitz*, The Alien and the Asiatic in American Law, S. 188; *Coopersmith*, Aliens, Employment, and Equal Protection, 19 Villanova Law Review 589, 605; *Knoppke-Wetzel*, Employment Restrictions and the Practice of Law by Aliens int he United States and Abroad, Duke Law Journal 1974, 871, 883.

[102] Raffaelli v. Committee of Bar Examiners, 7 Cal. 3d 288, 496 P. 2d 1264 (1972), Kalifornien Application of Park, 484, P. 2d 690 (Alaska) (1971); *Knoppke-Wetzel*, Employment Restrictions and the Practice of Law by Aliens in the United States and Abroad, Duke Law Journal 1974, 871, 885.

[103] 413 U. S. 717 (1973).

[104] Rule 8 (1) des Connecticut Practise Book (1963) verlangt die Staatsangehörigkeit als Voraussetzung zur Aufnahme in die Anwaltschaft.

dieser Staat Einwanderer begrüßt. Ihre Leistung im sozialen und wirtschaftlichen Leben sei selbstverständlich gewesen. Der Gerichtshof weist auf eine Entscheidung des Jahres 1873[105] hin. Damals führte der Supreme Court aus, daß die Zulassung zur Rechtsausübung vor den Gerichten in keiner Weise von der Staatsangehörigkeit abhängig gemacht worden sei. Der Gerichtshof vergleicht dann die Pflichtenstellung eines "resident aliens" mit der eines Staatsbürgers der Vereinigten Staaten. "Resident aliens, like citizens, pay taxes, support the economy, serve in the Armed Forces, and contribute in myriad ways to our society. It is appropriate that a State baers a heavy burden when it deprives them of employment opportunities[106]." Ohne Zweifel habe der Staat ein wesentliches Interesse zu bestimmen, ob ein Bewerber die charakterlichen und generell erforderlichen Eigenschaften für die Ausübung des Rechtsanwaltsberufes habe. Darauf habe sich der Staat aber nicht berufen. Der Supreme Court des Staates Connecticut hatte in seiner, die Staatsangehörigkeitsvoraussetzungen befürwortenden, Entscheidung auf die besondere Stellung des Rechtsanwalts zwischen den Staatsorganen und seinem Mandanten hingewiesen und weiter ausgeführt: "The courts not only demand (lawyers) loyalty, confidence and respect but also require them to function in a manner which will foster public confidence in the profession, and, consequently, the judicial system[107]." Diese besondere Stellung des Rechtsanwalts verlange eine ungeteilte Treuepflicht, zu der der Fremde u. U. aufgrund eines Loyalitätskonflikts nicht in der Lage sei. In dieser Pflichtenkollision könne es geschehen, daß der Fremde das Gericht oder seinen Mandanten ignoriere und dem Interesse einer fremden Macht Folge leiste. Dem hält der Supreme Court der Vereinigten Staaten entgegen, daß die Aufgabe eines Rechtsanwalts kaum Handlungen von einer so einzigartigen Verantwortung seien, daß sie nur Staatsbürgern anvertraut werden könnten. Noch beinhalte die Tätigkeit eines Rechtsanwalts die Möglichkeit, bedeutungsvoll gegen die Interessen der Vereinigten Staaten tätig werden zu können. Auch sei es dem Staat Connecticut nicht gelungen, irgendeine Wahrscheinlichkeit aufzuzeigen, daß eine Beziehung bestehe zwischen fehlender Staatsangehörigkeit und Verletzung von Interessen der Mandanten. Der Supreme Court greift auf seinen "suspect classification" Maßstab zurück[108], nach dem die Verfassung immer dann besonders warnend hervortrete, wenn eine "suspect classification" als Diffe-

---

105 Bradwell v. The State, 16 Wall. 130, 139 (1873).

106 413 U. S. 717, 723 (1973); *Levin*, The Constitutionality of Employment Restrictions on Resident Aliens in the United States, 24 Buffalo Law Review, 211.

107 In re application of Griffith 162 Conn. 249, 262—263 (1972).

108 s. die im Vorhergehenden aufgezeigten Entscheidungen Graham v. Richardson, 403 U. S. 365 (1971) und Sugarman v. Dougall, 413 U. S. 634 (1973).

renzierungsgrund hergebracht werde. Der Staat habe das Recht, den Bewerber charakterlich genau zu überprüfen um sicherzugehen, daß er den zu leistenden Eid auf die Verfassung der Vereinigten Staaten und die des Staates Connecticut nicht nur pro forma leiste. Darüber hinaus würden die Rechtsanwälte auch noch nach ihrer Aufnahme in die Anwaltschaft der fortwährenden Überprüfung durch die Anwaltskammer und die Gerichte unterliegen und könnten wegen standeswidrigen Verhaltens zur Verantwortung gezogen werden, was bis zum Ausschluß reiche. Der Rechtsanwalt sei nicht ein "officer" im üblichen Sinne des Wortes[109]. Er könne nicht in die gleiche Reihe mit Staatsorganen gestellt werden (Vollzugsbeamte, court clerks, Richtern). Der Rechtsanwalt übe einen privaten Beruf aus, er treffe seine Entschlüsse "and runs his own business". "Yet, they are not officials of government by virtue of being lawyers. Nor does the state of holding a license to practise law place one so close to the core of the political process as to make him a formulator of government policy[110]." Der Ausschluß von Staatsfremden sei aus diesen Gründen ein Verstoß gegen den Gleichheitssatz[111].

2. Fremde im öffentlichen Dienst des Bundes[112]

Der Supreme Court hat es den Einzelstaaten sowohl im privaten als grundsätzlich auch im öffentlichen Bereich untersagt, für Staatsfremde diskriminierende Regelungen bei der Berufsergreifung und Ausübung aufzustellen. Ist auch der Bund an diese Rechtsprechung gebunden? Ein Vergleich zeigt, daß grundsätzlich die Staatsangehörigkeit Voraussetzung für die Anstellung im Staatsdienst ist[113].

Die gesetzliche Regelung schließt Fremde aus:

"(a) A person may be admitted to a competitive examination only if he is a citizen of or owes permanent allegiance to the United States.

(b) A person may be given appointment only if he is a citizen of or owes permanent allegiance to the United States[114]."

Im Jahre 1970 rügten fünf resident aliens, die aus China eingewandert waren, die Verfassungskonformität dieser Regelung. Der U.S. District Court stützte sich auf die uneingeschränkte Zuständigkeit des

---

[109] 413 U.S. 717, 728 (1973).

[110] 413 U.S. 717, 728 (1973).

[111] *Griffith*, Some Rights and Disabilities of Aliens, 2 Ohio Northern Law Review, 613, 619.

[112] Vgl. dazu die Entscheidung Hampton v. Mow Sun Wong, 426 U.S. 88 (1976).

[113] *Roth*, The Minimum Standard of International Law Applied to Aliens, S. 152.

[114] Civil Service Commission's regulations, 5 CFR § 338.101 (1976).

Kongresses zur Regelung der Einwanderung, Auslieferung und Einbürgerung von Staatsfremden. Der traditionelle Gleichheitssatz beschränke den Kongreß nur insofern, als daß der Gesetzgeber eine vernünftige Grundlage für seine Differenzierung anzugeben habe. Diese vernünftige Grundlage ("rational basis") sei hier das Recht der Regierung, für die wirtschaftliche Sicherung der Staatsbürger zu sorgen[115].

Das Berufungsgericht hob diese Entscheidung auf, da sie gegen die "due process" Klausel des 5. Ergänzungsartikels verstoße[116].

Die Ausgangslage ist vergleichbar mit der Entscheidung Sugarman v. Dougall[117]. Dort hatte der Staat New York für seine Arbeitnehmer im öffentlichen Dienst generell die Staatsangehörigkeit zur Voraussetzung gemacht. Auch zu der Entscheidung in re Griffiths[118] kann ein Vergleich gezogen werden: Die fehlende Staatszugehörigkeit wurde zum Ausschlußgrund von der Teilnahme am bar examination.

Der Oberste Gerichtshof urteilte in der oben aufgezeigten Entscheidung Hampton v. Mow Sun Wong, daß die Chinesen ohne ordnungsgemäßes Verfahren (due process) in ihrer Freiheit beschränkt worden seien, indem sie allesamt von dem Dienst im Federal Service ausgeschlossen worden seien[119].

Bei der Entscheidung darf nicht übersehen werden, daß der Supreme Court sich in erster Linie dagegen wendet, daß es sich hier um Klassifizierungen handele, die vom "National Government" getroffen seien, einer Exekutivbehörde, die nicht auf der Ebene des Präsidenten oder des Kongresses stehe. Diese Behörde überschreite ihren Zuständigkeitsbereich. Weder der Kongreß noch der Präsident habe die Staatsangehörigkeit gefordert (S. 105). Die Civil Service Commission aber sei nicht berufen noch habe sie Verantwortung für Außenpolitik, Einwanderungspolitik oder die wirtschaftlichen Folgen einer Ausländerbeschäftigung etc. (S. 114). Damit gibt der Oberste Gerichtshof zu verstehen, daß er nicht entscheide, ob nicht der Kongreß oder der Präsident einen solchen Ausschluß verfassungskonform treffen könne. Da der Kongreß und Präsident die Fremden über die Einwanderungsgesetze in die USA eingelassen habe, sei es deren Aufgabe zu entscheiden, ob diese vom Bundesdienst auszuschließen seien. Damit ist noch nicht entschieden, ob dem Kongreß oder dem Präsident das Recht zusteht, Fremde aus dem ge-

---

115 333 F. Supp. 527, 531, 532 (1971).

116 500 F. 2d 1031 (1974).

117 Sugarman v. Dougall, 413 U. S. 634 (1973).

118 In Re Griffiths, 413 U. S. 717 (1973).

119 Hampton v. Mow Sun Wong, 426 U. S. 88, 116, 117 (1976); *Lieb*, Equal Protection — Citizenship is an Impermissible Requirement for Bar Admission, 23 De Paul Law Review 1475, 1483.

samten Bundesdienst oder aus bestimmten Bereichen des Bundesdienstes generell auszuschließen.

Die unlängst ergangenen Entscheidungen des Obersten Gerichtshofs der Vereinigten Staaten in Graham v. Richardson (Fürsorgeleistungen für Fremde)[120], Sugarman v. Dougall (Fremde im öfentlichen Dienst der Staaten)[121], in re Griffiths (Fremde als Rechtsanwalt)[122] und Hampton v. Mow Sun Wong (Fremde im Bundesdienst)[123] verdeutlichen, daß sich der Gleichheitssatz der Verfassung (14. Ergänzungsartikel soweit es die Staaten betrifft, 5. Ergänzungsartikel mit der due process Klausel für den Bund) an jede Person richtet, die sich innerhalb der Grenzen der Vereinigten Staaten aufhält. Ungleichbehandlungen werden durch den Gleichheitssatz grundsätzlich nicht ausgeschlossen, solange sie ihre Rechtfertigung auf einer "rational basis" finden.

Eine Ausnahme von diesem Grundsatz bezieht sich auf Ungleichbehandlungen, die eine "suspect classification" betreffen. Der Oberste Gerichtshof erklärt Einteilungen (classifications) aufgrund der Rasse[124], Nationalität[125] und Fremdeneigenschaft[126] für verfassungsrechtlich verdächtig (suspect)[127]. Alle "suspect classification" unterliegen einer "strict judicial scrutiny"[128] und sind nur gerechtfertigt, wenn ein "compelling" oder ein "overriding state interest"[129] für die Ungleichbehandlung besteht, und die Maßnahme die "least restrictive alternative" ist, um dieses zwingende staatliche Interesse zu erreichen[130].

Zusammenfassung

Dem Obersten Gerichtshof ist es gelungen, den Fremden immer weitergehende Chancen der beruflichen Fortentwicklung zu sichern. Der Widerstand vieler Gliedstaaten wurde durch eine extensive Auslegung des verfassungsrechtlichen Gleichbehandlungsgebots zurückgewiesen. Mit der Ausdehnung des Gleichheitssatzes auch auf Fremde in Yick Wo v. Hopkins nahm eine Entwicklung ihren Lauf, die von einer "rational basis" für Ungleichbehandlungen, über eine "special public interest"

---

[120] 403 U. S. 365 (1971).

[121] 413 U. S. 634 (1973).

[122] 413 U. S. 717 (1973).

[123] 426 U. S. 88 (1976).

[124] 388 U. S. 1 (1967); 87 S. Ct. 1817.

[125] 332 U. S. 633 (1948); 323 U. S. 214 (1944).

[126] Sugarman v. Dougall, 413 U. S. 634 (1973); 93 S. Ct. 2842.

[127] 403 U. S. 371, 372; 91 S. Ct. 1848, 1852 (1971). In re Griffiths, 413 U. S. 717 (1973); Graham v. Richardson, 403 U. S. 365, 376 (1971).

[128] „strengen richterlichen Überprüfung".

[129] „zwingendes oder ein überragendes staatliches Interesse".

[130] „die am wenigsten einschränkende Wahl".

bis zu der "compelling justification" reicht. Heute zählen die Fremden zu den besonders zu schützenden Bevölkerungsgruppen, die mit den Minoritäten gleichgesetzt werden. Diese energische Hinentwicklung zu einer weitgehenden Gleichstellung auch in Bereichen des öffentlichen Dienstes findet ihre Impulse in der spezifischen Situation der Fremden in den USA. Sieht man einmal von den Fremden aus lateinamerikanischen Staaten ab, so ist die Einwanderung in die USA ein Entschluß, der i. d. R. irreversibel ist. Eine Rückkehr z. B. nach West- oder Osteuropa, Asien etc. ist schon aus finanziellen Gründen zumindestens bislang ausgeschlossen gewesen. So gibt es auch nicht die Möglichkeit, den Urlaub in der alten Heimat zu verbringen und damit die Verbindungen zu der alten Heimat aufrechtzuerhalten. Wer in die Staaten einwandert, ist unentrinnbar auf die neue Gemeinschaft angewiesen und muß arbeiten, denn staatliche Unterstützungen waren und sind in den USA die Ausnahme.

Aus dieser besonderen Situation heraus ist die eindringliche Feststellung des Supreme Court in Truax v. Raich zu verstehen „they cannot live where they cannot work". Außerdem weiß der Bund, dem die ausschließliche Kompetenz über die Einwanderung zusteht, daß aus dieser Notlage der Einwanderer diesen gegenüber eine gesteigerte Fürsorgepflicht resultiert. Die Grenzen zu den USA sind seit Ende des letzten Jahrhunderts für Einwanderer nicht länger durchlässig. Der Bund wählt heute nach einem Quotensystem Einwanderer aus, und nur ein Teil der Einwanderungswilligen erhält die Erlaubnis zur Einwanderung. Da es für sie grundsätzlich keine Rückkehr gibt, bleibt nur die Eingliederung in die Gemeinschaft, für die der Bund sich nun mitverantwortlich fühlen muß.

Der Supreme Court ist jedoch zu keiner Zeit soweit gegangen, jegliche Differenzierung zwischen Staatsfremden und Staatangehörigen aufzugeben. In aller Deutlichkeit hat der Gerichtshof in der Entscheidung Dunn v. Blumstein[131] die Verpflichtung des Staates „to preserve the basic conception of a political community" betont. Hieran knüpft der Gerichtshof in Sugarman v. Dougal[132] an, indem er nicht nur das Recht der Gliedstaaten, ihre politische Gemeinschaft zu erhalten, hervorhebt, sondern auf die Pflicht der Gliedstaaten hinweist, gemeinschaftserhaltend zu wirken. Und das Gericht verweist auf die Bereiche der staatlichen Wahlämter und auf wichtige Ämter in der Exekutive, Legislative und Rechtsprechung, ferner auf alle Positionen, in denen Beamte direkt in der Formulierung, Ausführung und Überwachung der „public policy" partizipieren, also Positionen, „that go to the heart of representative government".

[131] 405 U. S. 330; 92 S. Ct. 995, 1004 (1972).

[132] 413 U. S. 634; 93 S. Ct. 2842, 2848 ff. (1973).

Diese Entscheidung gibt einen sehr wichtigen Aspekt zu einer langen Entwicklung. Die politische Konzeption der politischen Gemeinschaft zählt zu den elementaren Pflichten der staatlichen Gewalt. Hier liegt die verfassungsrechtliche Grenze der Anwendung des Gleichheitssatzes auf Staatsfremde. Diese Entscheidung geht damit weit über die Fragen der beruflichen Eingliederung Fremder hinaus, indem sie Fremde von der politischen Gemeinschaft ausschließt und diese den Staatsangehörigen vorbehält.

3. Der öffentlich-rechtliche Status des Fremden

Die Verfassung der Vereinigten Staaten gibt dem Kongreß die Zuständigkeit, Einbürgerungsgesetze zu erlassen: Art. I, Section 8, cl. 4: „(The Congress shall have the Power) to establish an uniform Rule of Naturalization ...". Weiterhin ist der Kongreß für die Regelung des Handels mit fremden Staaten zuständig[133]. Diese Kompetenzen[134] umfassen nach amerikanischer Verfassungsinterpretation nicht nur die Einbürgerung, sondern darüber hinausgehend auch die staatliche Einwanderungs-, Ausschluß- und Ausweisungspolitik[135]. Die Gerichte sehen dieses ganze Gebiet im Zusammenhang mit wechselnden innen- und außenpolitischen Konstellationen und gestehen dem Kongreß einen weiten Entscheidungsraum zur Anpassung an wechselnde politische Situationen zu[136]. Diese gesetzgeberische Freiheit ist weitgehend justizfrei („largely immune from judicial inquiry or interference")[137]. Die Regierung kann jedem Fremden die Einreise „for any rational reason" versagen. Dem Fremden steht kein Recht auf eine gerichtliche Überprüfung der Einreiseverweigerung zu[138].

Weiter steht dem Kongreß das Recht zu, die Regeln festzulegen, unter denen sich Fremde im Gastland aufhalten dürfen[139]. Zur Durchsetzung der aufenthaltsrechtlichen Gesetze steht dem Kongreß die Möglichkeit der Ausweisungsgesetzgebung zu. Fremde, die dem Kongreß unerwünscht erscheinen, können ausgewiesen werden[140]: „so long, how-

---

[133] Art. I, Sec. 8, cl. 3.

[134] Aber auch aus dem Recht eines jeden souveränen Staates, Fremde vom Aufenthalt im eigenen Staatsgebiet ausschließen zu können, Fong Yue Ting v. United States, 149 U. S. 698 (1893).

[135] Hines v. Davidowitz, 312 U. S. 52, 69 (1941).

[136] *David*, Comments, 47 Notre Dame Lawyer, 341, 348 ff.

[137] Fong Yue Ting v. United States, 149 U. S. 698 (1893); Harrsiades v. Shaughnessy 342 U. S. 580 (1951); *August*, What Price Security?, 1 Wayne Law Review 132.

[138] Knauf v. Shaughnessy, 338 U. S. 537 (1950); Kleindienst v. Mandel, 408 U. S. 753 (1971).

[139] Galvan v. Press, 347 U. S. 522, 530 (1954).

[140] Siehe: The Immigration And Nationality Act v. 1952, 8 U. S. C. 1251

ever, as aliens fail to obtain and maintain citizenship by naturalization, they remain subject to the plenary powers of Congress to expell them under the sovereign right to determine what noncitizens shall be permitted to remain within our borders[141]."

a) Einreise (admission) von Fremden

Die amerikanische „admission policy" geht von folgendem Grundgedanken aus: „... every sovereign nation has the power, as inherent in sovereignty, and essential to selfpreservation, to forbid the entrance of foreigners within its dominions, or to admit them only in such cases and upon such conditions as it may see fit to prescribe[142]."

Der gegenwärtigen Rechtslage liegt der Immigration And Nationality Act von 1952 zugrunde[143], der u. a. die Versagung einer Einreiseerlaubnis[144] und die Ausweisung von Fremden[145] regelt. Jeder Fremde, der in die USA einreisen will, muß neben einem gültigen Paß ein Visum vorzeigen. Das Visum wird von dem nächstzuständigen US-Konsulat im Heimatland des Antragstellers beantragt. Das Gesetz gibt dem Justizminister (Attorney General) oder dem jeweiligen Konsul, an den sich der Fremde mit dem Antrag auf Erteilung eines Visums zu wenden hat, das Recht, den Antrag zurückzuweisen, wenn Gründe vorliegen, die darauf schließen lassen, daß der Fremde die Vereinigten Staaten besuchen will, um dort Aktivitäten zu entfalten, die „prejudicial to the public interest, or endanger the welfare, safety, or security of the United States"[146].

Ebenso sollen beide Stellen Fremde von der Einreise ausschließen, wenn „(they will) engage in activities which would be prohibited by the laws of the United States relating to espionage, sabotage, public disorder or in other activity subversive to the national security"[147].

(1970); Fong Yue Ting v. United States, 149 U. S. 698, 711 (1893); Mahler v. Eby, 264 U. S. 32 (1924).

[141] Carlson v. Landon, 342 U. S. 524, 534 (1952); *Grosh*, Immigrants, Aliens, and the Constitution, 49 Notre Dame Lawyer 1075, 1076 ff.; zu citizenship s. *Bickel*, Citizenship in the American Constitution, 15 Arizona Law Review, 369, 386.

[142] Nishimura Ekiu v. United States, 142 U. S. 651 (659), (1892); Fong Yue Ting v. United States, 149 U. S. 698 (1893); *Berns*, "Freedom of the Press and the Alien and Sedition Laws: A Reappraisal", 1970 Sup. Ct. Rev. 109; *Mohr*, Opening the Floodgates to Dissident Aliens, 6 Harvard Civil Rights Civil Liberties Law Review, 141.

[143] Act of June 27, 1952, ch. 477, 66 Stat. 163; 8 U. S. C. § 1101 ff. (1970).

[144] Excludable Aliens, 8 U. S. C. § 1182.

[145] Deportable Aliens, 8 U. S. C. § 1251.

[146] § 1182 (a) (27) U. S. C. A.; 1970 wurden 15 Antragsteller aufgrund dieser Bestimmung zurückgewiesen; Report of the Visa Office, Bureau of Security and Consular Affairs 1970, S. 74.

Fremde sind auszuschließen, wenn sie an Aktivitäten teilnehmen werden, die den Umsturz der Regierung auf verfassungswidrigem Wege beabsichtigen oder wenn sie an Aktivitäten von inländischen subversiven Organisationen teilnehmen wollen[148]. Über den persönlichen aktiven Einsatz hinaus reicht zur Versagung eines Einreisevisums schon die Verbreitung bestimmter politischer Idee aus: „... the following classes of aliens shall be ineligible to receive visas and shall be excluded from admission into the United States: (D) Aliens ... who advocate the economic, international and governmental doctrines of world communism ...“[149].

Obgleich 1970 über 7000 Antragsteller aufgrund dieser letztgenannten Bestimmung[150] des Immigration And Nationality Acts von der Erteilung eines Visums hätten ausgeschlossen werden können, kam es letztlich nur zu vereinzelten Ablehnungen. Der Attorney General machte in allen anderen Fällen von seinem Recht Gebrauch, einen Verzicht (waiver) auszusprechen. Allein dem Justizminister steht es zu, auf den gesetzlich vorgesehenen Ausschluß zu verzichten[151].

Die Bestimmungen des Immigration And Nationality Acts erfassen sowohl aktive Tätigkeit als auch politische Überzeugungen. Das Gesetz differenziert nicht zwischen dem persönlichen Einsatz (Lehrtätigkeit z. B.) und dem schriftlichen Verfassen einer Meinung, dem Publizieren, Weitergeben, Verteilen, Drucken und dem wissentlichen Besitz solcher Erzeugnisse[152]. „The sole and selective effect of the statute is to operate as a means of restraining the entry of disfavored political doctrine[153].“

b) Ausweisung

Die Verfassung der Vereinigten Staaten gewährt grundsätzlich allen sich in ihrem Geltungsbereich aufhaltenden Menschen ohne Ansehen der Staatszugehörigkeit den gleichen Schutz und gleiche Rechte. So die beiden fundamentalen Säulen in der amerikanischen Rechtsentwicklung: due process und equal protection of the law, weiter Meinungsfreiheit und Versammlungsfreiheit. Dabei darf aber nicht übersehen werden, daß alle Rechtsgarantien im Falle einer Ausweisung weitgehend hinfällig werden können. Der Fremde kann sich im Falle einer Ausweisung

---

[147] § 1182 (a) 29 U. S. C. A.; 4 Antragsteller wurden 1970 aufgrund dieser Bestimmung zurückgewiesen, s. Fußn. 146.

[148] *Hay*, Einführung in das amerikanische Recht, S. 31.

[149] Immigration And Nationality Act, 8 U. S. C. A. § 1182 (a) u. § 1182 (a) (28) (D).

[150] 1970 Report, S. 74 (s. Fußn. 146).

[151] 8 U. S. C. A. § 1182 (d) (3).

[152] 8 U. S. C. § 1182 (28).

[153] Mandel v. Mitchell, 325 F. Supp. 620 (1971).

nicht auf die Grundbestimmungen der Verfassung berufen[154]. Nach der amerikanischen Rechtsprechung steht dem Kongreß die volle, durch die Verfassung nur durch die Mißbrauchsgrenze eingeschränkte, Zuständigkeit zur Ausweisung von Staatsfremden zu: „The right to exclude or to expel all aliens or any class of aliens, absolutely or upon certain conditions ... (is) an inherent and inalienable right of every sovereign and independent nation ...“[155]. Dem Kongreß steht es anheim, Fremde auszuweisen, wenn das nach der Beurteilung des Kongresses im öffentlichen Interesse liegt[156]. Die Ausweisung wird nicht als Strafe gewertet[157]. Daher finden die Garantien der Verfassung auf ein faires Gerichtsverfahren bzw. überhaupt ein gerichtliches Verfahren keine Anwendung. Grundsätzlich unterliegen weder die Legislative noch die Exekutive richterlicher Kontrolle hinsichtlich der Verfassungskonformität ihrer Maßnahmen. Die Entscheidungen auf diesem Gebiet sind politischer Natur und damit richterlicher Überprüfung entzogen[158]. In jüngerer Vergangenheit hat der Supreme Court dann aber ein „fair hearing“ als Voraussetzung für eine rechtmäßige Ausweisung angezeigt[159] und damit angedeutet, daß der Staat in seiner souveränen Entscheidungsfreiheit nicht völlig ohne Grenzen handeln könne.

Die derzeitigen gesetzlichen Ausweisungsgründe sind umfangreich[160] und lassen eine weite Auslegung zu.

---

[154] *Grosh,* Immigrants, Aliens and the Constitution, 49 Notre Dame Lawyer 1075, 1091.

[155] Fong Yue Ting v. United States, 149 U. S. 698, 711 (1893); Mahler v. Eby, 264 U.S. 32 (1924); Lapina v. Williams, 232 U. S. 78 (1914); *August,* What Price Security? 1 Wayne Law Review 132, 136; *Hesse,* The Constitutional Status of the Lawfully Admitted Permanent Resident Alien: The Pre- 1917 Cases, 68 Yale L. J., 1578, 1582; *Wolfram,* Constitutional Law — Alien Exclusion, 14 Harv. Intern. L. J. 158, 161.

[156] "(Aliens) remain subject to the power of Congress to expel them, or to order them to be removed and deportated from the country, whenever in its judgement their removal is necessary or expedient for the public interest.“ Fong Yue Ting v. United States, 149 U. S. 698, 724 (1893).

[157] "The order of deportation is not a punishment or crime ... and the provisions of the Constitutions, securing the right of trial by jury, and prohibiting unreasonable searches and seizures, ... have no application.“ Fong Yue Ting v. United States, 149 U. S. 698, 730 (1893); Harisiades v. Shaughnessy, 342 U. S. 580 (1952); Galvan v. Press, 347 U. S. 522 (1954); zur Kritik siehe: *Grosh,* Immigrants, Aliens and the Constitution, 49 Notre Dame Lawyer, 1075, 1095; *Steinberger,* Konzeption und Grenzen freiheitlicher Demokratie, S. 291, 293.

[158] Fong Yue Ting v. United States, 149 U. S. 698 (1893); Harrisiades v. Shaughnessy, 342 U. S. 580 (1951); *Gordon / Rosenfield,* Immigration Law and Procedure, S. 400.

[159] Jordan v. De George, 341 U. S. 223, 230, 231 (1951); Bridges v. Wixdon, 326 U. S. 135, 65 S. Ct. 1443, 1452, 1453 (1945); *Grosh,* Immigrants, Aliens and the Constitution, 49 Notre Dame Lawyer 1075, 1094; *Gordon / Rosenfield,* Immigration Law and Procedure, S. 401.

[160] 8 U. S. C. § 1251 Deportable Aliens.

Ausgewiesen werden können u. a. Anarchisten, Mitglieder kommunistischer Parteien, Anhänger kommunistischer Parteien oder totalitärer Parteien[161]. Ausweisungsgrund ist ferner die Verbreitung dieser Gedanken.

Die nur durch die Grenzen des Rechtsmißbrauchs eingeengte plenary power des Kongresses zur Ausweisung von Fremden bedeutet einen Einbruch in die Meinungsfreiheit. Bis zu einer etwaigen Erteilung der Staatsbürgerschaft müssen Fremde damit rechnen, auf Grund mißliebiger Meinungsäußerungen ausgewiesen zu werden. Dadurch wird auch die Teilnahme an politischen Entscheidungen des Gastlandes eingeengt. Die Souveränität des Staates geht der Meinungsfreiheit vor. Auch bei der Einbürgerung hat der Fremde diese Rangfolge zu beachten.

c) Einbürgerung (Naturalization)

In Art. I, Section 8, cl. 4 der Bundesverfassung wird dem Kongreß die Zuständigkeit zum Erlaß von Einbürgerungsgesetzen gegeben[162].

Die Einbürgerung ist eine Bevorzugung, auf die der Fremde keinen verfassungsrechtlichen Anspruch hat. Das 1952 vom Kongreß neu erlassene Einbürgerungsgesetz[163] verlangt u. a. einen Wohnsitz in den Vereinigten Staaten, Kenntnis der englischen Sprache und das Verstehen der Grundsätze der Staatsform.

Von besonderem Interesse für die politische Betätigung des Antragstellers sind folgende gesetzlichen Regelungen[164]:

(1) Der Bewerber darf nicht den Widerstand gegen jeden organisierten Staatsaufbau lehren oder befürworten (Anarchie), ferner nicht dem gewaltsamen Umsturz der amerikanischen Regierung zugeneigt sein oder Organisationen angehören, die einen solchen Umsturz befürworten. Die Einbürgerung eines Mitglieds der kommunistischen Partei oder einer anderen totalitären Partei ist untersagt.

(2) Der Bewerber muß z. Z. der Einbürgerung und in einem fünfjährigen Zeitraum davor ein Mensch von „gutem moralischen Charakter" gewesen sein.

(3) Der Antragsteller muß sich den Prinzipien der amerikanischen Verfassung verbunden fühlen und ihnen freundschaftlich zugeneigt sein.

---

[161] 8 U. S. C. § 1251 (a) (A); (B); (C); (D); (G); (H).

[162] "The Congress shall have Power To establish an uniform Rule of Naturalization, . . ."

[163] Aliens and Nationality, Subchapter III, Nationality and Naturalization, 8 U. S. C. A. § 1401 f.

[164] s. *Ennis*, The Rights of Aliens, S. 647, 656, *Comments*, The Alien and the Constitution, 20 U. Chi. L. Rev. 547, 557.

Das Einbürgerungsgesetz verlangt auch weiterhin das Versprechen des Antragstellers, Waffendienst für die USA zu leisten, nimmt von dieser Pflicht aber diejenigen aus, die aus religiösen Gründen den Dienst in den Streitkräften versagen[165]. Unter diese Ausnahme dürfte der 1929 entschiedene Fall der Antragstellerin Schwimmer nicht fallen. Frau Schwimmer hatte erklärt, sie sei Pazifistin und werde aus diesem Grund keine Waffen für die USA tragen[166]. Eine Einbürgerung wurde abgelehnt. Der Supreme Court bestätigte diese Entscheidung. Da Frau Schwimmer nicht zu dem Personenkreis zu zählen ist, der aus religiösen Gründen den Dienst ablehnt, würde sie auch heute nicht eingebürgert werden können[167].

Endlich muß der Antragsteller einen Treueeid auf die Vereinigten Staaten schwören, sich von allen Treueverhältnissen zu fremden Staaten lossagen und geloben, die Vereinigten Staaten zu unterstützen. Die politischen und moralischen Qualifikationen eines Fremden, der sich um die Einbürgerung bewirbt, unterliegen genauer Kontrolle bzw. können auf das Genaueste untersucht werden[168].

d) Meinungsfreiheit

Die Verfassung gerantiert allen sich in ihrem Hoheitsgebiet aufhaltenden Menschen die Grundsätze und Grundrechte der Verfassung, sofern sie nicht ausdrücklich den Staatsangehörigen vorbehalten sind. Fremde sind Staatsangehörigen grundsätzlich gleichgestellt[169]. Auf der anderen Seite haben die Gerichte immer wieder entschieden, daß das Fremdenrecht mit seinen einzelnen Regelungen über die Einreiseerlaubnis, den Aufenthalt im Gastland, die Einbürgerung und die Ausweisung der durch keinen nationalen Rechtssatz beschränkten Macht der politischen Bundesorgane Kongreß und Präsident zustehe. So läßt sich auf der einen Seite sagen, daß Fremde Meinungs-, Versammlungs- und politische Betätigungsfreiheit — diese mit Ausnahme der Parteimitgliedschaft in der Mehrzahl aller Staaten — besitzen, auf der anderen Seite wenden sich die Gerichte nicht gegen Gesetze, die die Meinungsfreiheit indirekt einschränken. So ist die Mitgliedschaft von Fremden in totalitären Parteien oder die Propagierung totalitären Gedankenguts ein Ausweisungsgrund[170].

---

[165] „religious training and belief", 66 Stat. 163, § 337 (1952).

[166] United States v. Schwimmer, 279 U. S. 644 (1929); United States v. Macintosh, 283 U. S. 605 (1930); United States v. Bland, 283 U. S. 636 (1930).

[167] *Comments,* The Alien and the Constitution, 20 U.CHI.L.R. 547, 558 Fußn. 86.

[168] *Parker,* Das öffentliche Recht der USA, S. 26.

[169] Bridges v. California, 314 U. S. 2529 (1941).

[170] *Steinberger,* Konzeption und Grenzen freiheitlicher Demokratie, S. 291 ff.

Jeder der den Versuch unternimmt, die Meinungsfreiheit des Fremden in den USA darzustellen, muß sich dieser Doppelgleisigkeit bewußt sein. So ist die Frage unbeantwortet, ob der Kongreß die Ausweisung von Fremden gesetzlich anordnen könnte, die Opposition an der offiziellen Politik der Vereinigten Staaten üben[171]. Die Theorie der unbeschränkten Macht des Kongresses in fremdenrechtlichen Fragen müßte dem stattgeben.

Gelegentlich wird auf das Mittel der Visaverweigerung zurückgegriffen, um Meinungen auszuschließen. Wenn auch die Zahl der tatsächlichen Einreiseverweigerungen gering ist, so gibt doch der Kongreß dem Justizminister ein sehr einschneidendes Gesetz an die Hand, das bei stärkerer Anwendung zu einem weitgehenden Ausschluß politisch mißliebiger Personen führen kann[172]. Das beinhaltet gleichzeitig eine Kontrollmöglichkeit politischer Gedanken. In diesem Zusammenhang sei auf eine Anmerkung verwiesen[173], die zu der Einreisepolitik des Justizministers Stellung nimmt: Während der sechziger Jahre habe der Justizminister sehr großzügig auf Ausschlußrechte verzichtet, wenn die unter die Ausschlußvorschriften fallenden Fremden ein „legitimes" Interesse an einem Besuch in den USA aufzeigen konnten (Lehrtätigkeit, Studium, Reisen) und keine Sicherheitsbedenken bestanden hätten. Die Zahl der Visaversagungen sei in den letzten Jahren zwar nicht signifikant angestiegen, aber für Fremde, die in linken (leftist) Studentenbewegungen tätig seien und die zu Vorträgen bei „highly public meetings" eingeladen seien, veranstaltet von „leftist" Studentenbewegungen der USA, ist die Wahrscheinlichkeit größer als in der Vergangenheit, daß der Justizminister von seinem Verzichtsrecht (waiver) keinen Gebrauch macht.

Der jüngste und großes Aufsehen erregende Fall war die Verweigerung einer Aufenthaltserlaubnis für den Herausgeber der Wochenzeitschrift „La Gauche" und Author des Buches „Marxist Economic Theory", Ernest Mandel. Der belgische Staatsangehörige Mandel war zu einer Vortrags- und Diskussionsreise von mehreren amerikanischen Universitäten eingeladen worden[174]. Unter Bezugnahme auf den Immigration And Nationality Act von 1952[175] wurde ihm die Erteilung eines

---

[171] *Ennis*, The Rights of Aliens, S. 647, 653.

[172] *Grosh*, Immigrants, Aliens and the Constitution, 49 Notre Dame Lawyer 1075, 1085; *Ennis*, The Rights of Aliens, S. 647, 661; *Mohr*, Opening the Floodgates to Dissident Aliens, 6 Harvard Civil Rights Civil Liberties Law Review 141, 143.

[173] *Notes*, Developments in the Law, the National Security Interest and Civil Liberties, 85 Harv. L. Rev. 1130, 1153 Anm. 97 (1972).

[174] Mandel beantragte ein sechs Tage Visa, um an der Konferenz „Technology and the Third World" der Stanford University teilnehmen zu können. Case Notes, Immigration Law, 40 Fordham Law Review 706.

[175] 8 U. S. C. § 1182 (a): "Except as otherwise provided in this chapter, the

Visums verweigert. Nach diesem Gesetz ist die Erteilung eines Visums zu versagen, wenn der Antragsteller zu irgendeiner Zeit kommunistische Theorien vertreten hat oder vertritt. Der Justizminister machte von seiner Ausnahmebefugnis keinen Gebrauch. In der Entscheidung Kleindienst v. Mandel[176] führte der Oberste Gerichtshof aus, daß die Entscheidung des Justizministers keiner richterlichen Kontrolle unterliege, solange dieser einen legitimen und redlichen Grund anführen könne, „facially legitimate and bona fide reason". „It is not within the province of any court, unless expressly authorized by law, to review the determination of the political branch of the Government to exclude a given alien[177]." Die Mehrheit der Richter berief sich auf den Grundsatz der richterlichen Zurückhaltung (judicial restraint) bei politischen Entscheidungen.

Aufschlußreich für Umfang und Grenzen der Meinungsfreiheit ist das Vorbringen des Justizministers, Mandel habe durch seine Aktivitäten während seines Besuchs in den Vereinigten Staaten im Jahre 1968 seine Aufenthaltserlaubnis mißbraucht. Mandel habe damals mehr Vorträge gehalten, als er in seiner Bitte um die Erteilung eines Visums angegeben habe. Außerdem habe er an einer Versammlung teilgenommen, die zur Unterstützung von Rechtshilfefonds linker Studentenorganisationen organisiert worden sei. Damit habe er sich an Aktivitäten beteiligt, die über den angegebenen Zweck seiner Reise hinausgegangen seien. Ein erneutes Visum sei ihm verweigert worden, weil dieses Verhalten „represented a flagrant abuse of the opportunities afforded him to express his views in this country"[178].

Für Fremde, die wieder in die Vereinigten Staaten einzureisen wünschen, bedeutet diese Argumentation, daß das grundsätzlich auch Fremden gewährleistete Recht auf Meinungs- und Pressefreiheit faktisch eingeschränkt wird. Meinungsäußerungen in den USA bzw. Teilnahmen an politischen Veranstaltungen können zu einer Verweigerung einer erneuten Einreise führen.

Schwerwiegender als eine Einreiseverweigerung trifft den Fremden jedoch die Ausweisung auf Grund politischer Meinungsäußerungen. In der Entscheidung Bridges v. Wixon[179] wurde die Frage aufgeworfen, ob

---

following classes of aliens shall be ineligible to receive visas and shall be excluded from admission to the United States: ... (D) Aliens not within any of the other provisions of this paragraph who advocate the economic, international, and governmental doctrines of world communism ... (G) Aliens, who write or publish ... (v) the economic, international, and governmental doctrins of world communism ..."

176 Kleindienst v. Mandel, 408 U. S. 753, 770 (1972).

177 Knauff v. Shaughnessy, 338 U. S. 537, 543 (1950).

178 Kleindienst v. Mandel, 408 U. S. 753, 759 (1972).

179 326 U. S. 135 (1945).

die Ausweisung eines Fremden gegen die Garantien des 1. Ergänzungsartikels[180] verstoßen könne und aus diesem Grund verfassungswidrig sei. Die Ausweisung wurde letztlich auf Grund anderer Mängel für rechtswidrig erklärt, so daß das Gericht zu dieser Frage nicht weiter Stellung zu nehmen brauchte, jedoch ohne weitere Begründung auch Fremden Meinungs- und Pressefreiheit zuerkannte[181]. Auch Justice Murphy ging in seiner zustimmenden Urteilsanmerkung auf die Meinungsfreiheit ein und führte aus, diese stehe den Staatsbürgern wie den Fremden zu. Eine Ausweisung auf Grund politischer Stellungnahmen und Aktivitäten sei ein Verstoß gegen die Meinungsfreiheit[182]. Der Oberste Gerichtshof überprüfte in der Entscheidung Harisiades v. Shaughnessy[183] die Ausweisung dreier Ausländer, die in der Vergangenheit Mitglieder der Kommunistischen Partei der USA gewesen, dann aber freiwillig ausgetreten waren. Die Ausländer führten aus, sie hätten ihnen zustehende Grundrechte der Meinungs- und Versammlungsfreiheit ausgeübt. Der Gerichtshof spricht den Ausländern dieses Recht nicht ab, führt aber aus, daß es ein Unterschied sei, ob auf den politischen Willensbildungsprozeß mit Hilfe der Meinungs-, Presse- und Versammlungsfreiheit eingewirkt werde, oder ob der Umsturz der Regierung mit Hilfe von Gewalt propagiert werde[184].

Auch in der Entscheidung Galvan v. Press[185] ging es um die Rechtmäßigkeit der Ausweisung eines Fremden, der sich zu der Kommunistischen Partei bekannt hatte. Die Entscheidung läßt sich dahingehend zusammenfassen, daß eine Aufenthaltsgewährung an Fremde untrennbar mit Fragen der eigenen nationalen Souveränität, der auswärtigen Beziehungen und der nationalen Sicherheit verbunden sei. Dabei handele es sich um existenzielle politische Fragen. Das Gericht sei nicht bereit, dem Kongreß in diesem Bereich Vorschriften aufzuerlegen. Es verlangt aber, daß die Regeln des „fair play" und „due process" eingehalten werden. Auf Probleme der Meinungsfreiheit geht das Gericht nicht ein und gibt damit zu erkennen, daß diese für Fremde den durch den Kongreß bestimmten Erfordernissen der nationalen Sicherheit, Souveränität und Außenpolitik nachgeordnet ist.

---

[180] 1. Amendment: "Congress shal make no law respecting an establishment of religion, or prohibiting the free exercise thereof; or abridging the freedom of speech, or of the press, . . ."

[181] Bridges v. Wixon, 326 U. S. 135, 148 (1945); siehe auch Bridges v. California, 319 U. S. 252 (1941); zur Ausweisung aus politischen Gründen s. *Harte*, Das Ausländerpolizeirecht der Bundesrepublik Deutschland und der Vereinigten Staaten im Vergleich, S. 58 ff.

[182] Bridges v. Wixon, 326 U. S. 135, 157, 161 (1945).

[183] 342 U. S. 580 (1952); siehe dazu auch *Steinberger*, Konzeption und Grenzen freiheitlicher Demokratie, S. 338 ff.

[184] Harisiades v. Shaughnessy, 342 U. S. 580, 591, 592 (1952).

[185] Galvan v. Press, 347 U. S. 522, 74 S. Ct. 737 (1954).

Es liegen zu den Problemen der Meinungsfreiheit für Fremde keine neuen, einschlägigen Entscheidungen vor. Ob die Rechtsprechung eine neue Richtung einschlagen wird, kann nur schwer vorhergesagt werden. Die in den neueren Entscheidungen des Supreme Court zu Fragen der beruflichen Entfaltung Fremder grundsätzlich geforderte Inländergleichbehandlung könnte u. U. Auswirkungen auch auf die Ausweisung Fremder haben. Es ist zumindestens sehr fraglich, ob der Supreme Court z. B. die Ausweisung eines Staatsfremden, der in den Vereinigten Staaten lebt, einen Beruf ausübt und vielleicht noch eine Familie hat, unter Bezugnahme auf die „plenary power" Theorie und den „judicial self restraint" in politischen Entscheidungen des Kongresses und Präsidenten nicht überprüfen und an Verfassungsnormen messen würde. Hier handelt es sich um einen Grenzbereich, der sich in der Wandlung befindet[186]. Eine Entscheidung bleibt abzuwarten. Sie könnte aber zu Gunsten einer Einschränkung der „plenary power" Theorie ausfallen.

Die Rechtsprechung zu der Einreiseverweigerung zählt dagegen nicht zu diesem Bereich. Hier hat der Supreme Court erst 1972 in der Mandel-Entscheidung deutlich gemacht, daß dem Kongreß und dem Präsident im Rahmen der Verfassung eine nahezu völlige Ermessensfreiheit zustehe[187].

e) Wahlrecht

Die Verfassung enthält keine Bestimmung, die das Wahlrecht Staatsangehörigen vorbehält. Insbesondere die Mittelwest- und Weststaaten haben Fremden über Jahrzehnte ein Wahlrecht zu allen Organen auf Einzelstaats- und Bundesebenen gewährt[188]. In der Mehrzahl der Staaten, jedoch nicht in allen[189], mußten Fremde schriftliche Anträge auf eine Einbürgerung gestellt haben. Der Grund für die Einbeziehung der Fremden in den Kreis der Wahlberechtigten lag in der sehr starken Nachfrage nach neuen Siedlern zum Aufbau, Besiedlung und Verteidigung der neuen Staaten. Ende des 19. Jahrhunderts wurde diese Regelung immer stärker kritisiert. Einerseits waren die Vereinigten Staaten mittlerweile ein international anerkanntes Staatswesen, hatten mit anderen Staaten militärische Konflikte ausgetragen und waren

---

[186] *Hesse*, The Constitutional Status of the Lawfully Admitted Permanent Resident Alien, 69 Yale L. J. 262, 295 ff.

[187] Case Notes, Immigration Law, 40 Fordham Law Review, 706, 713.

[188] 1894 in folgenden Staaten: Alabama, Arkansas, Colorado, Florida, Indiana, Kansas, Michigan, Minnesota, Missouri, Nebraska, North Dakota. Oregon, South Dakota, Texas, Wisconsin; Angaben aus *Brooks*, Political Parties and Electoral Problems, S. 362, Anm. 2; *Konvitz*, The Alien and the Asiatic in American Law, S. 1.

[189] *Brooks*, Political Parties and Electoral Problems, S. 362.

auch im Inneren ausreichend besiedelt. Andererseits führte diese Regelung zu Konflikten mit Einwanderern. Diese nahmen ihre Einbürgerung als selbstverständlich, wurde ihnen doch das Wahlrecht gewährt. Erst bei Aufenthalten im Ausland mußten sie feststellen, daß sie ohne Schutz durch die USA blieben und im 1. Weltkrieg von Staaten, die sich im Kriegszustand mit dem Heimatstaat des Fremden befanden, festgehalten wurden. Der 1. Weltkrieg brachte dann den Umschwung. 1927 hob der letzte verbleibende Staat (Arizona) diese Regelung auf.

Der Oberste Gerichtshof entnimmt der Bundesverfassung keine Verpflichtung, Fremde in dem Bereich der Wahlen gleichzubehandeln. Das Gleichheitsgebot des 14. Ergänzungsartikels erstrecke sich nicht auf das Wahlrecht[190]. Fremden stehe kein Recht auf eine Teilhabe an dem politischen Entscheidungsprozeß zu, da sie nicht der politischen Gemeinschaft zugehörig seien[191].

Zusammenfassung und abschließende Stellungnahme

Es lassen sich zwei Grundlinien in der amerikanischen Rechtsprechung aufzeigen.

Einerseits steht die Rechtsstellung des Fremden in den USA unter dem Vorbehalt der Gesetzgebung des Bundeskongresses, die, soweit es die Einreise, den Aufenthalt im Gastland und die Ausweisung betrifft, von den Gerichten nach der Theorie des „judicial self restraint"[192] grundsätzlich nicht an der Verfassung gemessen wird. Für den Gesetzgeber besteht in diesem als politischen Bereich angesehenen Gebiet nach der „plenary power"[193] Theorie im Rahmen der Verfassung nahezu volle Ermessensfreiheit.

Die Entscheidungen des Supreme Court zu Fragen, die eher dem privatrechtlichen Bereich zuzuordnen sind, unterscheidet sich von obiger Rechtsprechung deutlich. Hier bindet der Supreme Court den Bund über den 5. und die Staaten über den 14. Ergänzungsartikel streng an den Grundsatz des „equal justice under law"[194]. Staatsangehörige und Staatsfremde sind danach grundsätzlich gleichzustellen.

Jede Differenzierung, die ihre Grundlage in der Fremdeneigenschaft einer Person findet, unterliegt hier strenger richterlicher Kontrolle. Die

---

[190] Sugarman v. Dougall, 93 S. Ct. 2842, 2850 f. (1973).

[191] Skafte v. Rorex, Colo., 553 P. 2d 830, 832 (1976).

[192] Harrisiades v. Shaughnessy, 342 U. S. 580, 589 (1951).

[193] Carlson v. Landon, 342 U. S. 524, 534 (1952).

[194] Hampton v. Mow Sun Wong, 426 U. S. 88, 100 (1976).

unterschiedliche Behandlung kann vor der Verfassung nur bestehen, wenn sie einem zwingenden Grund genügt[195].

Wird durch diese Rechtsprechung eine Tendenz angedeutet, die auch im politischen Bereich auf eine wachsende Inländergleichbehandlung hinweist?

Unbstritten ist, daß Fremden kein Recht auf Teilhabe an dem politischen Entscheidungsprozeß ihres Gastlandes zukommt. Das ist zuletzt in der Sugarman-Entscheidung von 1973 sehr deutlich ausgesprochen worden: „We recognize a State's interest in establishing its own form of government and in limiting participation in that government to those who are within ‚the basic conception of a political community' (Dunn v. Blumstein, 405 U.S. 330, 344 [1972]). We recognize, too, the State's broad power to define its political community[196].“ „This is no more than a recognition of a State's historical power to exclude aliens from participation in its democratic political institutions ...[197].“

Die Sugarman-Entscheidung verdeutlicht die Grundgedanken der Rechtsprechung des Obersten Gerichtshofs in fremdenrechtlichen Entscheidungen. Einerseits wird die Pflicht des Staates zu einer weitgehenden Inländergleichbehandlung betont, andererseits das Recht des Staates, Fremde von den politischen Institutionen auszuschließen, um nicht die für ein gemeinschaftliches Zusammenleben notwendige Basis zu gefährden. Der Gerichtshof differenziert dabei genau zwischen allgemeinen Rechten und politischen Teilhaberechten. Berufsergreifung, Berufsausübung, Fürsorgeleistungen stehen Fremden, soweit dem nicht ein zwingendes staatliches Interesse entgegensteht, gleichberechtigt zu. Im politischen Bereich hindert die Verfassung dagegen nicht, Fremde von politischen Rechten auszuschließen, wie das von der Mehrzahl der Staaten hinsichtlich einer Parteimitgliedschaft von Staatsfremden praktiziert wird.

„In Sugarman v. Dougall the Court indicated that a compelling interest to define the political community permitted the restricion of aliens from the exercise of the political rights of citizens. This argument could be applied to restrict the political activity of aliens seeking entry (e. g., raising funds, lobbying, participating in political campaigns and demonstrations) while protecting rights of free speech and press[198].“

[195] Zusammenfassung und Bekräftigung dieser Rechtsprechung in der jüngsten Entscheidung dazu: Examining Board v. Flores De Otero, 426 U. S. 572, 601—603 (1976).

[196] Sugarman v. Dougal, 413 U. S. 634, 642, 643 (1973).

[197] Sugarman v. Dougal, 413 U. S. 634, 648 (1973).

[198] *Grosh*, Immigrants, Aliens and the Constitution, 49 Notre Dame Lawyer, 1075, 1085.

Schwieriger erscheint eine Antwort darauf, ob die Staaten verfassungsrechtlich verpflichtet sind, den Bereich der politischen Teilhabe an der Staatsgestaltung den eigenen Staatsangehörigen vorzubehalten. Es sei hier noch einmal darauf hingewiesen, daß die US-Verfassung hinsichtlich der Wahlen zu den Staatsorganen nicht zwischen Staatsfremden und Staatsangehörigen differenziert. Andererseits zeigt die historische Entwicklung, daß Fremde heute von der Teilnahme an den Wahlen vollkommen und der Mitgliedschaft in politischen Parteien nahezu vollständig ausgeschlossen sind. Die Rechtsprechung des Obersten Gerichtshofs läßt den Schluß zu, daß die Gliedstaaten verfassungsrechtlich verpflichtet sind, Fremde dann von einer politischen Teilhabe auszuschließen, wenn es darum geht, „to preserve the basic conception of a political community"[199]. Denn das sei eine verfassungsrechtliche Pflicht des Staates: „This is no more than a recognition of a State's historical power to exclude aliens from participation in its democratic institutions ... and a recognition of a State's constitutional responsibility for the establishment and operation of its own government, ...[200]"

Diese Rechtsauffassung läßt den Ausschluß von Fremden aus politischen Parteien der Vereinigten Staaten nicht als einen reinen Zufall erscheinen, sondern als eine politische Konzeption und ein verfassungsrechtliches Gebot, das in dem Demokratiegebot der US-Verfassung seine Grundlage findet.

[199] Sugarman v. Dougall, 413 U. S. 634, 647 (1973); Dunn v. Blumstein, 405 U. S. 330, 344 (1972).

[200] Sugarman v. Dougall, 413 U. S. 634, 647 (1973).

Schluß

Zusammenfassung und Ergebnis

Die Rechtsentwicklung in den Vereinigten Staaten zeigt, daß es weite Bereiche gibt, in denen Fremde mit Staatsangehörigen gleichgestellt werden können, daß es aber ebenso Bereiche gibt, die den Staatsangehörigen vorbehalten bleiben müssen, will man nicht die Grundlagen der politischen Gemeinschaft in Gefahr bringen. Es ist die originäre Aufgabe und verfassungsrechtliche Pflicht des Staates, den politischen Grundkonsens unter den Staatsangehörigen und die Grundlagen der politischen Gemeinschaft zu wahren.

Die Entscheidung des Grundgesetzes, als Ausgangspunkt aller Staatsgewalt das eigene Volk zu berufen, führt zu entsprechenden Folgerungen für die Diskussion im eigenen Land. Sie beinhaltet einerseits das Recht der Staatsangehörigen, die politischen Entscheidungen selber zu bestimmen, andererseits aber auch die Pflicht des Volkes, Entscheidungen zu treffen und dafür die alleinige Verantwortung zu tragen. Solange alle Staatsgewalt vom Volk ausgeht, trägt dieses Volk auch die Verantwortung und kann diese nicht auf Staatsfremde abschieben.

Diese Arbeit hat aufzuzeigen versucht, daß Fremde als Mitglieder deutscher Parteien an der Ausübung der Staatsgewalt beteiligt sind, und daß diese Teilhabe der Grundentscheidung der Verfassung widerspricht, nach der alle Staatsgewalt bei dem deutschen Volk liegt. Will man sich nicht über die bindenden Normen des Grundgesetzes hinwegsetzen, so muß dieses Gebot zu einem Ausschluß einer Mitgliedschaft von Fremden führen.

Darüber hinaus ist es mit der Entscheidung des Grundgesetzes für eine demokratische Staatsform unvereinbar, Fremde an der Ausübung deutscher Staatsgewalt partizipieren zu lassen. Fremde sind nicht existenziell und unentrinnbar auf ihr Gastland angewiesen. Sie bleiben auch weiterhin ihrem Heimatstaat verpflichtet und tragen für die Folgen einer Mitbestimmung politischer Entscheidungen ihres Gastlandes nicht die gleiche unausweichliche Verantwortung. Die Parteien aber müssen demokratisch organisiert sein, denn sie üben „verfassungsrechtlich garantierte und staatsbeteiligte Funktionen“ aus[1]. Das

---

[1] *Doehring*, Staatsrecht, S. 147.

Grundgesetz verpflichtet mit seiner Forderung, die innere Ordnung der Parteien müsse demokratischen Grundsätzen entsprechen, nicht nur die Parteien[2], sondern erst recht den Gesetzgeber, das PartG an dieser Verpflichtung auszurichten[3]. Was unter demokratischen Grundsätzen zu verstehen ist, wird durch Art. 20 GG geprägt[4]. Danach ist eine Mitgliedschaft von Fremden ein Verstoß gegen demokratische Prinzipien.

Letztlich ist eine gleichberechtigte Mitgliedschaft auch mit der Stellung und den Aufgaben politischer Parteien nicht vereinbar. In einer repräsentativen Demokratie, die eine Mitbestimmung des Volkes zwischen den Wahlen nicht vorsieht, sind es die politischen Parteien, die den Staatsbürgern zwischen den Wahlen einen Einfluß auf die Staatsgewalt vermitteln. Diese Einflußnahme hat sich inhaltlich an den Interessen der eigenen Staatsangehörigen zu orientieren, die in einzelnen Fällen denjenigen fremder Staaten und Staatsangehöriger zuwiderlaufen können. Als Parteimitglieder könnten Fremde in einen unauflösbaren Interessenkonflikt zwischen Gastland und Heimatstaat geraten.

Zusammenfassend lassen sich nachstehende Forderungen ziehen:

Die Mehrheitsklausel des PartG, die eine mehrheitliche Mitgliedschaft Fremder in der Gesamtpartei untersagt, ist auch auf die Gebietsverbände der Partei zu erstrecken.

Dem PartG ist eine Wohnsitzklausel hinzuzufügen, die einen Wohnsitz in der Bundesrepublik zur Voraussetzung einer Parteimitgliedschaft macht.

Bei dem Beschluß über die Auflösung einer Partei sind Fremde nicht stimmberechtigt. Gleiches gilt für die Verschmelzung der Partei mit anderen Parteien.

Ferner sind Fremde von einer Mitgliedschaft in Parteischiedsgerichten auszuschließen.

Fremden, die Mitglieder des Vorstandes eines Landesverbandes sind, steht ein Einspruch gegen den Kandidatennominationsbeschluß einer Mitglieder- oder Vertreterversammlung nicht zu. Entsprechendes gilt für die Unterzeichnung der Kreiswahlvorschläge und Landeslisten.

Die verfassungsrechtlich angemessene und gebotene Lösung ist jedoch, eine Mitgliedschaft in Parteien den Staatsangehörigen vorzubehalten[5]. Der Ausschluß von Fremden gilt dabei auf allen Ebenen des

---

[2] Art. 21 Abs. 1 S. 3 GG.

[3] Art. 21 Abs. 3 GG; *Maunz / Dürig / Herzog*, Grundgesetz, Art. 21 Rdnr. 55.

[4] *Maunz / Dürig / Herzog*, Grundgesetz, Art. 21 Rdnr. 58; *Doehring*, Staatsrecht, S. 147 macht auf Unterschiede beider Demokratiebegriffe aufmerksam.

[5] *Isensee*, Staatsrechtliche Stellung der Ausländer, VVDStRL 32, S. 98 Fußn. 124.

staatlichen Aufbaus, auch auf der Ebene der kommunalen Gebietskörperschaften. Die Gemeinden sind völlig staatshomogen strukturiert[6] und müssen sich an den Grundsätzen des demokratischen Staates im Sinne des Grundgesetzes orientieren[7]. Danach gibt es nur ein Staatsvolk im Sinne des Grundgesetzes und nicht etwa ein „Volk in der Gemeinde", zu dem auch Staatsfremde zu zählen sind, und ein Volk im Sinne der Gesamtheit der Staatsangehörigen[8].

Das PartG ist daher in der Weise zu ändern, wie es der 1. „Referentenentwurf eines Gesetzes über die Parteien" von 1950[9] vorsah:

> „(1) Die Mitgliedschaft in einer Partei hat die Wahlberechtigung zum Bundestag oder zur Vertretungskörperschaft eines Landes zur Voraussetzung."

Es sei zum Schluß angemerkt, daß diese Arbeit sich mit dem grundsätzlichen Problem einer Parteimitgliedschaft von Fremden beschäftigt hat. Nicht behandelt worden ist eine auf die Staatsangehörigen der EWG-Staaten begrenzte Mitgliedschaft. Hier ergeben sich Überlegungen, die einer weiteren Erörterung bedürfen.

---

[6] *Isensee*, Staatsrechtliche Stellung der Ausländer, VVDStRL 32, S. 96.

[7] Art. 28 Abs. 1 S. 1 GG, *Knemeyer*, Mitwirkung von Ausländern im kommunalen Bereich, S. 123 ff., 129.

[8] So aber *Lamers*, Repräsentation und Integration der Ausländer, S. 56 ff., 68.

[9] Vgl. Erster Teil, 5.

Literaturverzeichnis

Alemann, Ulrich von: Partizipation — Demokratisierung — Mitbestimmung, Opladen 1975.

Aliens and the Civil Service: A Closed Door?, The Georgetown Law Journal, 207, 1973.

August, Irving A.: What Price Security? The Case of Galvan v. Press, 1 Wayne Law Review 132.

Badura, Peter: Parlamentarismus und parteienstaatliche Demokratie, in: Festschrift für Karl Michaelis, Göttingen 1972, S. 9 ff.

— Über Wahlen, AöR 97, 1972, S. 1 ff.

Bärsch, Claus-Ekkehard: Der Staatsbegriff in der neueren deutschen Staatslehre und seine theoretischen Implikationen, Berlin 1974
(zit.: Der Staatsbegriff in der neueren deutschen Staatslehre).

Behrend, Otto: Kommunalwahlrecht für Ausländer in der Bundesrepublik, DÖV 1973, S. 376 ff.

Bender, Wilhelm: Zur Kritik des Ausländerrechts, Diss. Gießen 1973.

Berber, Friedrich: Lehrbuch des Völkerrechts, Band I. Allgemeines Friedensrecht, 2. Aufl., München 1975
(zit.: Völkerrecht I).

Bergsträsser, Ludwig: Geschichte der politischen Parteien in Deutschland, 11. Auflage, München, Wien 1965
(zit.: Geschichte der Parteien).

Bericht: Rechtliche Ordnung des Parteiwesens, Bericht der vom Bundesminister des Innern eingesetzten Parteienrechtskommission, Frankfurt a. M., Berlin 1957
(zit.: Bericht der Parteienrechtskommission).

Bermbach, Udo: Probleme des Parteienstaates, ZParl. 1970, S. 342 ff.

Bernhardt, Rudolf: Wandlungen der Grundrechte, Frankfurter Juristische Gesellschaft, Heft Nr. 6, 1970.

Berns, Walter: Freedom of the Press and the Alien and Sedition Laws: A Reappraisal, 1970 Sup. Ct. Rev. 109, The Supreme Court Review, Chicago 1970.

Beyme, Klaus von: Die politische Elite in der Bundesrepublik Deutschland, München 1971.

Bickel, Alexander M.: Citizenship in the American Constitution, Arizona Law Review 369, 1973.

Birkenheier, Manfred: Wahlrecht für Ausländer, Berlin 1976.

Bone, Hugh A.: American Politics and the Party System, New York, San Francisco, St. Louis, Düsseldorf, Johannesburg, Kuala Lumpur, London, Mexico, Montreal, New Delhi, Panama, Rio de Janeiro, Singapore, Sydney, Toronto, 1971.

Bonner Kommentar: Kommentar zum Bonner Grundgesetz, bearbeitet von Abraham, Badura u. a., Hamburg, Stand April 1976.

Borghorst, Hermann: Bürgerbeteiligung in der Kommunal- und Regionalplanung, Leverkusen 1976
(zit.: Bürgerbeteiligung).

Brüggemann, Rüdiger: Die Beschränkung der Rechte des Staatsvolkes und des Staatsbürgers durch die repräsentative Demokratie nach dem Bonner Grundgesetz, Diss., Köln 1963
(zit.: Die Beschränkung der Rechte des Staatsvolkes).

Bull, Hans Peter: Die Staatsaufgaben nach dem Grundgesetz, Frankfurt a. M. 1973.

Case Notes: Immigration Law, 40 Fordham Law Review 706—713, 1972.

Comments: The Alien and the Constitution, 20 Chicago Law Review 547, 1953.

Coopersmith, Douglas Paul: Aliens, Employment, and Equal Protection, 19 Villanova Law Review 589—620, 1974.

Dahm, Georg: Völkerrecht. Band I, Stuttgart 1958
(zit.: Völkerrecht I).

Das, Shyameshwar: Discrimination in Employment Against Aliens — The Impact of the Constitution and Federal Civil Rights Laws, 35 University of Pittsburgh Law Review, 499—555, 1974.

David, Joseph M.: Case Comments (Constitutional Law, Alien Exclusion...), 47 Notre Dame Lawyer, 341—352, 1972.

Dichgans, Hans: Vom Grundgesetz zur Verfassung, Überlegungen zu einer Gesamtrevision, Düsseldorf, Wien 1970.

Dittberner, Jürgen: Entwicklungstendenzen des Parteiensystems, in: J. Dittberner / R. Ebbighausen (Hrsg.), Parteiensystem in der Legitimationskrise, Opladen 1973, S. 469 ff.

— Die Rolle der Parteitage im Prozeß der innerparteilichen Willensbildung, PVS 1970, S. 236 ff.

Dobson, Steven F.: Constitutional Protection of Aliens, 40 Tennessee Law Review, 235—254.

Doehring, Karl: Das Staatsrecht der Bundesrepublik Deutschland unter besonderer Berücksichtigung der Rechtsvergleichung und des Völkerrechts, Frankfurt a. M. 1976.

— Die allgemeinen Regeln des völkerrechtlichen Fremdenrechts und das deutsche Verfassungsrecht, Köln, Berlin 1973
(zit.: Allgemeine Regeln des Fremdenrechts).

— Die staatsrechtliche Stellung der Ausländer in der Bundesrepublik Deutschland, VVDStRL 32, S. 7 ff., 1974.

Doehring, Karl: Verfassungsrecht und Völkerrecht als Friedensordnungen. In: Um Recht und Freiheit. Festschrift für Friedrich August von der Heydte, Band I, Berlin 1977, S. 133 ff.

— Neuregelungen des deutschen Fremdenrechts durch das „Ausländergesetz" von 1965, ZaöRV 25, 1965, S. 478.

— Asylrecht und Staatsschutz, ZaöRV 26, 1966, S. 33 ff.

— Diskussionsbeitrag, in: Mosler / Bernhardt / Hilf (Hrsg.), Grundrechtsschutz in Europa. Berlin, Heidelberg, New York 1977.

— Die Wehrpflicht von Ausländern, ZaöRV 16, 1955/56, S. 523 ff.

— Artikel „Ausweisung", in: Wörterbuch des Völkerrechts, begründet von Karl Strupp, hrsg. von Hans-Jürgen Schlochauer, Band I, 2. Aufl., Berlin 1960, S. 129 ff.

— Der Autoritätsverlust des Rechts, in: Festschrift für Ernst Forsthoff, München 1972, S. 103 ff.

Dolde, Klaus-Peter: Die politischen Rechte der Ausländer in der Bundesrepublik, Berlin 1972
(zit.: Die politischen Rechte der Ausländer).

— Zur Beteiligung von Ausländern am politischen Willensbildungsprozeß, DÖV 1973, S. 370 ff.

Dux, Günther: Meinungsfreiheit als innere Ordnung der politischen Parteien, DVBl. 1966, S. 553 ff.

Ehmke, Horst: Grenzen der Verfassungsänderung, Berlin 1953.

— „Staat" und „Gesellschaft" als verfassungstheoretisches Problem, in: Staatsverfassung und Kirchenordnung, Festgabe für R. Smend, Tübingen 1962, S. 23 ff.

Eick, Jürgen: Das Regime der Ohnmächtigen, Frankfurt a. M. 1976.

Ellwein, Thomas: Das Regierungssystem der Bundesrepublik Deutschland, 4. Aufl., Opladen 1977.

Ennis, Edward J.: The Rights of Aliens, In: Dorson, Norman (ed): The Rights of Americans. What they are — What they Should be, New York 1970,
(zit.: Ennis, The Rights of Aliens).

Ermacora, Felix: Die Parteien sind der Staat. In: Stiefbold / Leupold-Löwenthal / Ress / Lichern / Marvick, Wahlen und Parteien in Österreich, Band II, Wien 1966, S. B 712.

Flechtheim, Ossip Kurt: Dokumente zur parteipolitischen Entwicklung in Deutschland seit 1945. Band I, Berlin 1962
(zit.: Parteipolitische Entwicklung I).

Flechtheim, Ossip K. / *Sontheimer*, Kurt u. a.: Zum Parteiengesetz — Entwurf, Kritische Stellungnahme und Gegenvorschläge von 16 Politologen, Sozialwissenschaftlern und Juristen an der Freien Universität Berlin, DÖV 1967, S. 256 ff.

Flohr, Heiner: Parteiprogramme in der Demokratie — Ein Beitrag zur Theorie der rationalen Politik, Göttingen 1968.

Forch, Hubert: Die Freiheitsrechte der ausländischen Arbeitnehmer in Deutschland, Diss. Mainz 1968
(zit.: Die Freiheitsrechte der ausländischen Arbeitnehmer).

Forsthoff, Ernst: Der Staat der Industriegesellschaft, München 1971.

— Strukturwandlungen der modernen Demokratie, Berlin 1964.

— Zur verfassungsrechtlichen Stellung und inneren Ordnung der Parteien, in: E. Forsthoff / K. Loewenstein / W. Matz, Die Politischen Parteien im Verfassungsrecht, Tübingen 1950, S. 5 ff.

Franz, Fritz: Energiekrise und Ausländerbeschäftigung, DVBl. 74, S. 350 ff.

— Fremdenrecht und Fremdarbeiterpolitik, DVBl. 1973, S. 662 ff.

Friederichsen, Hans H.: Die Stellung des Fremden in deutschen Gesetzen und völkerrechtlichen Verträgen seit dem Zeitalter der französischen Revolution, Diss. Göttingen 1967
(zit.: Die Stellung des Fremden).

Friesenhahn, Ernst: Parlament und Regierung im modernen Staat, VVDStRL 16, 1958, S. 9 ff.

Frisch, Hans von: Das Fremdenrecht, Berlin 1910.

Fromme, Friedrich Karl: Der Demokratiebegriff des Grundgesetzes, DÖV 1970, S. 518 ff.

Gastroph, Claus: Die politischen Vereinigungen, Berlin 1970.

Geisler, Christiane: Kandidatenaufstellung nur durch Wahlberechtigte? ZParl. 1973, S. 470 ff.

Geppert, Werner: Rechtliche Probleme des sogenannten allgemeinpolitischen Mandats der Gewerkschaften, Frankfurt a. M., Bern 1976.

Giacometti, Zaccaria: Demokratie und Rechtsstaat, Festschrift zum 60. Geburtstag v. Giacometti, Zürich 1953, mit einem Beitrag von Hans Peters: Entwicklungstendenzen der Demokratie in Deutschland seit 1949, S. 229 f.

Giese, Friedrich: Parteien als Staatsorgane, AöR 80, 1955/56, S. 377 ff.

Ginsberg, Susan: Administrative Law, Expansive Discretion Allowed Executive Branch in Admission of Politically Disfavored Aliens, 22 Buffalo Law Review, 1973, S. 499 ff.

Gordon, Charles / *Rosenfield*, Marry N.: Immigration Law and Procedure, Albany, N. Y. 1959.

Grabitz, Eberhard: Europäisches Bürgerrecht zwischen Marktbürgerschaft und Staatsbürgerschaft, Köln 1970
(zit.: Europäisches Bürgerrecht).

Grawert, Rolf: Staat und Staatsangehörigkeit, Berlin 1973.

Grewe, Wilhelm: Zum Begriff der politischen Partei. In: Um Recht und Gerechtigkeit, Festgabe für Erich Kaufmann, Stuttgart, Köln 1950, S. 65 ff.

Griffith, Elwin: Some Rights and Disabilities of Aliens, 2 Ohio Northern Law Review 613, 1975.

Grosh, Daniel: Immigrants, Aliens, and the Constitution, 49 Notre Dame Lawyer 1075—1100, 1974.

Groß, Rolf: Zum neuen Parteienrecht, DÖV 1968, S. 80 ff.

Grube, Frank / *Richter*, G. / *Thaysen*, U.: Politische Planung in Parteien und Parlamentsfraktionen, Göttingen 1976
(zit.: Politische Planung in Parteien und Parlamentsfraktionen).

Grunow, Dieter / *Harbach*, Heinz / *Hegner*, Friedhard / *Kaufmann*, Franz-Xaver / *Bartels*, Gundolf / *Delbrück*, Jost / *Wiegel*, Klaus / *Kevenhörster*, Paul: Integration ausländischer Arbeitnehmer. Verwaltung, Recht, Partizipation, Bonn 1976.

Guggenheim, Paul: Lehrbuch des Völkerrechts, Bd. 1, Basel 1948; Bd. 2, Basel 1951.

Gunst, Dietrich: Personenpolitik zwischen Macht und Recht, Mainz 1976.

Hamann, Andreas / *Lenz*, Helmut: Das Grundgesetz für die Bundesrepublik Deutschland vom 23. Mai 1949, 3. Aufl., Neuwied, Berlin 1970.

Hammer, Eckehard: Möglichkeiten einer Wiedereingliederung verfassungsfeindlicher Parteien, Berlin 1976.

Harte, Henning: Das Ausländerpolizeirecht der Bundetsrepublik Deutschland und der Vereinigten Staaten im Vergleich, Berlin 1978.

Hartmann, Dieter-Dirk: Freie Ausreise, Diss. Göttingen 1965.

Haungs, Peter: Die Bundesrepublik — ein Parteienstaat? Kritische Anmerkungen zu einem wissenschaftlichen Mythos, ZParl. 1973, S. 502 ff.

Hauser, Mathilde: Die den Ausländern in der Schweiz garantierten Freiheitsrechte, Diss. Winterthur 1961
(zit.: Ausländer in der Schweiz).

Hay, Peter: Einführung in das amerikanische Recht, Darmstadt 1975.

Henke, Wilhelm: Das Recht der politischen Parteien, 2. Aufl., Göttingen 1972.

— Die Parteien im Staat des Bonner Grundgesetzes, Art. 21 GG und der Bericht der Parteienrechtskommission, DÖV 1958, S. 646 ff.

— Kommentierung zu Art. 21 GG, in: Bonner Kommentar, 34. Lieferung, Zweitbearbeitung Art. 21, Hamburg 1975.

Henkel, Joachim: Die Auswahl der Parlamentsbewerber, Berlin, New York 1976.

— Politische Integration und Repräsentation ausländischer Arbeitnehmer in der Bundesrepublik Deutschland, ZParl. 1974, S. 91 ff.
(zit.: Integration und Repräsentation).

— Wahlrecht für Deutsche im Ausland, AöR 99, 1974, S. 1 ff.

Hergt, Siegfried: Parteiprogramme, 8. Aufl., Opladen 1975.

Herzog, Roman: Allgemeine Staatslehre, Frankfurt a. M. 1971
(zit.: Staatslehre).

— Pluralismus, in: Evangelisches Staatslexikon, hrsg. von H. Kunst u. a., 2. Aufl., Stuttgart 1975, Sp. 1848 ff.

Hesse, Konrad: Grundzüge des Verfassungsrechts der Bundesrepublik Deutschland, 8. Aufl., Karlsruhe 1975
(zit.: Verfassungsrecht).

— Die verfassungsrechtliche Stellung der politischen Parteien im modernen Staat, in: VVDStRL 17, S. 11 ff., Berlin 1959.

— Parteien, politische, in: Evangelisches Staatslexikon, hrsg. von H. Kunst u. a., 2. Aufl., Stuttgart 1975, Sp. 1770 ff.

Hesse, Sigfried: The Constitutional Status of the Lawfully Admitted Permanent Resident Alien: The Pre-1917 Cases, 68 The Yale Law Journal, New Haven 1958/1959, S. 1578.

— The Constitutional Status of the Lawfully Admitted Permanent Resident Alien: The Inherent Limits of the Power to Expel, 69 The Yale Law Journal, New Haven 1959/1960, S. 262.

Heuer, Gerhard: Politische Betätigung von Ausländern und ihre Grenzen, Köln, Berlin, Bonn, München 1970.

Heydte, Friedrich August Freiherr von der / *Sacherl,* Karl: Soziologie der deutschen Parteien, München 1955.

Hilf, Meinhard: Das Wahlrecht für Deutsche im Ausland zum Bundestag, EuGRZ 77, 14.

Hoffmann, Hasso: Legitimität und Rechtsgeltung, Berlin 1977.

Jaenicke, Günther / *Doehring,* Karl: Die Wehrpflicht von Ausländern, ZaöRv 16, 1955/56, S. 523 ff.

Ipsen, Hans Peter: Europäisches Gemeinschaftsrecht, Tübingen 1972
(zit.: Gemeinschaftsrecht).

— Haager Kongreß für Europarecht, NJW 1964, S. 339—343.

— Gleichheit, in: Die Grundrechte, hrsg. von Franz L. Neumann / Hans Carl Nipperdey / Ulrich Scheuner, 2. Band, 2. Aufl., Berlin 1968, S. 111—198.

Isensee, Josef: Die staatsrechtliche Stellung der Ausländer in der Bundesrepublik Deutschland, VVDStRL 326, S. 49 ff., 1974.
(zit.: Staatsrechtliche Stellung der Ausländer).

Jellinek, Georg: Allgemeine Staatslehre, 4. Neudruck der 3. Aufl., Berlin 1959.

Kaack, Heino: Geschichte und Struktur des deutschen Parteiensystems, Opladen 1971
(zit.: Parteiensysteme).

— Die Parteien in der Verfassungswirklichkeit der Bundesrepublik. Gegenwartsfragen, Heft 12, Kiel 1963.

— Wahlkreisgeographie und Kandidatenauslese, Bonn, Köln, Opladen 1969
(zit.: Wahlkreisgeographie).

Kaiser, Josef Heinrich: Die Repräsentation organisierter Interessen, Berlin 1956.

Kanein, Walter: Das Ausländergesetz, München, Berlin 1966.

Kay, Hu-Joe: Die innere Ordnung der politischen Parteien, Diss. Freiburg 1970.

Keefe, William J.: Parties, Politics, and Public Policy in America. New York, Chicago, San Francisco, Atlanta, Dallas, Montreal, Toronto, London, Sydney, 1972.

Kelsen, Hans: Reine Rechtslehre, 2. Aufl., Wien 1960.

Kewenig, Wilhelm: Die Problematik der unmittelbaren staatlichen Parteifinanzierung, DÖV 1964, S. 829 ff.

— Zur Revision des Grundgesetzes: Planung im Spannungsverhältnis von Regierung und Parlament, DÖV 1973, S. 23 ff.

Kimminich, Otto: Völkerrechtsfragen zur exilpolitischen Betätigung, Archiv des Völkerrechts 10, 1963/64, S. 132 ff.

Kirchheimer, Otto: Parteistruktur und Massendemokratie in Europa, AöR 79, 1953/54, S. 301 ff.

Klein, Hans: Mehr geheime Abstimmungen in den Parlamenten! Ein Vorschlag zur Sicherung des freien Mandats, ZRP 1976, S. 81 ff.

Klein, Hans H.: Demokratie und Selbstverwaltung, in: Festschrift für Ernst Forsthoff, München 1972, S. 165 ff.

Knemeyer, Franz-Ludwig: Mitwirkung von Ausländern im kommunalen Bereich, in: Studien zum Staats- und Völkerrecht, Festschrift für Hermann Raschhofer, Kallmünz, 1977, S. 123 ff.

Knoppke-Wetzel, Volker: Employment Restrictions and the Practice of Law by Aliens in the United States and Abroad, Duke Law Journal 1974, S. 871 ff.

Knöpfle, Franz: Der Zugang zu den politischen Parteien, Der Staat 1970, S. 321 ff.

Köppler, Rudolf: Die Mitwirkung bei der politischen Willensbildung als Vorrecht der Parteien, Diss. München 1974.

Kraus, Herbert: Staats- und völkerrechtliche Betrachtungen zur Rechtsstellung des Fremden — Ein Beitrag zum Gleichheitsproblem, in: Gedächtnisschrift für Walter Jellinek, 2. Aufl., München 1955, S. 89 ff.

Kriele, Martin: Das demokratische Prinzip im Grundgesetz, VVDStRL 29, 1971, S. 46 ff.

Krüger, Herbert: Die verfassungsrechtliche Stellung der politischen Parteien im modernen Staat, Diskussionsbeitrag, VVDStRL 17, 1959, S. 106, 107.

Küchenhoff, Günther / *Küchenhoff*, Erich: Allgemeine Staatslehre, 8. Aufl., Stuttgart, Berlin, Köln, Mainz 1977.

Lamers, Karl Alfred: Repräsentation und Integration der Ausländer in der Bundesrepublik Deutschland unter besonderer Berücksichtigung des Wahlrechts. Zugleich eine rechtsvergleichende Studie über das Kommunalwahlrecht in den Staaten der Europäischen Gemeinschaften, Berlin 1977
(zit.: Repräsentation und Integration der Ausländer).

Leibholz, Gerhard: Verfassungsrechtliche Stellung und innere Ordnung der Parteien. Ausführung und Anwendung der Art. 21 und 38 Abs. 1 Satz 2 des Grundgesetzes, in: Verhandlungen des 38. Deutschen Juristentages in Frankfurt a. M. 1950, Tübingen 1951, Abt. C, S. 2 ff.
(zit.: VerhDJT 38).

— Strukturprobleme der modernen Demokratie, 3. Aufl., Karlsruhe 1967
(zit.: Strukturprobleme).

— Der Parteienstaat des Bonner Grundgesetzes. In: Recht, Staat, Wirtschaft, Band III, Düsseldorf 1951, S. 99 ff.

— Zum Parteiengesetz von 1967, in: Festschrift für Adolf Arndt, Frankfurt a. M. 1969, S. 179 ff.

— Volk und Partei im neuen deutschen Verfassungsrecht, DVBl 1950, S. 194 ff.

Leisner, Walter: Die staatsrechtliche Stellung der Ausländer in der Bundesrepublik Deutschland, Diskussionsbeitrag, VVDStRL 32, 1974, S. 130 ff.

Leisner, Walter: Parteienvielfalt bei gleichem Parteiprogramm?, DÖV 1971, S. 649 ff.

Lengers, Elmar: Rechtsprobleme bei Parteiausschlüssen, Diss. Bochum 1973.

Lenz, Helmut / *Sasse*, Christoph: Parteiausschluß und Demokratiegebot, JZ 1962, S. 233 ff.

Levin, Susan Bass: The Constitutionality of Employment Restrictions on Resident Aliens in The United States, 24 Buffalo Law Review, 1974, S. 211.

Lieb, Roslyn Corenzwit: Equal Protection — Citizenship is an Impermissible Requirement for Bar Admission, 23 De Paul Law Review, 1974, S. 1475.

Lindemann, Helmut: Das antiquierte Grundgesetz, Hamburg 1966.

Lintz, Gerd: Die politischen Parteien im Bereich der kommunalen Selbstverwaltung, Baden-Baden 1973.

Loewenberg, Gerhard: Parlamentarismus im politischen System der Bundesrepublik Deutschland, Tübingen 1969.

Loewenstein, Karl: Verfassungsrecht und Verfassungspraxis der Vereinigten Staaten, Berlin, Göttingen, Heidelberg 1959.

— Verfassungsrecht und Verfassungsrealität, AöR 77, 1951/52, S. 387 ff.

Lohmar, Ulrich: Innerparteiliche Demokratie. Eine Untersuchung der Verfassungswirklichkeit politischer Parteien in der Bundesrepublik Deutschland, 2. Aufl., Stuttgart 1968.

Lorenz, Dieter: Der Organstreit vor dem Bundesverfassungsgericht. In: Bundesverfassungsgericht und Grundgesetz, Festgabe aus Anlaß des 25jährigen Bestehens des Bundesverfassungsgerichts, Band I, Tübingen 1976, S. 225 ff.

Luthmann, Walter: Die innere Ordnung der Parteien nach dem Grundgesetz und ihre Ausführung durch das Parteiengesetz, Diss. Köln 1961

(zit.: Die innere Ordnung der Parteien).

— Rechtsstellung der Mitglieder von politischen Parteien, DVBl. 1962, S. 166 ff.

Madon, Thomas W. / *Chelf*, Carl P.: Political Parties in the United States, Boston 1974.

Magiera, Siegfried: Der Rechtsanspruch auf Parteibeitritt, DÖV 1973, S. 761 ff.

Mangoldt, Hermann von / *Klein*, Friedrich: Das Bonner Grundgesetz, Berlin und Frankfurt a. M., 2. Aufl., Band I 1957, Band II 1964, Berlin, Frankfurt a. M. 1957, 1964.

Martin, Walter: Deutsches Ausländerrecht. Kommentar, München 1967

(zit.: Ausländerrecht).

Matz, Werner: Entstehungsgeschichte der Artikel des Grundgesetzes, JöR NF 1, 1951.

Maunz, Theodor: Deutsches Staatsrecht, 20. Aufl., München 1975.

Maunz, Theodor / *Dürig*, Günter / *Herzog*, Roman: Grundgesetz, Kommentar, München 1976.

Menzel, Eberhard: Parteienstaat und Beamtentum, DÖV 1970, S. 433 ff.

Model, Otto / *Müller*, Klaus: Grundgesetz der Bundesrepublik Deutschland, 8. Aufl., Köln, Berlin, Bonn, München.

Mohl, Robert von: Staatsrecht, Völkerrecht und Politik, Band I, Tübingen 1860.

Mohr, James W.: Opening the Floodgates to Dissident Aliens, 6 Harvard Civil Rights Civil Liberties Law Review, 1970/71, S. 141 ff.

Montesquieu, Charles de: De l'esprit des lois (1748), deutsche Ausgabe: E. Forsthoff (Hrsg.), Vom Geist der Gesetze, Tübingen 1951.

Morr, Hubertus von: Der Bestand der deutschen Staatsangehörigkeit nach dem Grundvertrag, Berlin 1977.

Mühlen, Ingeborg: Parteienunabhängigkeit vom Staat, Diss. Würzburg 1969.

Müller, Günther: Die Bundestagswahl 1969, München, Wien 1969.

Müller-Graff, Peter-Christian: Die Direktwahl des europäischen Parlaments, Tübingen 1977.

Münch, Ingo von: Grundgesetz-Kommentar, Band II, 1. Aufl., München 1976.

— Grundbegriffe des Staatsrechts, Stuttgart, Berlin, Köln, Mainz 1976.

Mußgnug, Reinhard: Das Vorschlagsmonopol der politischen Parteien bei den Parlamentswahlen, JR 1976, S. 353 ff.

Nawiasky, Hans: Allgemeine Staatslehre, Zweiter Teil: Staatsgesellschaftslehre, Einsiedeln, Zürich, Köln 1955; Dritter Teil, Staatsrechtslehre, Einsiedeln, Zürich, Köln 1956.

Notes: Developments in the Law — The National Security Interest and Civil Liberties, 85 Harvard Law Review 1130.

O'Connell: International Law, 2. Aufl., Band II, London, New York 1970.

Olzog, Günther / *Herzig,* Arthur: Die politischen Parteien in der Bundesrepublik Deutschland, 9. Aufl., München, Wien 1975
(zit.: Die politischen Parteien).

Peter, Christoph: Wahlabsprachen politischer Parteien und ihre rechtlichen Grenzen, Berlin 1964.

Peters, Hans: Entwicklungstendenzen der Demokratie in Deutschland seit 1949, in: Demokratie und Rechtsstaat, Festschrift zum 60. Geburtstag von Zaccaria Giacometti, Zürich 1953, S. 230 ff.

— Zur Kandidatenaufstellung für freie demokratische Wahlen, in: Vom Bonner Grundgesetz zur gesamtdeutschen Verfassung, Festschrift für M. Nawiasky, München 1956, S. 341 ff.

Piepenstock, Wolfgang: Politische Vereinigungen unter dem Grundgesetz, Berlin 1971.

Rabus, Günter: Die innere Ordnung der politischen Parteien im gegenwärtigen deutschen Staatsrecht, AöR 78, 1952/53, S. 163 ff.

Radbruch, Gustav: Die politischen Parteien im System des deutschen Verfassungsrechts, in: Handbuch des Deutschen Staatsrechts, Hrsg. Gerhard Anschütz / Richard Thoma, Band I, Tübingen 1930, S. 289 ff.

Ranney, Austin / *Kendall,* Willmore: Democracy And The American Party System, New York 1956.

Rapold, Max-Ulrich: Demokratie und Wirtschaftsordnung, Schaffhausen 1958
(zit.: Beitrag).

Rauschning, Dietrich: Zur Methode der Entscheidung des Bundesverfassungsgerichts über die staatliche Parteifinanzierung, JZ 1967, S. 346 ff.

Rolvering, Heinrich: Die Rechtsgarantien für eine politische Betätigung von Ausländern in der Bundesrepublik Deutschland, Diss. Tübingen 1970
(zit.: Die Rechtsgarantien für eine politische Betätigung von Ausländern).

Rosseau, Jean-Jacques: Der Gesellschaftsvertrag oder die Grundsätze des Staatsrechts, Deutsch von H. Denhardt, Leipzig
(zit.: Gesellschaftsvertrag).

Ruch, Alexander: Das Berufsparlament, Basel, Stuttgart 1976.

Ruland, Franz: Forum: Wahlrecht für Ausländer? JUS 1975, S. 9 ff.

Ruppel, Peter: Der Grundrechtsschutz der Ausländer im deutschen Verfassungsrecht, Diss. Würzburg 1969.

Saloma III, John S. / *Sontag,* Frederick H.: Parties, the Real Opportunity for Effective Citizen Politics, New York 1972.

Sartorius, Carl: Die Aktivbürgerschaft und ihre politischen Rechte, Handbuch des Deutschen Staatsrechts, Bd. 1, 1930, S. 281 f.

Sasse, Christoph (unter Mitarbeit von Otto Ernst Kempen): Kommunalwahlrecht für Ausländer? Staatsrechtliche Möglichkeiten und Grenzen, Bonn 1974.

Schäfer, Friedrich: Die Funktion von Bundesparteitagen im föderativen modernen Parteienstaat, in: Demokratisches System und politische Praxis der Bundesrepublik, München 1971, S. 287 ff.

Scheuner, Ulrich: Politische Koordination in der Demokratie, in: Festschrift für G. Leibholz, Band II, Tübingen 1966, S. 899 ff.

— Das Parlamentarische Regierungssystem in der Bundesrepublik, DÖV 1957, S. 633 ff.

— Entwicklungslinien des parlamentarischen Regierungssystems in der Gegenwart, in: Festschrift für A. Arndt, Frankfurt a. M. 1969, S. 385 ff.
(zit.: Entwicklungslinien des parlamentarischen Regierungssystems).

— Politische Repräsentation und Interessenvertretung, DÖV 1965, S. 577 ff.

— Probleme der staatlichen Entwicklung in der Bundesrepublik, DÖV 1971, S. 1 ff.

— Die Parteien und die Auswahl der politischen Leitung im demokratischen Staat, DÖV 1958, S. 641 ff.

— Parteiengesetz und Verfassungsrecht, DÖV 1968, S. 88 ff.

— Zur Neubestimmung der kommunalen Selbstverwaltung, ArchKommWiss 1973, S. 1 ff.

Scheyhing, Robert: Deutsche Verfassungsgeschichte der Neuzeit, Köln, Berlin, Bonn, München 1968.

Schiedermair, Rudolf: Handbuch des Ausländerrechts der Bundesrepublik Deutschland. Frankfurt a. M., Berlin 1968
(zit.: Ausländerrecht).

Schlosser, Peter: Vereins- und Verbandsgerichtsbarkeit, München 1972.

Schmidt-Bleibtreu, Bruno: Kommentar zum Grundgesetz für die Bundesrepublik Deutschland, 4. Aufl., Neuwied, Darmstadt 1977.

Schmitt, Carl: Verfassungslehre, 3. unveränd. Aufl., 1957, München, Leipzig 1928.

Schneider, Hans: Volksabstimmungen in der rechtsstaatlichen Demokratie, in: Gedächtnisschrift für Walter Jellinek, München 1955, S. 155 ff.

— Widerstand im Rechtsstaat. Vortrag gehalten vor der Juristischen Studiengesellschaft in Karlsruhe am 20. Oktober 1969, Karlsruhe 1969.

— Parlament und Regierung im modernen Staat, Diskussionsbeitrag, VVDStRL 16, 1958, S. 139.

Scholz, Peter: Wahlen. Systeme und Probleme. Wie kommt der Bundestag zustande? Bundestag von a—z, Nr. 1, Bonn 1972.

Schreiber, Wolfgang: Handbuch des Wahlrechts zum Deutschen Bundestag, Band I, Köln, Berlin, Bonn, München 1976
(zit.: Kommentar zum BWG).

Schröder, Heinrich Josef: Die Kandidatenaufstellung und das Verhältnis des Kandidaten zu seiner Partei in Deutschland und Frankreich, Berlin 1971
(zit.: Kandidatenaufstellung).

— Die Abhängigkeit des Mandats von der Parteizugehörigkeit, ZRP 1971, S. 97 ff.

Schütz, Klaus: Die Sozialdemokratie im Nachkriegsdeutschland, in: Parteien in der Bundesrepublik, Stuttgart, Düsseldorf 1955, S. 244 ff.

Seifert, Karl-Heinz: Die politischen Parteien im Recht der Bundesrepublik Deutschland, Köln, Berlin, Bonn, München 1975
(zit.: Parteien).

— Bundeswahlrecht, 3. Aufl., München 1976.

— Zur Rechtsstellung der politischen Parteien, DÖV 1956, S. 1 ff.

Simson, Werner von: Das demokratische Prinzip im Grundgesetz, VVDStRL 29, 1971, S. 3 ff.

Stange, Siegfried: Die aufenthaltsrechtliche Stellung der Fremden in der Bundesrepublik Deutschland unter besonderer Berücksichtigung von Ehe und Familie, Frankfurt a. M. 1973
(zit.: Die aufenthaltsrechtliche Stellung der Fremden).

Steffani, Winfried: Parlamentarische Demokratie — Zur Problematik von Effizienz, Transparenz und Partizipation, in: ders. (Hrsg.), Parlamentarismus ohne Transparenz, Opladen 1971, S. 17 ff.

Stein, Ekkehart: Lehrbuch des Staatsrechts, 5. Aufl., Tübingen 1976.

Stein, Torsten: Amtshilfe in auswärtigen Angelegenheiten, Berlin, Heidelberg, New York 1975.

Steinberger, Helmut: Konzeption und Grenzen freiheitlicher Demokratie, Berlin, Heidelberg, New York 1974.

Steiner, Henry J. / *Vagts*, Detlev F.: Transnational Legal Problems, 2. Aufl., Mineola, New York 1976.

Steiner, Udo: Verfassungsgebung und verfassungsgebende Gewalt des Volkes, Berlin 1966.

Stern, Klaus: Das Staatsrecht der Bundesrepublik Deutschland, Band I, München 1977.

Sternberger, Dolf: Nicht alle Staatsgewalt geht vom Volke aus, Stuttgart, Berlin, Köln, Mainz 1971.

Strunk, Gert Peter: Parteiausschlußverfahren wegen innerparteilicher Opposition, Diss. Köln 1974
(zit.: Parteiausschlußverfahren).

Strupp, Karl: Die Rechtsstellung der Staatsangehörigen und der Staatsfremden, in: Handbuch des Deutschen Staatsrechts, hrsg. von Gerhard Anschütz / Richard Thoma, Band I, S. 274 ff., Tübingen 1930.

Thieme, Hans Werner: Die Rechtsstellung des Ausländers nach dem Bonner Grundgesetz, Diss. Göttingen 1951.

Thoma, Richard: Über Wesen und Erscheinungsformen der modernen Demokratie, Bonn 1948.

Thomsen, Klaus: Die politische Betätigung von Ausländern nach deutschem Verfassungs- und Verwaltungsrecht, Diss. München 1968.

Tomuschat, Christoph: Zur politischen Betätigung des Ausländers in der Bundesrepublik Deutschland, Bad Homburg v. d. H., Berlin, Zürich 1968
(zit.: Zur politischen Betätigung des Ausländers).

Trautmann, Helmut: Innerparteiliche Demokratie im Parteienstaat, Berlin 1975
(zit.: Innerparteiliche Demokratie).

Travers, Patrick J.: The Constitutional Status of State and Federal Governmental Discrimination against Resident Aliens, 16 Harvard International Law Journal, 1975, S. 113.

Triepel, Heinrich: Die Staatsverfassung und die politischen Parteien, 2. Aufl., Berlin 1930.

Ullrich, Gotthold Gerhard: Grenzen der Vereinigungsfreiheit, Diss. Saarbrücken 1969.

University Of California, Davis. School Of Law: Immigration, Alienage and Nationality, Volume 8, University Of California 1975.

Unkelbach, Helmuth / *Wildemann*, Rudolf / *Kaltefleiter*, Werner: Wähler, Parteien, Parlament. Bedingungen und Funktionen der Wahl, Frankfurt a. M. 1965.

Verdross, Alfred: Völkerrecht, 5. Aufl., Wien 1964.

Verdross, Alfred / *Simma*, Bruno: Universelles Völkerrecht, Berlin 1976.

Vortisch, Friedrich: Die politischen Parteien in der industriellen Gesellschaft, Diss. Freiburg 1963.

Weber, Max: Parlament und Regierung im neugeordneten Deutschland, Gesammelte politische Schriften, Hrsg. Johannes Winkelmann, Tübingen 1958, S. 294 ff.

Weber, Werner: Spannungen und Kräfte im westdeutschen Verfassungssystem, 3. Aufl., Berlin 1970.

Weißmann, Günter: Ausländergesetz. Kommentar. Berlin 1966.

Wender, Astrid: Planung als „Vierte Gewalt", München 1976.

Wengler, Wilhelm: Völkerrecht, Band II, Berlin, Göttingen, Heidelberg 1964.

With, Hans de: Rechtsreform — Programm für mehr Gerechtigkeit, Die neue Gesellschaft 1973, S. 161 ff.
(zit.: Rechtsreform).

Wittkämper, Gerhard W.: Grundgesetz und Interessenverbände, Köln und Opladen 1963, S. 157.

Wolfram, Steven L.: Constitutional Law — Alien Exclusion, 14 Harvard International Law Journal, 1973, S. 158 ff.

Wuermeling, Henric L.: Werden wir falsch repräsentiert, München 1971.

Zeuner, Bodo: Kandidatenaufstellung zur Bundestagswahl 1965, Untersuchungen zur innerparteilichen Willensbildung und zur politischen Führungsauslese, Den Haag 1970.

— Wahlen ohne Auswahl — Die Kandidatenaufstellung zum Bundestag, in: Winfried Steffani (Hrsg.), Parlamentarismus ohne Transparenz, Opladen 1971, S. 165 ff.

Zippelius, Reinhold: Allgemeine Staatslehre, 5. Aufl., München 1975.

Zuleeg, Manfred: zur staatsrechtlichen Stellung der Ausländer in der Bundesrepublik Deutschland, DÖV 1973, S. 361.

— Grundrechte für Ausländer: Bewährungsprobe des Verfassungsrechts, DVBl. 1974, S. 341 ff.
(zit.: Grundrechte für Ausländer).

Zwyssig, Kurt: Repräsentation, Zürich 1971.

FSC
www.fsc.org
MIX
Papier | Fördert gute Waldnutzung
FSC® C083411

Kolibri 360 GmbH
Ferdinand-Jühlke-Straße 7
99095 Erfurt, Deutschland
produktsicherheit@kolibri360.de

Druck:
CPI Druckdienstleistungen GmbH
im Auftrag der
Kolibri 360 GmbH
Ferdinand-Jühlke-Str. 7
99095 Erfurt